modificação da religião Pragmatismo Magia Dissociação religiosa Canalização Cura Holism
o'ucionismo Milenarismo Reconstrucionismo *Cultic milieu* Perfil dos buscadores espirituais
Liderança carismática Comunidades alterna institutos c
imentos religiosos do Japão Religião kurozu shū Religiã
rfect liberty Seichō-no-ie Sōka gakkai Igreja shō kōsei-k
greja bussho gonenkai Igreja myōchikai Ma ce Aleph /
imentos religiosos hindus Brahmoísmo Rad amakrishna

hri Ram Chandra Movimento Sai Baba Āna ditação tra
hare Krishna Movimento Rajneesh Neopag sa Dianismo
Heathenismo Druidismo moderno Reconstrucionismo celta Kemetismo Religião romana-it
adição feri Radical faeries Irmandade da fênix Igreja de São Príapo Neoxamanismos Xaman
de Xamanismo plástico Santo daime Barquinha União do vegetal Jurema Catimbó Toré Pei
nanismo neomexicano Xamanismo neoandino Caminho vermelho Foco de luz Reiki xamân
ricana Candomblé Umbanda Santeria Palo Vodu Rastafári Quimbanda Encantaria Tambor c
s ararás Montamentu Obaí Religiões cientificistas Espiritismo Espiritualismo Teosofia Antro
ade quântica Movimento do novo pensamento Igreja da ciência divina Unity Movimento da
do potencial humano Trans-humanismo Urantianismo Igreja da unificação Fundamentalis
ista Synanon Sociedade da autorrealização Jedaísmo Crianças índigos / cristais Era de aquá
Universidade internacional da paz Religiões de óvnis Movimento Ashtar Projeto portal Rat
ociedade de Aetherius Federação galática da luz Nuwaubianismo Fălún gōng Mark-age me
o consolador do novo mundo Povo espacial das forças da luz Amicizia Heaven's gate Order
costalismos Assembleia de Deus Congregação cristã Igreja Deus é Amor Igreja o Brasil para
no quadrangular Igreja universal do reino de Deus Igreja mundial do poder de Deus Igreja in
eus Igreja renascer em Cristo Igreja bola de neve Igreja apostólica plenitude do trono de De
Igrejas inclusivas QAnon Religiosidade "não religiosa" Viabilidade Antipolítica e fascismo M
inismo Perenialismo Ciência da religião eliadiana Psicologia analítica e psicologia transpess
no Orientalismo platônico Contracultura de 1960 Segunda onda do feminismo Guerra Fria F
modificação da religião Pragmatismo Magia Dissociação religiosa Canalização Cura Holism
olucionismo Milenarismo Reconstrucionismo Cultic milieu Perfil dos buscadores espirituais
Liderança carismática Comunidades alternativas Terapias alternativas Escolas e institutos d
imentos religiosos do Japão Religião kurozumi Religião tenri Honmon butsuryū-shū Religiã
rfect liberty Seichō-no-ie Sōka gakkai Igreja messiânica mundial Shinnyo-en Risshō kōsei-k
greja bussho gonenkai Igreja myōchikai Mahikari Agon-shū Shūmei Happy science Aleph /
imentos religiosos hindus Brahmoísmo Radha soami Ārya samāja Movimento Ramakrishna
hri Ram Chandra Movimento Sai Baba Ānanda mārga Igreja śaivá siddhanta Meditação tra
hare Krishna Movimento Rajneesh Neopaganismos Wicca Movimento da Deusa Dianismo
Heathenismo Druidismo moderno Reconstrucionismo celta Kemetismo Religião romana-it
adição feri Radical faeries Irmandade da fênix Igreja de são Príapo Neoxamanismos Xamani
de Xamanismo plástico Santo daime Barquinha União do vegetal Jurema Catimbó Toré Peic
nanismo neomexicano Xamanismo neoandino Caminho vermelho Foco de luz Reiki xamân
ricana Candomblé Umbanda Santeria Palo Vodu Rastafári Quimbanda Encantaria Tambor c
s ararás Montamentu Obaí Religiões cientificistas Espiritismo Espiritualismo Teosofia Antro
ade quântica Movimento do novo pensamento Igreja da ciência divina Unity Movimento da
do potencial humano Trans-humanismo Urantianismo Igreja da unificação Fundamentalis
ista Synanon Sociedade da autorrealização Jedaísmo Crianças índigos / cristais Era de aquá
Universidade internacional da paz Religiões de óvnis Movimento Ashtar Projeto portal Rat
ociedade de Aetherius Federação galática da luz Nuwaubianismo Fălún gōng Mark-age me
o consolador do novo mundo Povo espacial das forças da luz Amicizia Heaven's gate Order
lismos Assembleia de Deus Congregação cristã Igreja Deus é Amor Igreja o Brasil para Crist
ar Igreja universal do reino de Deus Igreja mundial do poder de Deus Igreja internacional da
cer em Cristo Igreja bola de neve Igreja apostólica plenitude do trono de Deus Cristianismo
QAnon Religiosidade "não religiosa" Viabilidade Antipolítica e fascismo Movimento "antissei
o Ciência da religião eliadiana Psicologia analítica e psicologia transpessoal Capitalismo Co

ação da religião Pragmatismo Magia Dissociação religiosa Canalização Cura Holismo Cient
mo Milenarismo Reconstrucionismo *Cultic milieu* Perfil dos buscadores espirituais Recrutar
carismática Comunidades alternativas Terapias alternativas Escolas e institutos de educaçã
s religiosos do Japão Religião kurozumi Religião tenri Honmon butsuryū-shū Religião konko
ty Seichō-no-ie Sōka gakkai Igreja messiânica mundial Shinnyo-en Risshō kōsei-kai Religião
no gonenkai Igreja myōchikai Mahikari Agon-shū Shūmei Happy science Aleph / religião au
religiosos hindus Brahmoísmo Radha soami Ārya samāja Movimento Ramakrishna Brahmā
am Chandra Movimento Sai Baba Ānanda mārga Igreja śaivá siddhanta Meditação transce
shna Movimento Rajneesh Neopaganismos Wicca Movimento da Deusa Dianismo Bruxaria
o Druidismo moderno Reconstrucionismo celta Kemetismo Religião romana-itálica Rodno
feri Radical faeries Irmandade da fênix Igreja de São Príapo Neoxamanismos Xamanismo e
ismo plástico Santo daime Barquinha União do vegetal Jurema Catimbó Toré Peiotismo 13
o neomexicano Xamanismo neoandino Caminho vermelho Foco de luz Reiki xamânico Relig
omblé Umbanda Santeria Palo Vodu Rastafári Quimbanda Encantaria Tambor de Mina Wint
ntamentu Obaí Religiões cientificistas Espiritismo Espiritualismo Teosofia Antroposofia Cien
tica Movimento do novo pensamento Igreja da ciência divina Unity Movimento da ciência r
al humano Trans-humanismo Urantianismo Igreja da unificação Fundamentalismo cristão Ig
non Sociedade da autorrealização Jedaísmo Crianças índigos / cristais Era de aquário Unive
ade internacional da paz Religiões de óvnis Movimento Ashtar Projeto portal Ratanabá Ap
de de Aetherius Federação galática da luz Nuwaubianismo Fălún gōng Mark-age metacente
nsolador do novo mundo Povo espacial das forças da luz Amicizia Heaven's gate Ordem do
lismos Assembleia de Deus Congregação cristã Igreja Deus é Amor Igreja o Brasil para Crist
drangular Igreja universal do reino de Deus Igreja mundial do poder de Deus Igreja internac
ja renascer em Cristo Igreja bola de neve Igreja apostólica plenitude do trono de Deus Crist
vas QAnon Religiosidade "não religiosa" Viabilidade Antipolítica e fascismo Movimento "an
Perenialismo Ciência da religião eliadiana Psicologia analítica e psicologia transpessoal Cap
alismo platônico Contracultura de 1960 Segunda onda do feminismo Guerra Fria Psicologiz
ação da religião Pragmatismo Magia Dissociação religiosa Canalização Cura Holismo Cient
mo Milenarismo Reconstrucionismo Cultic milieu Perfil dos buscadores espirituais Recrutar
carismática Comunidades alternativas Terapias alternativas Escolas e institutos de educaçã
s religiosos do Japão Religião kurozumi Religião tenri Honmon butsuryū-shū Religião konko
ty Seichō-no-ie Sōka gakkai Igreja messiânica mundial Shinnyo-en Risshō kōsei-kai Religião
no gonenkai Igreja myōchikai Mahikari Agon-shū Shūmei Happy science Aleph / religião au
religiosos hindus Brahmoísmo Radha soami Ārya samāja Movimento Ramakrishna Brahmā
am Chandra Movimento Sai Baba Ānanda mārga Igreja śaivá siddhanta Meditação transce
shna Movimento Rajneesh Neopaganismos Wicca Movimento da Deusa Dianismo Bruxaria
o Druidismo moderno Reconstrucionismo celta Kemetismo Religião romana-itálica Rodno
feri Radical faeries Irmandade da fênix Igreja de são Príapo Neoxamanismos Xamanismo e
ismo plástico Santo daime Barquinha União do vegetal Jurema Catimbó Toré Peiotismo 13
o neomexicano Xamanismo neoandino Caminho vermelho Foco de luz Reiki xamânico Relig
omblé Umbanda Santeria Palo Vodu Rastafári Quimbanda Encantaria Tambor de Mina Wint
ntamentu Obaí Religiões cientificistas Espiritismo Espiritualismo Teosofia Antroposofia Cien
tica Movimento do novo pensamento Igreja da ciência divina Unity Movimento da ciência r
al humano Trans-humanismo Urantianismo Igreja da unificação Fundamentalismo cristão I
non Sociedade da autorrealização Jedaísmo Crianças índigos / cristais Era de aquário Unive
ade internacional da paz Religiões de óvnis Movimento Ashtar Projeto portal Ratanabá Ap
de de Aetherius Federação galática da luz Nuwaubianismo Fălún gōng Mark-age metacent
dor do novo mundo Povo espacial das forças da luz Amicizia Heaven's gate Ordem do temp
bleia de Deus Congregação cristã Igreja Deus é Amor Igreja o Brasil para Cristo Igreja do ev
a universal do reino de Deus Igreja mundial do poder de Deus Igreja internacional da graça
to Igreja bola de neve Igreja apostólica plenitude do trono de Deus Cristianismo carismátic
dade "não religiosa" Viabilidade Antipolítica e fascismo Movimento "antisseita" Contrailur
Ciência da religião eliadiana Psicologia analítica e psicologia transpessoal Capitalismo Colon

Novos movimentos religiosos

Dados Internacionais de Catalogação na Publicação (CIP)
(Câmara Brasileira do Livro, SP, Brasil)

Stern, Fábio L.
Novos movimentos religiosos / Fábio L. Stern. – Petrópolis, RJ : Vozes, 2025. – (Coleção Religiões Mundiais)

Bibliografia.
ISBN 978-85-326-7282-7

1. Religião 2. Religiões – Brasil I. Título. II. Série.

25-282623 CDD-200

Índices para catálogo sistemático:
1. Religião 200

Cibele Maria Dias – Bibliotecária – CRB-8/9427

FÁBIO L. STERN

Novos movimentos religiosos

EDITORA VOZES

Petrópolis

© 2025, Editora Vozes Ltda.
Rua Frei Luís, 100
25689-900 – Petrópolis, RJ, Brasil
www.vozes.com.br

Editoração: Sandy Marques
Diagramação: Guilherme Ayres
Revisão gráfica: Fernando Sergio Olivetti da Rocha
Capa: Érico Lebedenco

ISBN 978-85-326-7282-7

Este livro foi composto e impresso pela Editora Vozes Ltda.

Dedico este livro ao Shang Tsung, pois escrevê-lo sugou um pedaço da minha alma. A cada item que eu escrevia, milhares de novos assuntos apareciam, e eu nunca me sentia satisfeito. Negociar comigo mesmo para fechar o volume foi muito difícil, mas espero que este volume seja satisfatório ao público dos estudos de novos movimentos religiosos.

Sumário

Prefácio

Frank Usarski

Quem se formou em ciência da religião nas primeiras décadas do pós-guerra, testemunhou novos impulsos metodológicos e substâncias constitutivas para a disciplina. Uma dessas tendências foi a sensível expansão do escopo de pesquisa, antes delimitado ao estudo das chamadas "grandes religiões", caracterizadas por uma longa história, legados espirituais canonizados e instituições padronizadas. Como muitos cientistas da religião se dedicavam à investigação de tradições como o taoismo, o budismo, o hinduísmo ou o islamismo, esperava-se deles um conhecimento aprofundado das respectivas filologias extraeuropeias.

O surgimento de novos movimentos religiosos a partir da década de 1960 foi decisivo para a ampliação desse espectro empírico. Organizações recém-fundadas, como a Iskcon ("Hare Krishna"), os Meninos de Deus (Children of God), a Igreja de Cientologia e a Igreja de Unificação do Reverendo Mun, chamaram inicialmente a atenção de sociólogos nos Estados Unidos e, pouco depois, também de pesquisadores em outros países. O reconhecimento da relevância do fenômeno da "nova religiosidade" se expandiu rapidamente em duas direções. No sentido horizontal, tornou-se evidente que o contingente de movimentos inicialmente estudados representava apenas um segmento de um fenômeno geograficamente mais abrangente, incluindo manifestações na Ásia, África e

América Latina (Lucas; Robbins, 2004). No sentido vertical, e ciente da relatividade histórica do rótulo "nova religiosidade", cresceu o interesse por expressões análogas do fenômeno no passado (Pietsch; Steckel, 2018).

Ambas as tendências estimularam um intercâmbio mais intenso com especialistas fora dos Estados Unidos e da Europa. Uma consequência desse processo foi o crescente interesse pela dinâmica religiosa no Japão, onde os novos movimentos religiosos são um fenômeno conhecido desde a primeira metade do século XIX. O tema se tornou objeto de debate acadêmico nos anos de 1950 (Inoue, 1991), intensificado pelo fato de que "milhares desses grupos foram estabelecidos ao longo das décadas", incluindo as centenas que integram o cenário religioso nacional no século XXI (Inoue, 2012, p. 902).

A consolidação gradual dessas pesquisas nas décadas de 1970 e 1980 resultou na fundação do Centro para o Estudo de Novas Religiões (Cesnur) em 1988, na Itália. A instituição surgiu como uma associação profissional de acadêmicos especializados em minorias religiosas, novos movimentos religiosos, escolas esotéricas e gnósticas contemporâneas, além da nova consciência religiosa em geral (Cesnur, 2023). Algo semelhante ocorreu com a criação do periódico *Nova Religio*, lançado em outubro de 1997 como uma plataforma para "o número crescente de acadêmicos em todo o mundo envolvidos no estudo de comunidades e movimentos religiosos alternativos" (Lucas, 1997, p. 6).

O processo de institucionalização da área pode ser evidenciado por três obras representativas publicadas em um momento em que a crescente demanda por estudos sobre novos movimentos religiosos exigia maior sistematização. A *Introduction to New and Alternative Religions in America* (Gallagher; Ashcraft, 2006), composta por cinco volumes e mais de 1.450 páginas, destaca a relevância acadêmica atribuída à temática. A *Encyclopedia of New Religious Movements* (Clarke, 2006), com mais de 800 páginas, oferece um panorama abrangente de grupos, personalidades e tendências ligadas à nova religiosidade. O livro *Researching New Religious Movements: Responses and Redefinitions* (Arweck, 2006) analisa detalhadamente as abordagens, instâncias envolvidas e os principais resultados das suas pesquisas sobre os novos movimentos religiosos.

Esses e outros exemplos atestam a popularidade atual do estudo dos novos movimentos religiosos (Klenk, 2012, p. 1), demonstrando que a área não é mais considerada um "nicho" dentro da ciência da religião (Thomas; Graham-Hyde, 2021, p. 13). Ao contrário, trata-se de um campo consolidado, que reúne acadêmicos com um perfil diferenciado em relação às gerações anteriores, tradicionalmente focadas na reconstrução histórica, leitura e interpretação de textos sagrados escritos em línguas extraeuropeias e na comparação entre as principais tradições religiosas.

Fábio Stern, responsável pela presente publicação, exemplifica esse novo perfil de cientista da religião. Cofundador e atual líder do Núcleo de Estudos de Novas Religiões e Novas Espiritualidades (NEO), vinculado ao Programa de Pós-Graduação em Ciência da Religião da PUC-SP, Stern tem dedicado boa parte de sua produção acadêmica ao estudo de fenômenos como a nova era, o neopaganismo, a categoria de "espiritualidade" e o papel das terapias holísticas no setor da saúde.

Esse legado se reflete em sua obra, que agora em um outro nível confirma a competência do autor no estudo dos novos movimentos religiosos, tanto em termos teóricos quanto na análise substancial do fenômeno. Baseado em uma vasta bibliografia internacional, Fábio Stern reconhece os desafios epistemológicos inerentes ao tema e se empenha em uma delimitação cronológica precisa do fenômeno. Ao apresentar 130 organizações do espectro dos novos movimentos religiosos, o livro sintetiza um campo empírico extremamente heterogêneo em relação a suas origens, formas, crenças e práticas. Além disso, o autor estrutura seu raciocínio de acordo com o modelo quíntuplo comum aos livros da coleção "Religiões Mundiais".

A expectativa é que a expertise do autor e a qualidade da obra contribuam significativamente para os debates acadêmicos sobre os novos movimentos religiosos.

Referências

ARWECK, E. *Researching new religious movements: responses and redefinitions.* London: Routledge, 2006.

CLARKE, P. B. *Encyclopedia of new religious movements*. London: Routledge, 2006.

GALLAGHER, E. V.; ASHCRAFT, W. M. *Introduction to new and alternative religions in America.* Westport, Conn.: Greenwood Press, 2006.

INOUE, N. New Religions in Japan. *In*: JUERGENSMEYER, M. e ROOF, W. (Eds.). *Encyclopedia of Global Religion*, 2012. p. 902-906.

INOUE, N. Recent trends in the study of Japanese new religious movements. *In*: FUJII, T.; IGETA, M., *et al* (Eds.). *New religions*. Tokyo: Kokugakuin University, 1991. p. 4-24.

KLENK, M. New religious movements in global perspective. A Systems Theoretical Approach. *Zeitschrift für junge Religionswissenschaft*, 7, p. 1-16, 2012.

LUCAS, P. C. Introduction and acknowledgement. *Nova Religio*, 1, n. 1, p. 6-11, 1997.

LUCAS, P. C.; ROBBINS, T. (Eds.). *New religious movements in the twenty-first century: legal, political, and social challenges in global perspective*. New York: Routledge, 2004.

PIETSCH, A.; STECKEL, S. New religious movements before Modernity?: Considerations from a historical perspective. *Nova Religio*, 21, n. 4, p. 13-37, 2018.

THOMAS, A.; GRAHAM-HYDE, E. Seeking new approaches to the alternative: The merging of new religious movements and the study of religion. *Rogue. The Journal for Alternative Academia*, 1, n. 1, p. 5-21, 2021.

Introdução

Novas religiões surgiram ao longo de toda a história da humanidade. Sempre que acontece uma mudança na sociedade, as religiões também mudam. Mesmo religiões muito antigas hoje, como o judaísmo, o cristianismo e o islã, um dia foram novas. Entretanto, desde o século XIX, o mundo tem assistido à emergência de muitas religiões novas, em um contexto cultural marcado pelo individualismo e por uma transformação na maneira de se perceber a religião. Desde o Iluminismo, a religião passou a ser vista na Europa predominantemente como parte da esfera privada, uma decisão individual. Nesse cenário, as crenças e práticas religiosas se tornariam paulatinamente mais uma expressão da identidade pessoal do que um elemento central da vida comunitária (Durkheim, 2000). Como tal, essa nova realidade questionaria os limites convencionais do que é religião e apresentaria novas visões sobre o que constitui uma prática espiritual.

No geral, é nesse período e contexto geográfico que a noção de "novos movimentos religiosos" surge. Como tal, trata-se de um termo datado, com um viés teórico muito próprio das ciências sociais – em especial da sociologia – do final do século XIX e principalmente do início do século XX, em que a própria categoria "movimento religioso" era central para a discussão acadêmica vigente. Os estudos acadêmicos abordavam as novas religiosidades sob uma perspectiva inicialmente marcada por uma dicotomia colonialista, classificando tais manifestações em "seitas" e "cultos", utilizando o cristianismo europeu como parâmetro normativo. Troeltsch (1931) e Weber (2006) foram pioneiros ao pensar nessa distinção, inicialmente focando no conceito de seita dentro do próprio universo cristão. Contudo, já na década de 1930, sociólogos da religião começaram a empregar o termo "seita" de maneira mais ampla, como sinônimo de novas religiões que emergiam na Europa e nos Estados Unidos fora dos limites tradicionais do cristianismo e para descrever novas religiões monoteístas que estavam surgindo no Japão influenciadas pelo colonialismo.

A criação do termo "novos movimentos religiosos" na década de 1960 representou um esforço de modernização nessa abordagem, buscando oferecer um rótulo menos carregado semanticamente para essas manifestações. Esse é um período das ciências sociais em que a noção de "movimento social" estava em voga, justificando a nomenclatura que se consagrou. Contudo, a virada do milênio colocou em evidência novos desafios e reflexões, visto que nem toda nova religiosidade pode ser classificada pelo termo sociológico "movimento religioso". Movimentos sociais buscam mudanças na sociedade envolvendo ações coletivas e organizadas. Algumas novas religiosidades, entretanto, emergem se concentrando apenas na transformação individual, sem uma agenda explícita de mudança social. Assim, Heelas (2008; Heelas; Woodhead, 2005) sugere referirmos a essas formas religiosas apenas como "novas espiritualidades".

As diferentes nomenclaturas para o mesmo objeto não apenas refletem mudanças na compreensão desses fenômenos, mas também dizem respeito a momentos distintos nos estudos da religião. Quando a literatura começou a se debruçar sobre o tema, isso veio na esteira da consolidação do colonialismo, deixando um recorte que acaba usualmente se referindo não a qualquer nova religião, mas a um grupo bastante específico: aquilo que era novidade para a Europa após as expansões do imperialismo-capitalismo.

No presente livro, exploraremos os novos movimentos religiosos por uma abordagem um pouco mais abrangente. Assim, nesse volume trataremos o objeto sem uma distinção formal entre novo movimento religioso e novas religiosidades, buscando responder por que a virada do século XIX para o século XX marcou um aumento significativo de novos grupos religiosos. Nosso objetivo não será aprofundar em cada grupo específico. Ao invés disso, abordaremos aquilo que Colin Campbell (1972) chamou de *cultic milieu* – ou "ambiente de culto", em português. Em outras palavras, subculturas caracterizadas por uma vasta gama de práticas alternativas, abrangendo diversos grupos que, apesar da aparente efemeridade, parecem manter uma coesão interna, unindo seus membros pela contínua busca espiritual.

O lugar dos novos movimentos religiosos na ciência da religião é tanto único quanto significativo, representando parte da evolução contínua das tradições espirituais. Eles surgem em resposta a necessidades e questões contemporâneas, construindo-se sobre ou divergindo das tradições religiosas já estabelecidas. Eles tentam responder a demandas atuais em um momento em que as religiões tradicionais não conseguiram responder imediatamente, sendo indicadores importantes de mudança e continuidade na história das religiões.

Antes de prosseguirmos, porém, precisamos esclarecer dois pontos fundamentais ao entendimento de nosso objeto: o que significa "novo" e o que se entende por "religioso" na expressão "novos movimentos religiosos". Como ambos os conceitos são naturalizados emicamente, podem parecer óbvios ao senso comum, mas apresentam divergências enormes que impactam o campo de estudo.

Um novo movimento religioso pode ser considerado novo por uma perspectiva meramente geográfica. Embora o budismo tenha aproximadamente 2.500 anos de história, com uma origem que remonta ao século VI AEC[1], no Brasil ele só chegou em 1908, com a primeira onda da imigração japonesa (Usarski, 2016). Nesse sentido, o budismo é uma religião nova aqui, mas muito antiga na Ásia. Além disso, como explica Benthall (2008, p. 55), não é

1. Antes da Era Comum, alternativa não cristocolonialista para "antes de Cristo".

incomum que, em busca de aceitação social, novos movimentos religiosos queiram parecer mais velhos do que são. Os neopaganismos, por exemplo, autorreferem-se como a "antiga religião" por cultuar deuses pré-cristãos. Caso o cientista da religião não compreenda que não se encontram evidências históricas de neopaganismo antes de setembro de 1939 (Arantes, 2023; Hanegraaff, 1996), ele pode incorrer no erro de não identificar corretamente esses grupos por supervalorizar o discurso êmico. Em outras palavras, o neopaganismo não é uma continuidade ininterrupta de uma religião antiga, como dizem seus próprios praticantes, mas um novo movimento religioso que foi consolidado apenas na segunda metade do século XX.

É muito difícil se encontrar um marco temporal exato de quando se deixa de considerar um movimento religioso como "novo" entre os especialistas. Guerriero (2006) explica que toda religião foi nova em algum momento. O próprio cristianismo surgiu no século I EC[2] como uma seita do judaísmo. Além disso, por vezes religiões milenares, como o budismo e o hinduísmo, geram novas vertentes que passam a ser vistas como novos movimentos religiosos, como o caso da sōka gakkai e do movimento Hare Krishna.

Barker (1999) tenta responder à questão propondo uma definição pragmática, considerando um movimento religioso como "novo" se ele se tornou visível após a Segunda Guerra Mundial. A questão da visibilidade social é central para a proposta dela. Segundo Bromley (2016, p. 99), antes de um novo movimento religioso se tornar público aos olhos da sociedade, ele pode passar por um período longo no qual seus fundadores se comunicam apenas com um grupo restrito de pessoas. Não é essa fase a que Barker (1999) considera como marco inicial. O início relevante, segundo a autora, seria justamente o momento posterior, de crescimento da visibilidade entre aqueles que estão para além do círculo inicial de confiança.

---

2. Era Comum, alternativa não cristocolonialista para "depois de Cristo".

Além disso, às vezes certos tipos de novas religiões não são considerados como novos movimentos religiosos. Por exemplo, as origens do pentecostalismo geralmente podem ser traçadas no avivamento da Rua Azusa em 1906 em Los Angeles (Omenyo, 2005b, pp. 53-54). Isso indica que, do ponto de vista cronológico, o pentecostalismo está muito mais próximo do movimento da nova era do que dos protestantismos históricos como o luteranismo, o calvinismo e o presbiterianismo. Mas nem sempre as igrejas pentecostais são classificadas como novos movimentos religiosos pelos especialistas. Guerriero (2006) só considera o pentecostalismo como novo movimento religioso em contextos em que ele foi transplantado para culturas de minoria cristã, como os países do Leste Asiático. Ele considera que o "novo" em novos movimentos religiosos deve levar em consideração não apenas o tempo, mas também o que já está estabelecido na cultura dominante. Logo, para o autor brasileiro, os pentecostais surgem como parte do cenário religioso vigente, de dominância cristã, e não podem ser vistos como novidades no modo de lidar com a religião na sociedade dos Estados Unidos. Já na enciclopédia de novos movimentos religiosos de Clark (2005), o pentecostalismo não só é entendido como um novo movimento religioso, como as principais igrejas pentecostais possuem capítulos próprios no volume. Quando comparamos os diversos especialistas na temática, observamos que não há consenso. Concordam com Guerriero que o pentecostalismo não é um novo movimento religioso autores como Lewis e Tøllefsen (2016), Saliba (2016), Heelas (2008), Carpenter (2004) e Díez de Velasco (2000). Do outro lado, concorda com Clark que o pentecostalismo é um novo movimento religioso autores como Chryssides e Zeller (2014b), Bromley (2007), Hackett (2004) e Hunt (2003).

O segundo termo é ainda mais delicado. Há novos movimentos religiosos que não se consideram religião. Um exemplo onde isso é bastante notável é a ufologia. Ufólogos usualmente se apresentam como cientistas cujo estudo estaria baseado em evidências e observações empíricas. Além disso, muitas vezes as pessoas que acreditam em contatos com inteligências extraterrestres não se reconhecem como parte de um sistema religioso de qualquer tipo. Porém, há certo consenso na ciência da religião de que a crença em extraterrestres gera novas formas de religião. Östling (2016) menciona exemplos empíricos (cientologia, religião raëliana, heaven's gate) de como a crença em extraterrestres se institucionaliza em comunidades, incluindo a veneração de figuras carismáticas, a criação de narrativas míticas e a realização de reuniões regulares. O autor também fala sobre como os deuses das religiões pré-cristãs são transformados em astronautas salvadores extraterrestres nesses meios (Östling, 2016, pp. 426-427). Não só isso, figuras como Ashtar Sheran e Bilu passam a ser referenciadas entre os supostos "contatados" com papel idêntico ao das divindades de qualquer outra religião. Isso tudo demonstra que, para muitos, a ufologia oferece respostas às grandes questões existenciais sobre a vida, o universo e o lugar da humanidade.

Outro ponto é o da própria rejeição da palavra "religião" por muitos novos movimentos religiosos. Ainda que haja exemplos de grupos que gostem do termo e queiram se apresentar publicamente como religiosos (p. ex., wicca, pentecostalismo, mórmons, fé Bahá'i, jedaísmo), o mais usual é que os praticantes se reconheçam como "espiritualizados" ao invés de "religiosos" (Jespers, 2014, p. 199; Horie, 2014, p. 110). Há uma contraposição êmica da palavra "religião", frequentemente associada de forma negativa às práticas das religiões tradicionais – particularmente o cristianismo –, e "espiritualidade", que é vista de maneira positiva e como relacionada aos novos movimentos religiosos.

Isso significa que a definição do que é "religioso" deve ser abordada em sintonia com discussões teóricas sobre o que é religião, superando tanto o paradigma das religiões mundiais (Sutcliffe, 2014, p. 17) quanto a mera autoidentificação dos participantes. Segundo Guerriero (2006), um movimento é religioso quando aborda as questões últimas tradicionalmente endereçadas pelas religiões, como a existência de divindades, o sentido da vida e a possibilidade de haver vida após a morte ou algo além do corpo físico. Sutcliffe (2014) propõe considerar a totalidade de fenômenos em jogo, composta pela soma de várias partes que possuem vida própria. O autor se baseia em Durkheim (2000), quem declarava que inúmeras manifestações religiosas não pertencem a uma religião específica. Na sociedade, há crenças e práticas dispersas que não estão integradas em um sistema definido. Assim, Sutcliffe (2014, p. 17) observa que os novos movimentos religiosos são religiosos na medida em que compartilham esses elementos comuns. Isso parece ir ao encontro da alegoria de Champion (1989), de uma nebulosa religiosa. Já Hanegraaff (2017, p. 239) define que "qualquer sistema simbólico que influencie as ações humanas, fornecendo possibilidades para manter contato ritualisticamente entre o mundo cotidiano e um quadro metaempírico mais geral de significados" pode ser classificado como religioso. Nesse sentido, um movimento social que contemple essa definição pode ser adjetivado como religioso, independentemente se seus adeptos assim se reconhecem ou não.

Aos que gostam de uma proposta mais instrumental, Benthall (2008) desenvolveu uma teoria própria. O autor apresenta 19 critérios específicos que seriam identificados nos diferentes objetos de estudo para classificá-los como parte de um campo religioso forte ou fraco. Se o movimento faz parte de um campo religioso forte, todos ou quase todos os 19 critérios estabelecidos serão satisfeitos e identificados na prática do grupo. No geral, esse seria o caso das grandes religiões já estabelecidas, como o islã e o budismo. Movimentos de um campo religioso médio podem ter características religiosas reconhecíveis, mas não terão todos os 19 critérios. Esse pode ser o caso das religiões emergentes. Por fim, os movimentos de um campo religioso fraco teriam apenas uma ligação tênue ou indireta com práticas religiosas, e satisfariam poucos dos 19 critérios. Por exemplo, quando a alquimia daoista é transformada em medicina tradicional chinesa e passa a ser vendida enquanto massagens e aplicações de acupuntura no Brasil, dificilmente um terapeuta ou um paciente brasileiro dessas práticas se identifica como daoista. Ao contrário, a maioria deles sequer verá qualquer coisa religiosa nessas técnicas chinesas. Como tal, o que essas pessoas fazem contemplará poucos dos 19 itens de Benthall.

Os critérios apresentados por Benthall (2008) são: (1) *Apelo a entidades sobrenaturais*, o que inclui a crença em deuses, mas também em seres espirituais mais diversos, como animais de poder, espíritos, anjos, gnomos, extraterrestres, bruxas e a antropomorfização da própria natureza (pp. 22-24). (2) *Apelo a um mundo ideal*, o que envolve tanto uma era de ouro do passado, a promessa por cumprimento espiritual futuro, o conceito de "terra sagrada" e até mesmo descrições detalhadas do paraíso (pp. 24-25). (3) *Discursos totalizantes, crenças, dogmas e escrituras* (pp. 26-28). (4) *Explicação do lugar do ser humano no mundo*, o que vai desde questões ontológicas fundamentais até os comportamentos sociais esperados e os papéis de sexo e classe (pp. 28-32). (5) *Narrativas de fundação* (pp. 32-33). (6) *Conversão* (pp. 33-35). (7) *Aceitação do paradoxo doutrinal*. As religiões possuem contradições difíceis de conciliar com a experiência cotidiana ou com a lógica. Um exemplo é que não vemos pessoas engravidarem sem sexo, mas os cristãos acreditam que Jesus nasceu de uma virgem. Benthall sugere que crentes, quando confrontados com os paradoxos de suas religiões, simplesmente os ignoram, aceitando-os como mistérios inefáveis (pp. 35-38). (8) *Cerimônias, rituais e disciplinas espirituais*. Por disciplinas espirituais entendem-se as práticas que são realizadas com o objetivo de desenvolver ou manter a vida espiritual, como orações, meditação, jejum, leitura de textos sagrados e peregrinações (pp. 38-40). (9) *Acalento frente à morte e escatologia* (pp. 40-42). (10) *Martírio* (pp. 42-43). (11) *Crença em entidades malignas* (pp. 43-44). (12) *Imperativos morais baseados no altruísmo* (pp. 44-46). (13) *Internalização de um código moral* (pp. 46-47). (14) *Sectarismo*, ou seja, o grupo se vê diferente de outros já estabelecidos (pp. 47-50). (15) *Identidade política*. Como os movimentos possuem etnia, classe, sexo, idade e até linguagem, é inevitável que acabem por adotar inclinações por vertentes políticas específicas (pp. 50-51). (16) *Distinção entre coisas sagradas e profanas* (pp. 51-52). (17) *Transe* (pp. 53-54). (18) *Busca por transnacionalização* (pp. 54-55). E (19) *tentativa de parecer mais antigo do que realmente é* (pp. 55-56).

A respeito da organização desse livro, seguimos o mesmo formato dos outros volumes da coletânea. Começamos com uma discussão sobre as origens e expansões dos novos movimentos religiosos, com um segundo capítulo falando sobre suas principais doutrinas e práticas, um terceiro capítulo apresentando suas formas de institucionalização, um quarto capítulo com um esboço de taxonomia dos principais ramos encontrados, finalizando com um capítulo sobre perspectivas. Entretanto, precisamos fazer certo exercício discursivo para manter nosso trabalho nesse formato. Isso se dá porque esse tipo de estudo de uma religião está muito pautado no paradigma das religiões mundiais, uma teoria que conforme explica Sutcliffe (2014), definitivamente não se aplica às novas religiosidades. Entretanto, a estrutura é útil se observada da maneira como abordamos neste volume.

No primeiro capítulo, ao invés de falar estritamente sobre como surgiram e se expandiram, abordamos movimentos sociais e mudanças culturais que foram importantes para fomentar o *cultic milieu*. Itens como capitalismo, colonialismo, Contrailuminismo e feminismo serão endereçados nesse momento. No segundo capítulo pegamos valores e crenças que são compartilhados por um número grande de novos movimentos religiosos, como a crença em magia, a busca por dissociação religiosa, o apelo à psicologia e o pragmatismo. No terceiro capítulo, como não abordaremos grupo por grupo, falamos mais sobre o que é o *cultic milieu*, o perfil dos seguidores de novos movimentos religiosos de acordo com algumas pesquisas demográficas, e como alguns grupos preferem se organizar em formatos que emulam instituições seculares. No quarto capítulo uma proposta de classificação dos tipos de novos movimentos religiosos é apresentada, com um pequeno glossário dos grupos mais famosos. Por fim, o último capítulo explorará algumas das controvérsias relacionadas aos novos movimentos religiosos, inclusive abordando como algumas polêmicas são fruto apenas de preconceito religioso frente a grupos minoritários.

Com isso, esperamos que a leitura possa auxiliar os estudiosos de novos movimentos religiosos, oferecendo uma perspectiva não tão comum sobre como estudar esse objeto, dialogando por ora com teorias decoloniais e fazendo uma análise não focada estritamente na Europa para estudar esse objeto.

Capítulo 1
Origens e expansão

No presente capítulo abordaremos as transformações sociais que fomentaram o surgimento de uma pletora de novos movimentos religiosos ao longo dos séculos XIX e XX. O capítulo apresentará abordagens mais clássicas entre especialistas do tema, como a ligação entre o surgimento desses movimentos com a contracultura de 1960 e o Contrailuminismo do século XIX, mas também explorará interpretações não tão comuns, como a de que os novos movimentos religiosos são fruto do próprio capitalismo e a influência da Guerra Fria no surgimento e manutenção de determinadas novas religiosidades.

Contrailuminismo

Um dos debates mais tradicionais em torno da emergência de novos movimentos religiosos gira em torno de um entendimento de que eles representariam um "reencantamento" do mundo em contraponto ao processo de secularização. Guerriero (2006) menciona que, para alguns autores, a proliferação dos novos movimentos religiosos é vista como um impulso regressivo irracional em tempos de incerteza, enquanto outros, mais religionistas, veem como prova da "irredutibilidade" da dimensão religiosa (ou do "sagrado").

O problema desse tipo de explicação é que ele é ultrapassado. A noção de "desencantamento do mundo" (*Entzauberung der Welt*) foi cunhada por Weber (2013; 1996) no início do século XX, e pela popularidade do autor, tornou-se uma ideia central na sociologia da religião. Ela se refere ao suposto processo pelo qual, na Modernidade, as crenças religiosas teriam sido substituídas pela racionalidade e pelo pensamento científico. A ideia de desencantamento sugere uma transição linear da magia para a religião e, em seguida, da religião para a ciência. É uma leitura evolucionista do mundo, muito afinada com o mito de progresso iluminista do século XIX.

Segundo Said (1990, pp. 208-209), a visão iluminista de progresso e avanço linear na cultura e erudição é uma criação europeia para colocar a própria Europa como o pináculo do desenvolvimento humano. O autor pós-colonial argumenta que todo trabalho cultural é limitado por suas imagens, suposições e intenções, e que os avanços na ciência são bem menos definitivos e lineares do que defenderam os iluministas europeus, sendo tão plurais quanto a diversidade nas experiências espirituais ao longo da história e em diferentes culturas.

Citando alguns exemplos, enquanto os europeus acreditavam que a terra era plana e tinham grande dificuldade para ajustar seu calendário às estações do ano, os maias já tinham um conhecimento avançado de astronomia, que utilizavam para criar calendários precisos. Além disso, muito antes de os vikings se destacarem na navegação oceânica, os polinésios já haviam dominado a arte de cruzar vastas distâncias do Oceano Pacífico usando as estrelas e as correntes marítimas. Podemos também citar que durante a Peste Negra a Europa teve um número muito maior de mortos do que os árabes, em parte pelos péssimos hábitos cristãos de higiene e saneamento, mas também porque desde o século IX os árabes já destilavam plantas para utilizar no tratamento de doenças, apresentando uma medicina muito mais avançada do que a medicina europeia do século XIV.

Ademais, ao contrário da previsão de um declínio da religião como defenderam Freud (2010) e Weber (2013), o século XX viu o surgimento de numerosos novos movimentos e uma persistente vitalidade das tradições religiosas. A própria existência de bancadas religiosas e o voto evangélico definindo as eleições não apenas no

Brasil, mas também nos Estados Unidos e na Europa desafia a noção de que a Modernidade leva ao declínio da religião. A teoria do desencantamento está ligada à teoria da secularização, que prevê um enfraquecimento da influência pública da religião na sociedade. No entanto, isso não ocorre de maneira uniforme no mundo, nem mesmo na Europa. E em muitas regiões, como no Brasil, a religião nunca deixou de desempenhar um papel central na vida social e política.

Muitas religiões tradicionais integraram aspectos da Modernidade, como o uso de tecnologias de mídia e organização em redes. Isso não é uma exclusividade das novas religiões. Embora Clark (2005, p. xiii) sugira que a prática pública do cristianismo está diminuindo, o que daria lugar a formas mais flexíveis e sincréticas, essa ideia não se sustenta. No Brasil, por exemplo, a própria Igreja Católica possui emissoras de TV e rádio, canais de YouTube e TikTok, atua nas redes sociais, transmite missas em *lives*, possui padres e freiras cantores que aparecem em programas de televisão e tem suas práticas e crenças amplamente retratadas em novelas, músicas e na cultura popular. Isso sugere não ser apropriado adotarmos a explicação de que o surgimento de novos movimentos religiosos constitui um retorno da religião, pois ela nunca foi embora em primeiro lugar.

Um autor que apresenta uma alternativa para essa interpretação é Hanegraaff (1996), em sua tese sobre o movimento da nova era. Para ele, a emergência e crescente popularidade de novos movimentos religiosos são fruto do Contrailuminismo. Mas para entendermos corretamente o que é Contrailuminismo, Hanegraaff (1996, p. 415) atenta que a dicotomia Iluminismo/Contrailuminismo deve ser empregada mais como uma ferramenta heurística do que como momentos históricos precisos. Além disso, Contrailuminismo não pode ser visto como o inverso de Iluminismo, logo, como "reencantamento". Ele faz parte do próprio Iluminismo.

Hanegraaff (1996, p. 414-415) define Contrailuminismo como um conjunto não coeso de movimentos influenciados pelo

Iluminismo, mas ao mesmo tempo insatisfeitos com ele. Segundo Heelas (2008, p. 41), ele surge como uma reação tanto à industrialização quanto à ciência enquanto nova legitimadora da verdade na sociedade europeia. Isso significa que ainda que seja uma reação ao Iluminismo, o Contrailuminismo depende do Iluminismo para existir.

A crítica contrailuminista não é tão simplista quanto as dicotomias racionalismo *versus* irracionalismo ou ciência *versus* religião. Muitos pensadores contrailuministas não rejeitavam completamente a razão (p. ex., Burke, Schelling, Novalis, Hegel). Em vez disso, eles criticavam a visão da razão como a única ou a principal fonte de verdade. Além disso, vários pensadores iluministas eram muito religiosos (p. ex., Newton, Pascal, Leibniz), e tentavam explicar Deus por alegorias matemáticas. Nesse sentido, é mais adequado compreender o Contrailuminismo como uma corrente que tentava preservar as tradições e dar valor à emoção, aspectos que, em muitos casos, foram negligenciados pelos iluministas.

O Contrailuminismo emergiu inicialmente como uma resposta do cristianismo aos desafios impostos pelo novo estilo de pensamento iluminista. Ele teve também um papel significativo no surgimento de novos movimentos religiosos. O foco nos sentimentos fomentou uma busca por autenticidade e experiência direta no contexto religioso. Muitos contrailuministas passaram a dizer que as formas institucionalizadas de religião haviam se tornado distantes, dogmáticas ou excessivamente ritualísticas, perdendo o contato com a experiência espiritual genuína.

Citando três exemplos, Hamman (1967), um dos precursores do Contrailuminismo, era crítico do racionalismo aplicado à religião, tal como fornecido pela teologia tradicional, e defendia uma abordagem mais pessoal e emocional da espiritualidade. Embora não faça uma crítica direta à institucionalização religiosa, ele enfatizava a fé e a revelação como os caminhos efetivos para a verdade espiritual. Ele afirmava que a experiência é mais importante do que a dureza dogmática e o formalismo ritual. Embora sua crítica estivesse direcionada à rigidez do método científico, seu pensamento também atingia as igrejas cristãs do século XVIII.

Já Von Schelling (1993) explorou a relação entre liberdade, mal e divindade, propondo uma visão que integra fé e razão. Sua filosofia da identidade busca reconciliar o idealismo transcendental de Kant e Fichte com o realismo de Spinoza. Apesar da defesa contrailuminista que valoriza a religião, a filosofia schellinguiana criticava indiretamente a austeridade das estruturas religiosas, pois sua noção de liberdade desafiava a visão tradicional de uma divindade onipotente e onisciente que predetermina tudo, exigindo uma concepção mais dinâmica de Deus.

Kierkegaard (2022) foi outro contrailuminista que debateu a necessidade da subjetividade na fé, destacando uma natureza pessoal na espiritualidade. O autor explorou o tema do desespero humano enfatizando a importância de uma conexão pessoal e profunda com Deus. Ele criticava o que chamava de "cristianismo nominal", onde as pessoas se apresentam publicamente como cristãs apenas para seguir a convenção social, mas sem a verdadeira paixão e comprometimento que, segundo ele, são cruciais para uma autêntica vivência da religião.

É de notar que os três exemplos supramencionados são de autores contrailuministas que escreveram de dentro do cristianismo para o próprio cristianismo, ilustrando o germe de um desejo por uma religiosidade mais direta e pessoal. Com o desenvolvimento do Romantismo, subcategoria do Contrailuminismo, esse desejo começou a fomentar também discursos em prol de liberdade das mediações e estruturas eclesiásticas e estimulou certa autonomia, autorizando que cada indivíduo siga seu próprio caminho espiritual independente do que dizem ou não as autoridades religiosas. É nessa lógica que criar a própria religião acabou se tornando também uma resposta cultural possível.

Como existiram muitos episódios históricos e movimentos aos quais diferentes historiadores deram o nome de "Romantismo",

Hanegraaff (1996, p. 406) propõe entender o Romantismo como o choque de duas visões de mundo: o evolucionismo iluminista e a cosmologia esotérica europeia. Com isso, fica mais claro por que não devemos entender o Contrailuminismo enquanto oposição à razão ou à ciência. O Romantismo adota um pensamento que advém da própria ciência – a teoria da evolução –, fundindo-o ao ocultismo. Em outras palavras, trata-se de uma interpretação historicista de tradições platônicas e herméticas feitas pela Europa do século XIX (Hanegraaff, 1996, p. 467). Os românticos não apenas adotaram ideias dessas tradições antigas (p. ex., correspondência entre macrocosmo e microcosmo, conhecimento esotérico, misticismo, unidade Deus-humano-natureza etc.), mas também as reinterpretaram à luz de seu próprio contexto cultural, no qual a ciência evolucionista estava se tornando a nova legitimadora do saber e da verdade.

O Romantismo herdou muito do vitalismo, que havia surgido no século XVII propagando a crença na existência de uma força ou energia vital que anima os seres vivos. Segundo Heelas (2008, p. 27), vitalismo e Romantismo se sobrepõem, não sendo fácil separar um do outro. Enquanto o Romantismo enfatiza as emoções, a individualidade e uma apreciação pela natureza, o vitalismo valoriza o que é vivo, dinâmico e em constante evolução em oposição ao que é estático, inerte e imutável. Se, de um lado, o Iluminismo busca explicar o mundo através de leis naturais gerais, tanto o vitalismo quanto o Romantismo enaltecem a singularidade e a mudança.

Aqui se encontra o ponto principal onde Hanegraaff (1996, p. 423) difere das interpretações de que os novos movimentos religiosos seriam um "reencantamento" do mundo. No coração de sua tese, o que o cientista da religião defende é justamente o oposto: novos movimentos religiosos são a *secularização* do esoterismo. O autor neerlandês considera que muitos dos novos movimentos religiosos são uma tentativa de adaptar o esoterismo a um mundo que já não abriga mais uma dimensão de mistério irredutível.

A oposição entre vitalismo e teoria da evolução é evidente. O vitalismo teve um impacto significativo no desenvolvimento da ciência, pois levou alguns cientistas a questionarem a validade do mecanicismo no século XVIII. Todavia, após a teoria da evolução demonstrar que a vida pode ser explicada por processos naturais, sem a necessidade de uma força metafísica, o vitalismo foi paulatinamente suplantado enquanto paradigma. A resposta romântica foi tentar conciliar os dois, reconhecendo que a evolução é real, mas extrapolando sua interpretação ao espiritual. Evolução, para Darwin (2018), não diz respeito a ir de um estágio "pior" para um estágio "melhor". Nem toda evolução é boa. Um exemplo são os olhos claros nos seres humanos, que só passaram a existir após uma mutação genética que ocorreu há 10.000 anos no norte da Europa. Pessoas com olhos azuis têm visão reduzida em ambientes com pouca luz, fotofobia em ambientes com muita luz e maior risco de desenvolver enxaqueca, catarata e tersol quando comparadas a pessoas de olhos castanhos. Os olhos claros são uma evolução no sentido darwiniano, mas não apresentam vantagem para quem tem essa característica. Tampouco a evolução faz sentido, ocorrendo por aleatoriedade e seleção natural. Darwin não comparava as diferentes espécies como mais ou menos evoluídas. O ser humano não é mais evoluído do que uma minhoca, porque dentro da lógica evolutiva, ambas as espécies são o exemplo do ápice de adaptação atual para a sua realidade biológica.

Entretanto, no Romantismo a evolução adquiriu um valor ontológico e metafísico, eivado de antropocentrismo e etnocentrismo, no qual usualmente há uma hierarquia de seres e culturas como mais ou menos "evoluídos", com os humanos e a Europa comumente no topo como o pináculo da evolução. Os românticos deram origem à noção de aprendizado através do sofrimento, adotando o conceito vitalista de energia justificado dentro de uma cosmologia holística mais ampla, de fundo neoplatônico e hermético. Segundo Heelas (2008, p. 54), essa é a visão que ainda domina nas espiritualidades de busca pelo bem-estar, existentes em grande parte dos novos movimentos religiosos.

Para Heelas (2008, p. 27), um exemplo de pensador do "vitalismo romântico" foi Hegel, o que o coloca junto ao rol de pensadores contrailuministas. O filósofo alemão não era um romântico em sentido estrito, mas suas ideias sobre dialética e o desenvolvimento da consciência e da história têm paralelos com o movimento. Hegel (1992) acreditava que a realidade era uma totalidade dinâmica e evolutiva, argumentando que o mundo estava em uma constante mudança impulsionada por uma força interna que ele chamou de "espírito" (*Geist*). O "espírito" não seria uma substância separada da realidade. Ele é a própria realidade em movimento, a força que impulsiona a história, levando a humanidade ao progresso contínuo.

A filosofia hegeliana como destacada por Heelas (2008) é de especial interesse a um item que trabalharemos mais à frente: o *orientalismo platônico*. Hegel foi classificado por Murphy (2018) como colonialista por naturalizar o pensamento europeu como o ápice da civilização, legitimando a economia de privilégios vigente. Murphy (2018, pp. 346-348) considerava que a metafísica de Hegel, que se move da "natureza" para o "espírito", é uma estrutura discursiva racista. Ela professa um universalismo, mas na verdade reitera a hegemonia logocêntrica e cristocêntrica, sustentando uma hierarquia assimétrica em que o "espírito" (Europa) leva ao desenvolvimento de uma história significativa e uma "civilização superior", em oposição às religiões e culturas primitivas "naturais" (Oriente), que não teriam capacidade de fazer isso. Ainda que não seja idêntica, trata-se de uma visão que possui alguma semelhança com o "darwinismo social" de Spencer (2021), que foi o substrato intelectual para a eugenia do século XIX e o fascismo do século XX. Também auxilia a entender algumas das inclinações políticas à extrema-direita[3] que alguns novos movimentos religiosos parecem adotar até hoje.

3. Ainda que nem todo novo movimento religioso seja de direita, relações com a extrema-direita foram documentadas por vários pesquisadores, tanto no século XX quanto no século XXI (cf. Barkun, 2014; Berlet, Lyons, 2016; Goodrick-Clark, 2004; Hakl, 2000; Introvigne, 2022; Kaplan, 1997; Pasi, 2012; Staudenmaier, 2014; Stern, Hida, 2022).

Além disso, a importância de autores como Burke, Von Herder e de Maistre no Contrailuminismo auxiliam a entender por que alguns novos movimentos religiosos se alinham mais com a extrema-direita. Embora não seja correto rotular autores contrailuministas como se fizessem parte de grupos políticos atuais, algumas de suas ideias são interpretadas de forma anacrônica pelos fascistas atuais, para apoiar movimentos religiosos modernos que favorecem ideias ultradireitistas.

Por exemplo, o contrailuminista Burke (2019) era contra a Revolução Francesa, considerando que mudanças rápidas e radicais na sociedade poderiam levar ao caos social. Ele defendia a manutenção da ordem social estabelecida – incluindo os privilégios da monarquia, da aristocracia e do clero – e valorizava a tradição. Entretanto, ele era contrário a um Estado autoritário, dizendo que os governantes tinham responsabilidades com o resto da nação, e defendia uma transformação mais lenta da sociedade. Essa última parte da obra de Burke pode ser convenientemente ignorada por alguns grupos contemporâneos, supervalorizando a defesa de Burke à monarquia, à lei e à ordem para justificar uma raiz ultradireitista desde o Contrailuminismo.

Já Von Herder (2016) defendia um nacionalismo baseado na noção de espírito do povo (*Volksgeist*), derivada da própria noção hegeliana de espírito (*Geist*), um caráter único que se manifesta em sua língua, literatura, arte e tradições. Von Herder não defendia o nacionalismo no sentido moderno de Estado-nação. Ao invés disso, ele foi um dos primeiros pensadores alemães a promover a ideia de que cada cultura tem seu valor e deve ser julgada por seus próprios padrões. Mas a noção de espírito do povo fundamentaria dois séculos depois, na Alemanha de Hitler, a ideologia mística do "sangue e terra" (*Blut und Boden*), promovendo a identificação nazista com o território e uma interpretação oposta à de Von Herder, que culminou no desprezo pelos outros povos e uma crença cega na supremacia ariana.

Perenialismo

O perenialismo é uma perspectiva filosófica que sugere a existência de uma verdade espiritual universal, compartilhada por todas as religiões. Essa visão defende que todas as tradições comunicam uma mesma realidade metafísica, embora cada uma faça isso de maneira única e com ênfase própria. Entretanto, tende a ser uma visão colonialista da religião, usualmente cristocêntrica, conforme discutiremos.

O perenialismo tem suas raízes em várias tradições filosóficas e religiosas, mas ganhou destaque no século XX com Blavatsky e, principalmente, com Huxley (2020 [1945]), o responsável por popularizar o termo. Apesar disso, essa abordagem não é atribuída a um único fundador, emergindo ao longo do tempo influenciada por diversas tradições.

Embora o perenialismo como tal não existisse na Antiguidade, alguns atribuem a Platão a origem desse estilo de pensamento. O mais correto, entretanto, seria identificar o papel crucial de Ficino em reintroduzir ideias platônicas sobre formas eternas e universais na Renascença, que podem ser vistas como precursoras do pensamento perenialista. Ficino (2001; 2002; 2003; 2004; 2005; 2006) tentou conciliar o platonismo com o cristianismo, tornando a noção platônica de que existe uma verdade imutável central para a própria teologia cristã.

Segundo Granholm (2014), noções de "*prisca theologia*" (lit. "teologia antiga") e "*philosophia perennis*" (lit. "filosofia perene") foram fundamentais ao esoterismo renascentista. Muito do *ethos* perenialista daquela época não mudou, continuando a aparecer nos movimentos religiosos do século XXI. Segundo o autor, essa visão foi particularmente popularizada no século XIX, no âmbito do ocultismo francês e britânico, quando o esoterismo começou a ser visto como uma tradição coerente e autossuficiente, ligada a práticas como o hermetismo, a alquimia, a astrologia, a magia e, sobretudo, a cabala.

Um salto no desenvolvimento do perenialismo rumo a uma síntese de todas as religiões foi dado por Coomaraswamy, quem integrou arte, cultura e espiritualidade indiana, enfatizando a unidade subjacente das diversas tradições religiosas. As ideias desenvolvidas em "*Hinduism and Buddhism*", por exemplo, foram amplamente adotadas pelos perenialistas do século XX. Nesse volume, o filósofo buscou por semelhanças e diferenças entre o hinduísmo e o budismo, destacando uma unidade espiritual subjacente a ambas as tradições (Coomaraswamy, 1943).

Guénon foi outro intelectual influente. O francês criticava a modernidade e o materialismo, argumentando que a sociedade estava se desviando das verdades espirituais eternas. Guénon (1948; 1989) defendia um retorno à sabedoria tradicional como antídoto para os problemas do mundo moderno. Além disso, ele via a metafísica como a busca pela verdade última, que seria a mesma em todas as tradições espirituais. Em outras palavras, o filósofo acreditava que toda religião tem uma origem comum e compartilha verdades.

Outro defensor da unidade transcendental das religiões foi Schuon. O filósofo suíço argumentava que, apesar das diferenças externas, todas as grandes tradições compartilham uma verdade espiritual comum. Schuon (2011) defendia que essa verdade, que ele chamava de "dimensão interna das religiões", pode ser acessada através do esoterismo.

Além disso, Hanegraaff (1996, p. 385) comenta que Faivre, famoso estudioso do esoterismo, também abordava o tema, embora não mencionasse explicitamente a palavra "perenialismo".

Segundo Jespers (2014, p. 204), muitos adeptos de novos movimentos religiosos acreditam que suas práticas têm raízes antigas e fazem parte de uma sabedoria perene, algo que não é sustentado pela religiografia ou pela história de suas religiões. Aupers e Houtman (2014, pp. 176-177) mencionam também que muitos buscadores espirituais do *cultc milieu* acreditam que todas as tradições religiosas se referem essencialmente à mesma verdade espiritual subjacente. Isso faz com que as pessoas se sintam livres para experimentar rituais de várias tradições para explorar o que funciona para elas, levando-as à autoespiritualidade.

Quanto à relação do perenialismo com o Contrailuminismo, é importante notar que embora ambos compartilhem algumas críticas à modernidade e ao racionalismo excessivo, eles não são sinônimos. Conforme vimos, o Contrailuminismo critica a ênfase iluminista na razão, no progresso e na uniformidade do pensamento humano, defendendo a importância das tradições, da emoção e da diversidade cultural. O perenialismo, porém, foi uma abordagem mais metafísica, focada na busca por uma verdade espiritual universal, que pode ser encontrada em diferentes épocas e culturas, incluindo períodos anteriores ao próprio Iluminismo.

O perenialismo, apesar de suas intenções, tem tendência de homogeneizar as complexidades e particularidades das diversas tradições religiosas. Segundo Hanegraaff (1996, p. 329), nos novos movimentos religiosos a ideia de perenialismo gera uma dificuldade de aceitar a diversidade religiosa sem que os buscadores do *cultic milieu* percebam. Em sua jornada por uma verdade universal, perenialistas abstraem e generalizam as crenças e práticas, levando a uma representação superficial e até distorcida, alinhando-se com a tendência de simplificar e exotizar o Oriente. Assim, o perenialismo perpetua uma forma de imperialismo espiritual. Ao impor uma interpretação universalista baseada em concepções europeias de espiritualidade, o perenialismo inadvertidamente marginaliza ou desvaloriza as interpretações e práticas das próprias tradições religiosas que busca unificar.

Não raro, pelo postulado da existência de verdades universais, defensores desse movimento se alinharam à extrema-direita, identificando os autores supramencionados como sendo tradicionalistas, ainda que eles próprios não necessariamente se classificassem dessa forma. Em grande medida, Julius Evola foi o responsável pela popularização de ideias perenialistas pela extrema-direita mundial.

Conhecido por suas associações com movimentos fascistas na Itália e na França, Evola é quem fomenta a visão filosófica de figuras como Steve Bannon, Aleksandr Dugin, Olavo de Carvalho e Tibor Baranyi (Teitelbaum, 2020).

Por fim, ressaltamos que Eliade é frequentemente associado ao perenialismo, tanto do ponto de vista político quanto intelectual. A influência perenialista de Eliade aparece na maneira como ele abordou a religião. O romeno enfatizava a necessidade de entender as religiões em seus próprios termos, mas defendia a existência de uma dimensão sagrada universal a todas elas, o que tem paralelos com a visão perenialista.

Ciência da religião eliadiana

Segundo Hanegraaff (1996), a criação da ciência da religião também está atrelada indiretamente ao crescimento de novos movimentos religiosos. A disciplina foi proposta formalmente pelo filólogo Max Müller na Inglaterra, em um conjunto de quatro palestras no século XIX, pretendendo-se uma nova área acadêmica que adotaria a religião como objeto científico para entender sua base e desenvolvimento histórico (Müller, 1882, p. 7). Seu objetivo inicial, muito no espírito do que eram as ciências humanas do século XIX, era buscar um substrato comum entre todas as religiões e classificá-las (Müller, 1882, p. 68). Inicialmente esse estudo se focou nos livros sagrados das religiões asiáticas, como os Vedas, o Dàodéjīng, o Avesta e o Corão, excluindo propositalmente a Bíblia e o estudo do cristianismo, que foram deixados para a teologia. Com isso, as traduções desses documentos, feitas pelos primeiros cientistas da religião, permitiram a europeus terem acesso, pela primeira vez, a tais textos.

Com a popularização da fenomenologia da religião, a ciência da religião mudou seu foco dos textos sagrados para a experiência religiosa. A fenomenologia da religião abandonava as explicações empíricas sobre as religiões (p. ex., história, linguagem, sociedade), tal como originalmente proposto por Müller (1882) e Tiele

(2018 [1897]). No lugar, os fenomenólogos passaram a se focar em explicações psicológicas, na vivência dos fiéis e em supostas manifestações espirituais internas. Dessa forma, a fenomenologia da religião se alinhava com o Romantismo e o Contrailuminismo, valorizando o mistério, o transcendente, o inefável e a "essência" das experiências religiosas, ao mesmo tempo em que criticava explicações objetivas e científicas favorecidas pelo Iluminismo.

Por ir ao encontro da própria crença cristã perenialista dominante do século XX, de existência de um único Deus (o sagrado) que se manifesta nas diferentes religiões de modos distintos, e por reafirmar o projeto colonialista europeu, o método fenomenológico se tornou o principal parâmetro usado na disciplina por muitas décadas (Murphy, 2018, p. 329). Ao estudar a história da área, Sharpe (1986) já havia identificado que o colonialismo foi o que tornou possível a própria existência e expansão da ciência da religião. Além disso, visto que a maioria dos autores centrais da fenomenologia da religião era formada por teólogos e filósofos cristãos, isso fez com que o cristianismo se tornasse também objeto de estudo para cientistas da religião, ao lado das outras religiões que já eram estudadas desde Müller.

Com a queda do método evolucionista comparativo no início do século XX, as ciências humanas começaram a rejeitar paulatinamente abordagens que buscassem uma unidade ou essência entre todos os fenômenos. Segundo Da Costa (2019, pp. 26-27), na ciência da religião essa virada teórica demorou a ser notada. Foi apenas na segunda metade do século XX que começou a se consolidar o abandono do paradigma fenomenológico clássico. Mas uma virada material na disciplina não ocorreria antes da morte de Eliade, em 1986.

Apesar da superação do paradigma colonialista, a ciência da religião que se tornou popular entre adeptos de novos movimentos religiosos não é a atual, do século XXI, posterior à virada material, afinada à superação do método evolucionista comparativo e mais pautada em estudos empíricos do que em estudos fenomenológicos.

A ciência da religião que é adotada emicamente e fomenta indiretamente o surgimento de novos movimentos religiosos é aquela romântica e contrailuminista, do início do século XX, baseada quase que inteiramente na fenomenologia da religião e no estudo das grandes religiões asiáticas. E, em grande medida, isso se dá pela popularidade de Eliade até hoje entre a população mais geral que se interessa pelo assunto religião.

Segundo Geertz (1993, p. 369, tradução minha), "ninguém nega a contribuição de Eliade na popularização da ciência de religião. Sem a vasta produção e presença dele, a ciência da religião dificilmente seria conhecida nos Estados Unidos. Entretanto, Eliade nunca escreveu para pares acadêmicos". Na opinião de Geertz, o autor romeno estava mais interessado em produzir livros para o público leigo. Isso significa que Eliade seria o equivalente de sua época a personalidades que, embora tenham iniciado carreira nas universidades, agem mais como pensadores públicos e intelectuais da grande mídia do que como cientistas em um sentido mais convencional. Eliade não queria produzir artigos científicos. Ele queria produzir livros que se tornariam *best-sellers*.

Desde Müller (1882) a ciência da religião pretendeu ser uma disciplina que classificava e comparava diferentes tipos de religião. Ao longo do século XX, isso se tornou tão dominante que a área passou a ser referida por vezes apenas como "religião comparada" (Sharpe, 1986). Segundo Da Costa (2019, p. 39), Eliade também se ocupou do tema. Entretanto, a abordagem dele foi influenciada por uma crença de que ele escrevia em um momento de renovação. O período era a década de 1960, quando o romeno achava estar se formando uma "cultura universal", algo que também estava sendo professado emicamente pelos movimentos contraculturais dos Estados Unidos.

O interesse de Eliade pelo esoterismo dava a tônica de sua forma própria de fazer fenomenologia da religião. A ciência da religião eliadiana utilizava extensivamente análises simbólicas e mitológicas (cf. Eliade, 1978; 1979), temas caros aos novos movimentos religiosos e ao próprio Romantismo. Eliade (1992) também explorou o êxtase espiritual e como diferentes tradições religiosas buscam experiências que transcendem o mundo ordinário, algo que Hanegraaff (1996; 2012) identificou estar em voga nos movimentos contraculturais do período. Além disso, seu trabalho sobre ioga é feito por um viés que incorporava o esoterismo na compreensão das religiões mundiais (cf. Eliade, 1996).

Outra contribuição substancial da ciência da religião eliadiana aparece em sua concepção de sagrado. Ao compararmos como outros autores entendiam essa categoria, fica claro por que Eliade teve maior aceitação entre o público das novas religiões. Por exemplo, para Otto (2007), o sagrado era algo assustador, tremendo, terrível, a personificação de um deus distante e austero, tão superior que à humanidade restaria apenas a consciência de sua insignificância e total dependência enquanto criatura frente ao criador. Eliade (1992), em contrapartida, preferia utilizar o conceito de hierofania para descrever a manifestação imanente do sagrado. Para o romeno, o sagrado era algo que mudava a realidade, manifestando-se no mundo cotidiano transformando objetos, lugares ou eventos comuns em algo carregado de significado espiritual e transcendental. Enquanto Otto concentrava sua concepção de sagrado na experiência emocional catártica, Eliade estava mais interessado na estrutura ritual, nos mitos e nos símbolos.

Por fim, chama a atenção que novamente encontramos uma personalidade de extrema-direita influenciando com destaque os novos movimentos religiosos. Apesar de haver vários fenomenólogos da religião que fizeram estudos comparados ao longo do século XX, curiosamente é o cientista da religião fascista quem mais interessa aos adeptos desse *cultic milieu*. Tal preferência por Eliade pode ser mais um indicativo das raízes dessa possível inclinação política à extrema-direita dos novos movimentos.

Sobre o assunto, Țurcanu (2003) oferece uma análise detalhada das ligações de Eliade com o ultranacionalismo e o antissemitismo, demonstrando que o romeno era fascista desde a década de 1930.

Já Idel (2014) analisou criticamente como a visão política de Eliade teve um impacto em seu trabalho acadêmico. Ele foi apoiador formal dos regimes de Antonescu na Romênia e de Salazar em Portugal, foi filiado à Guarda de Ferro[4] e chegou a escrever artigos em jornais fascistas de sua época. Mesmo após ter sido preso entre 1940 e 1941, Eliade continuou a defender esse sistema político, não reconsiderando suas ideias. Com a queda do nazismo na Segunda Guerra Mundial, ele fugiu para os Estados Unidos com medo de ser preso novamente na França, reinventando-se como cientista da religião. Seus biógrafos, entretanto, defendem que ele continuou fascista até o fim da vida, algo que aparece refletido em sua forma de fazer ciência da religião.

A predileção de Eliade pelas religiões antigas seria um reflexo do mito fascista do retorno a uma era de ouro. Conforme demonstram Goodrick-Clark (2004) e Hakl (2000), o fascismo não apenas dá muita ênfase ao misticismo nacional, mas também evoca narrativas teológicas de resgate desse passado glorioso. A ciência da religião eliadiana tende a idealizar as religiões "arcaicas", vendo nelas uma qualidade atemporal, similar ao orientalismo platônico. Enquanto Otto (2007) e Heiler (1938) defendiam que o sagrado era mais fortemente encontrado no cristianismo, Eliade destoava radicalmente declarando que era no misticismo antigo que havia essa conexão mais profunda com o sagrado.

Outro ponto da influência fascista na obra de Eliade é seu entendimento da mitologia. Segundo Idel (2014, p. 105), a teoria eliadiana de mito exalta a morte heroica, o autossacrifício e a importância do "novo homem", ideais que eram compartilhados pela Guarda de Ferro. O autor também lembra que a preocupação pela morte heroica nos escritos de Eliade emula a defesa

4. Milícia ultranacionalista fascista da Romênia, fundada em 1927 inicialmente com o nome de Legião do Arcanjo Miguel, promovia um nacionalismo radical, o antissemitismo, a defesa da ortodoxia cristã e a rejeição do comunismo. A Guarda de Ferro foi conhecida por campanhas violentas contra oponentes políticos e minorias, especialmente judeus.

que ele fazia, durante a juventude, das mortes dos que lutaram ao lado do regime fascista de Franco na Espanha. Entretanto, o autor ressalta que as influências intelectuais de Eliade são mais amplas do que apenas o fascismo. Em outras palavras, ainda que o fascismo tenha desempenhado um papel significativo em seus escritos, seu interesse pela Renascença italiana e sua vivência na Índia também foram centrais no desenvolvimento de sua ciência da religião (Idel, 2014, pp. 256-257).

Curiosamente o antissemitismo extremo, típico da Guarda de Ferro e da militância política da sua juventude, não aparece nas produções de Eliade posteriores à fuga para os Estados Unidos (Idel, 2014, p. 257). Muito provavelmente isso se deu porque a opinião pública já havia associado o antissemitismo aos crimes dos perdedores da guerra: os nazistas. Como o motivo da mudança de Eliade era fugir de uma possível prisão por ter apoiado o lado errado da história, ele preferiu viver um fim de vida mais discreto.

Psicologia analítica e psicologia transpessoal

Durante o seu nascimento no século XIX, a psicologia era fortemente influenciada pelo positivismo e pelo materialismo científico. A psicologia de Freud (p. ex., Freud, 2010) e a psiquiatria geralmente viam a religião de modo negativo, considerando-a uma forma de neurose (Saliba, 2007, p. 42). A partir de Jung, um discípulo dissidente de Freud, uma mudança paradigmática foi notada. A religião passou a ser vista sob um prisma muito mais positivo, e a psicologia passou a enfatizar a importância de símbolos religiosos e das mitologias para a mente humana.

Embora outros psicólogos já tivessem abordado a religião sob uma perspectiva mais positiva (p. ex., William James, Stanley Hall, Pierre Janet), Jung é destacado devido à influência que sua nova forma de psicanálise, a psicologia analítica, teve nos novos movimentos religiosos. Segundo Hanegraaff (1996, p. 508), a perspectiva de Jung foi assimilada com entusiasmo pela cultura estadunidense após a Segunda Guerra Mundial, influenciando os grupos que emergiram nesse período, como o movimento da nova era. Jung possuía uma abordagem da religião que foi considerada similar à filosofia de Keyserling, popular desde a década de 1920 entre os esotéricos, com um interesse pela psicologia profunda e exploração de temas relacionados à espiritualidade.

A influência significativa do trabalho do suíço é notada nas novas religiosidades, tanto pelos próprios participantes quanto pelos estudiosos. Jung tinha um amplo leque de interesses, incluindo magia, alquimia, astrologia, yì jīng, religiões asiáticas, xamanismos e mitologia, dentre outros. Main (2005, p. 320) destaca algumas ideias junguianas comuns no *cultic milieu*. A individuação, que envolve a união de opostos psíquicos e a integração contínua e árdua de conteúdos inconscientes na consciência, aparece constantemente enquanto ideal teológico nas novas religiões. Outra característica é a primazia da realidade psíquica, a visão de que outras realidades, sejam materiais ou espirituais, são conhecidas por nós apenas como mediadas pela psique. Por fim, a noção de sincronicidade também foi apropriada, a visão de que eventos que não estão conectados causalmente podem estar relacionados através de significado compartilhado.

Uma noção não tão resolvida, porém, é a teoria de arquétipos, que segundo Jung seriam categorias psicológicas universais não limitadas à forma precisa em que aparecem na mente humana. Segundo Hanegraaff (1996, p. 228), alguns novos movimentos religiosos empregam o conceito para explicar as divindades celebradas, que podem ser deuses ou mestres ascendidos e até extraterrestres. Entretanto, outros consideram a explicação um reducionismo psicológico, pois implicaria que tais figuras seriam personagens psicológicos, sugerindo que não são reais.

Como ambos participavam do círculo de Eranos, encontro anual interdisciplinar de pensadores que ocorre até hoje na Suíça, Jung e Eliade exerceram influência um sobre o outro. As ideias junguianas de inconsciente coletivo e arquétipos foram aplicadas por Eliade em seu trabalho sobre o sagrado e profano (cf. Eliade,

1992), bem como em sua teoria sobre os mitos e símbolos religiosos (cf. Eliade, 1979; 1994). Menos discutida, porém, é a influência eliadiana na psicologia analítica. Eliade era um erudito em ciência da religião e apresentou a Jung grande quantidade de dados sobre diversas tradições, o que enriqueceu sua compreensão, permitindo-o escrever sobre os supostos padrões universais da psique religiosa.

Quando Eliade fugiu para os Estados Unidos e se transformou em um fenômeno de vendas no final da década de 1950, suas obras acabaram por catapultar as teorias de Jung para o grande público estadunidense. A psicologia analítica encontrou terreno fértil entre os movimentos contraculturais que ocorriam nos Estados Unidos da década de 1950 e 1960, fomentando novos grupos religiosos.

Além da psicologia analítica, a psicossíntese, escola de psicologia italiana abertamente religiosa, também deve ser destacada. Fundada em 1910 por Assagioli, um ex-aluno de Freud que trabalhou diretamente com Jung, a psicossíntese apresentou o germe da ideia, que se tornaria especialmente popular após a década de 1960 nos Estados Unidos, de que cada pessoa possui uma sabedoria interna e um vasto potencial geralmente não reconhecido ou não utilizado (Puttick, 2005b, pp. 502-503).

A psicologia transpessoal seria uma evolução tanto da psicologia analítica quanto da psicossíntese, reivindicando Jung e Assagioli como seus predecessores (Hanegraaff, 1996, p. 50; Puttick, 2005b, p. 503). Embora Maslow, precursor dessa vertente, usualmente identifique sua perspectiva dentro do campo da psicologia humanista, a psicologia analítica ofereceu a base teórica para a exploração do potencial humano além das limitações do ego (Puttick, 2005b, p. 503).

Segundo Guerriero (2004), o Instituto Esalen, fundado em 1962 por Michael Murphy e Richard Price na Califórnia, integrou psicologia humanista com orientalismo, formando o movimento do potencial humano. O grupo defende que as pessoas possuem capacidades internas que, por causa da sociedade e da educação, permanecem inativas ou não são totalmente desenvolvidas. Emerson (2018 [1836, 1841]) e James (2019 [1902]), com suas ideias sobre individualismo e experiência religiosa, forneceram o pano de fundo filosófico, enquanto as teorias junguianas sobre individuação e inconsciente, a Gestalt e a psicologia humanista de Maslow (1981 [1954]) e Rogers (2012 [1961]) influenciaram significativamente o quadro conceitual. Já a psicossíntese foi a inspiração para os métodos de terapia. Por conta disso, a psicologia transpessoal pode ser vista como a ala teórica daquilo que estava sendo feito em Esalen.

Psicólogos transpessoais se recusam a seguir as interpretações reducionistas das outras escolas psicológicas, levando a sério as experiências místicas, considerando-as um domínio próprio de estudo. Segundo Hanegraaff (1996, p. 51), a psicologia transpessoal afirma que as escolas tradicionais de psicologia trabalham apenas com níveis inferiores da psique, sendo inadequadas para lidar com o transpessoal, onde operam as tradições espirituais. Para trabalhar com esse nível superior, ela mistura teorias da psicologia com elementos das filosofias asiáticas. Por conta disso, muitos a consideram pseudocientífica, incompatível com a ciência normal.

De acordo com Hanegraaff (1996, p. 58), a psicologia transpessoal reconhece uma ampla variedade de experiências que compartilham a característica comum de transcender o ego. Isso inclui supostas memórias de vidas passadas, encontros com arquétipos junguianos, experiências de unidade cósmica e dissociação religiosa. Como tal, psicólogos transpessoais se dedicam a pesquisa empírica principalmente no campo dos estados alterados de consciência, inclusive aqueles induzidos por drogas, buscando elaborar uma "cartografia da consciência" que distinga uma hierarquia de níveis psíquicos (Hanegraaff, 1996, p. 51).

Segundo Ryan (2005, p. 684), o modelo transpessoal de Ken Wilber é um dos mais difundidos. O autor novaerista estabeleceu as etapas do desenvolvimento humano em três estágios: pré-pessoal, pessoal e transpessoal. O estágio pré-pessoal é relacionado à fase em que o eu individualizado ainda está em construção e a consciência está centrada no corpo e nas necessidades básicas. Além do exemplo clássico de crianças pequenas que ainda não desenvolveram plenamente a noção de um eu separado do mundo ao redor, Wilber também fala de estados primitivos de consciência e certos tipos de distúrbios psiconeurológicos. O estágio pessoal marca o desenvolvimento do eu individualizado e a capacidade de funcionar em sociedade. A pessoa possui um senso de identidade e habilidades cognitivas e emocionais mais sofisticadas para navegar na complexidade das relações interpessoais e culturais. O último estágio, o transpessoal, caracteriza-se pela expansão da consciência para transcender a identidade individual. Wilber inclui aqui experiências místicas, epifanias profundas, sentimentos de unidade com o universo e senso religioso de propósito (Wilber, 2010).

Muitos novos movimentos religiosos integraram conceitos e até práticas da psicologia transpessoal em suas doutrinas e atividades. Alguns grupos encontraram nas abordagens do movimento do potencial humano um terreno fértil para oferecer serviços de cura emocional e desenvolvimento pessoal. A influência dessa abordagem é tamanha que Hanegraaff (1996) classifica a psicologia transpessoal como sendo a psicologia nativa do próprio movimento da nova era.

Capitalismo

Uma mudança importante na cultura que contribui para o aumento no surgimento de novos movimentos religiosos, mas que geralmente é subconsiderada por especialistas do tema, é a ascensão do capitalismo. A maioria dos acadêmicos que moram no centro do capitalismo (Europa, América do Norte) prefere utilizar termos guarda-chuva como "pós-modernidade" ou "ultramodernidade" para descrever características como descartabilidade, superficialidade das relações, apropriação cultural, desesperança generalizada, consumismo, desperdício, comodificação da vida etc. (p. ex., Champion, 1989; Dawson, 1998; Díez de Velasco, 2000;

Hanegraaff, 1996). Prefiro tratar esse grupo de características pelo termo "capitalismo", seguindo a noção de realismo capitalista apresentada a seguir, a crença fatalista de que o capitalismo e todos os seus males são inevitáveis.

> O realismo capitalista [...] trata-se mais de uma atmosfera penetrante, que condiciona não apenas a produção da cultura, mas também a regulação do trabalho e da educação – agindo como uma espécie de barreira invisível, limitando o pensamento e a ação (Fisher, 2020, p. 32).

Segundo Crowley (2011), a busca espiritual contemporânea é muito influenciada pelo capitalismo, com a espiritualidade sendo cada vez mais comodificada, transformada em bens de consumo. Como o capitalismo possui a capacidade de absorver movimentos que lhe são críticos e transformá-los em mais um produto (p. ex., ambientalismo, feminismo, movimento LGBTQIA+, medicinas naturais), essa lógica também é notada nas religiões. Ou seja, o capitalismo também pode cooptá-las sem que elas percebam. Emicamente, há grupos religiosos que se posicionarão publicamente contra o capitalismo, mas apresentando uma prática que contradiz esse discurso. Pegando o exemplo da antroposofia, o criador do movimento dizia que a sociedade ideal deveria superar tanto o capitalismo quanto o socialismo (cf. Steiner, 2007). Em uma análise histórico-material, porém, o que se viu foram os grupos antroposóficos apoiando abertamente a extrema-direita e o fascismo ao longo do século XX, posicionando-se concretamente apenas contra o socialismo (Pasi, 2012; Staudenmaier, 2014). O que a antroposofia fez não foi criticar os dois sistemas, mas agir politicamente pela manutenção do *status quo* capitalista.

Desde a queda da União Soviética, o capitalismo se tornou tão dominante que é difícil imaginar ou conceber uma alternativa. Isso fez com que um novo espírito do capitalismo surgisse a partir da década de 1990, consolidando o neoliberalismo. Com isso, muitos novos movimentos religiosos passaram a integrar elementos capitalistas para poder sobreviver. As lideranças religiosas se reinventam como gurus empreendedores e conselheiros empresariais, extrapolando uma função meramente espiritual (Forsey, 2015).

O capitalismo não é apenas um modelo econômico, mas também um sistema cultural e ideológico que molda a percepção da realidade, as experiências e até mesmo a imaginação. Em outras palavras, ele permeia atualmente todas as esferas da vida humana (Fisher, 2020). Mesmo quando uma nova religião integra elementos de culturas asiáticas e indígenas que, em raiz, seriam incompatíveis com o capitalismo, ela o faz de modo a transformá-los para que se alinhem com as tendências do sistema econômico dominante (Forsey, 2015, p. 168).

Segundo Fisher (2020), o capitalismo resulta em alienação, com as pessoas se sentindo desconectadas de seu trabalho, de suas comunidades e até de si mesmas. Além disso, o acúmulo obsceno de capital exacerba crises sociais, levando a um aumento da insegurança e do desespero. Heelas (2008, p. 2) cita algumas das características dessa ideologia econômica que levam à alienação: (1) a regulação da vida moderna, seja por via legal ou econômica; (2) o foco cada vez maior em quantificação e eficiência; (3) cultura focada em metas e objetivos tangíveis, o que desvaloriza as emoções, o laser e a afetividade; (4) instrumentalização das relações, que precisam proporcionar vantagens para os envolvidos; e (5) falta de espontaneidade e criatividade.

Se, de um lado, nesse cenário os novos movimentos religiosos podem fornecer um senso de pertencimento e propósito, paradoxalmente, sob a lógica capitalista, a espiritualidade também é comercializada, e as crenças e práticas são transformadas em produtos. Isso resulta em uma "espiritualidade de mercado". Os novos movimentos religiosos se adaptam rapidamente a esse contexto. Isso pode incluir a adoção de estratégias de *marketing*, a ênfase na prosperidade material como uma bênção espiritual e até a criação de uma "marca" religiosa (p. ex., o *slogan* "Eu sou a Universal"). Aupers e Houtman (2006, p. 201) mencionam também que estudiosos de novos movimentos religiosos têm notado a emergência de um "mercado de significado último", onde os buscadores espirituais constroem pacotes estritamente pessoais, baseados em preferências individuais, seguindo a lógica do mercado.

Mas se o capitalismo, em teoria, preconiza a liberdade e a escolha individual, isso não ocorre quando o que é escolhido desafia o capital. Segundo Dawson (2007, p. 118), os novos movimentos religiosos muitas vezes enfrentam problemas legais por não se conformarem com as expectativas estabelecidas sobre tributação, serviço militar, uso da terra e recursos financeiros. A tendência, segundo os autores, é que tais desvios sejam interpretados como evidência de fraude ou intenção subversiva, e as novas religiões passam a ser classificadas como fonte de lavagem cerebral que "desvirtua" e "corrompe" a juventude. Mas os novos movimentos religiosos que têm opiniões fortes sobre tributação, educação e recursos financeiros, mas que legitimam a ideologia capitalista, tendem a não enfrentar esses problemas. Geralmente um grupo só será rotulado negativamente se ele se afastar demais da ideologia dominante (Robertson, 2015). Logo, novas igrejas ultradireitistas, como as que adotam a teologia da prosperidade, são consideradas apenas formas diferentes de espiritualidade, mas legítimas no capitalismo, enquanto a teologia da libertação, esquerdista, será classificada como subversiva e perigosa.

Dawson (2007, pp. 121-122) também ressalta que a forma de organização e mobilização de recursos de muitos novos movimentos religiosos ultrapassa o modelo congregacional tradicional. Tais inovações aparecem como respostas às tendências de corporativismo, economia baseada no consumidor e o desenvolvimento de organizações híbridas, que ocupam nichos no capitalismo. Ele menciona alguns exemplos, como o império corporativo criado em apoio à Igreja da Unificação, as organizações privadas de bem-estar social administradas pelo templo do povo, os parques temáticos religiosos dos televangelistas, o turismo para o templo Hare Krishna novo vrindaban e os produtos e serviços comercializados pela cientologia.

Segundo Crowley (2011), essa busca por renovação espiritual se assemelha a um carrossel de consumo infinito. A troca de dinheiro por bens religiosos, que foi um dos pilares que levaram à Reforma Protestante, só é possível hoje entre as novas religiões cristãs e tolerável após a consolidação do capitalismo. Logo, ao contrário de serem contraculturais, os novos movimentos religiosos tendem a ser parte da cultura econômica dominante. Isso é importante, pois, segundo D'Andrea (2000), muitos desses grupos, como o movimento da nova era, consideram o que fazem como algo alternativo ao capitalismo. Porém, o capitalismo absorve e reelabora as novas religiosidades, tornando bem mais imbricada essa interação. Como tal, Crowley (2011) declara que o movimento da nova era, ao contrário de se opor ao capitalismo, como seus adeptos acreditam fazer, é filho desse sistema. Seus praticantes operam pela lógica do consumismo e do *marketing*, e, segundo a autora, muitas vezes é difícil diferenciar o que é consumo de produtos e serviços do que é ritual, com a figura do sacerdote constantemente borrando-se com a figura do empreendedor espiritual.

Heelas (2008, pp. 200-201) também corrobora com essa leitura, dizendo que práticas espirituais de bem-estar, como ioga, meditação e acupuntura, são incorporadas pela cultura capitalista como promessas de aumento de qualidade de vida e produtividade, transformando-se em mercadorias e contribuindo para o crescimento do capitalismo. Assim, tais práticas, que poderiam ter oferecido posturas éticas alternativas em outros contextos, foram substituídas por uma busca por conforto. Os novos movimentos religiosos, ao importarem bens espirituais da Ásia, os colonizariam pelo próprio mercado, através da comodificação e da promoção de um hedonismo altamente individualista, ignorando as causas reais do mal-estar social: o próprio capitalismo.

Colonialismo

Autores europeus e norte-americanos, ao tentar explicar por que tantos novos movimentos religiosos começaram a surgir após o século XIX, usualmente utilizam o conceito mais geral de "globalização" (p. ex., Clarke, 2005d, p. 454; Frisk, 2014, p. 273; Frisk; Gilhus; Kraft, 2016, p. 494; Hunt, 2005, p. 691; Rothstein, 2005, p. 205). Embora não seja uma explicação errada, a palavra "globalização" não exprime precisamente como se dão as relações desiguais entre potências capitalistas, territórios invadidos e industrialização. Por isso, prefiro utilizar a palavra "colonialismo", entendendo que, enquanto categoria, ela contempla mais claramente o que do mundo globalizado fomenta novos movimentos religiosos.

Segundo Saliba (2016, p. 127), muitas explicações sobre os novos movimentos religiosos são superficiais e simplistas, tendendo a negligenciar os problemas causados pelo imperialismo. Porém, é essencial entendermos que indivíduos em uma sociedade capitalista sofrem pressões e alienações dos contextos industrializados, e por isso uma pessoa pode deixar de se identificar com a cultura hegemônica para encontrar conforto em grupos que, do ponto de vista da cultura dominante, parecem exóticos ou até bizarros, mas fornecem senso de pertencimento e uma rede de apoio.

Em resposta ao impacto do colonialismo, muitos movimentos religiosos buscam reinterpretar ou reavaliar as tradições espirituais. Isso pode envolver a revitalização de práticas antigas ou a reformulação de crenças para atender às novas realidades. As mudanças econômicas e sociais provocadas pelo colonialismo também contribuem para o surgimento de novos grupos. O contexto de desigualdade e opressão capitalista leva muitas pessoas a buscar nas práticas religiosas um refúgio, uma forma de apoio comunitário e uma promessa de redenção ou libertação (Fisher, 2020, p. 11).

A atividade missionária ligada ao colonialismo também introduz novas crenças nos locais invadidos. Em alguns casos, isso leva ao surgimento de movimentos religiosos que combinam elementos do cristianismo com crenças locais. Isso fica em especial evidente com as novas religiões japonesas. Em outro lugar, também menciono como a Igreja Católica foi conivente com o tráfico transatlântico de escravos, feito por Portugal, por ver na prática uma oportunidade de enviar missionários para a África (Stern, 2022a). Isso fomentou o surgimento das religiões afro-brasileiras, que muitas vezes combinam elementos de cristianismo popular com o culto de orixás e voduns.

Além disso, estudar os novos movimentos religiosos pela chave interpretativa do colonialismo permite entender por que a dinâmica das novas religiosidades muda se elas surgem em locais que foram colonizados ou se estão no coração do capitalismo. O colonialismo perturba as estruturas sociais e culturais existentes. Isso cria uma crise entre os povos. Novos movimentos religiosos muitas vezes aparecem como resposta a essa desestabilização, oferecendo novas formas de significado espiritual e identidade coletiva. Enquanto novos movimentos religiosos europeus e norte-americanos tendem a adotar o orientalismo platônico para reforçar a falsa noção de superioridade ocidental, novos movimentos religiosos do Sul Global podem ir pelo outro caminho, tentando reconstruir sua identidade e autonomia negadas pelos colonizadores.

Omenyo (2005a, p. 7) aborda, por exemplo, as igrejas africanas independentes, criadas desde o final do século XIX. Essas igrejas foram adaptadas para ser um espaço onde os africanos possam se sentir em casa. O pesquisador sugere que tais grupos representam uma resposta ao colonialismo e à imposição de formas estrangeiras de cristianismo. Ao criar suas próprias igrejas, os africanos rejeitam as versões da religião trazidas pelos europeus, formando expressões de fé que refletem suas próprias vivências e culturas, um exemplo de resistência e adaptação cultural em face da dominação colonial.

A Europa sempre viu outros povos como formas culturais estáticas, sem uma história discernível. Essa visão persistiu apesar de evidências em contrário, graças à ideologia ocidental que cria a dicotomia civilizado-selvagem, que exigia uma imagem contrária, estática e regressiva – ou seja, de "selvagens primitivos" –, para a autoimagem de "progressistas e dinâmicos" que os europeus usam para justificar os horrores da colonização. Entretanto, Lewis e Dobrowolski (2016) mencionam que há limites para a adaptabilidade de uma cultura, especialmente quando a intrusão colonialista perturba radicalmente o estilo de vida original. A interação entre as crenças e práticas religiosas dos colonizadores e dos povos colonizados pode, de um lado, levar ao sincretismo. Novos movimentos religiosos podem emergir como fusão de elementos de diferentes tradições, refletindo a desigual interação cultural do colonialismo. O caso das religiões da diáspora africana é um exemplo, das quais o candomblé é a mais visível no Brasil. Segundo Norman (2014, p. 314), o candomblé é uma mistura de práticas trazidas por pessoas pretas traficadas por europeus, que se misturaram com outras entidades espirituais locais, formando a nova religião, que inexistia na África, mas foi utilizada pelos pretos como uma forma de reafirmação de sua ligação com o continente.

Em muitos outros casos, novos movimentos religiosos funcionam como formas de resistência contra o domínio colonial, oferecendo um meio de ratificar a identidade cultural e espiritual que se contrapõe às imposições e à hegemonia cultural dos colonizadores (Adogame, 2014). Isso fica claro no caso do levante maji maji, que surgiu em um contexto de ressentimento dos tanzanianos. Segundo Knighton (2005), o levante possuía elementos religiosos significativos, evidenciado pela crença compartilhada em Kolelo, espírito ancestral dos bantu, além da profecia de Kinjitikile, sacerdote do Santuário de Ngarambe, que recebeu o espírito Hongo e começou a disseminar uma mensagem de coesão e invulnerabilidade entre os colonizados. Isso gerou um novo movimento religioso que unificou os tanzanianos, que se levantaram contra os alemães. Infelizmente todos foram chacinados, visto os colonizadores adotarem uma política de terra arrasada e matarem cerca de 300.000 pessoas para conter os revolucionários, levando mais 700.000 à morte como "efeito colateral". O evento causou uma queda de até 16% da população da Tanzânia na época. Os sobreviventes, com medo de futura retaliação, aceitaram se converter ao cristianismo.

Já entre os países colonizadores, o colonialismo facilita a mobilidade de pessoas, ideias e práticas religiosas, permitindo que elementos das culturas colonizadas se espalhassem, ainda que descontextualizados, alcançando audiências além de suas origens geográficas e culturais. A forma de apropriação cultural observada nesses casos será mais bem discutida no próximo item.

Orientalismo platônico

Segundo Granholm (2014, p. 228), desde a Renascença a Europa constrói narrativas de sabedoria antiga por exotização, ou seja, através de um processo pelo qual outras culturas são retratadas como estranhas e fascinantes. Durante o século XVI, essa "sabedoria perdida" era o cristianismo ortodoxo oriental. Mais tarde, o Egito se tornou o lar do "conhecimento antigo". E no final do século XIX, por conta do colonialismo britânico, foi a vez de a Índia assumir o papel de Oriente místico.

Segundo Hamilton (2005, p. 174), desde o século XIX a Europa e os Estados Unidos entraram mais em contato com o budismo e o hinduísmo. Mas as "novidades" espirituais não foram trazidas da mesma forma que essas religiões são praticadas pelos asiáticos. As ideias asiáticas, quando transplantadas, são adaptadas de maneira que se ajustem aos interesses e preconceitos das mentes ocidentais (Hamilton, 2005, p. 176). Isso ocorre tanto com a importação de tradições milenares, como o daoismo e a ioga, mas também na gênese de novos movimentos religiosos orientalistas, dos quais a teosofia e o transcendentalismo são os exemplos mais notáveis do século XIX. Embora seja uma religião europeia, a teosofia incorporou conceitos do hinduísmo e do budismo, como carma, reencarnação e a noção de um caminho espiritual ascendente que leva à iluminação ou à realização espiritual. Já o transcendentalismo é fruto do Romantismo europeu e começou a incorporar ideias asiáticas depois que um de seus fundadores se familiarizou com as escrituras hindus, em especial os Upaniṣad e o Bhagavad Gītā.

Entretanto, nem teosofia, nem transcendentalismo são hinduísmo. O modo como eles se apropriaram de saberes asiáticos foi por meio de uma forma muito particular de orientalismo que academicamente tem sido chamada de *orientalismo platônico*, termo proposto originalmente por Walbridge (2001). O conceito recebeu esse nome como referência à maneira como Platão representava o Oriente, especialmente a Pérsia e o Egito, em suas obras. Diferente de outras formas de orientalismos, que simplificam o Oriente em uma visão monolítica negativa, Platão reconhecia a sabedoria e o valor dessas culturas, mas ao mesmo tempo perpetuava estereótipos sobre elas. Por exemplo, em *A república*, Platão (2000) descreve os persas como um povo bélico que teria sido facilmente dominado pela superioridade dos gregos. Esses estereótipos foram utilizados historicamente para justificar a dominação ocidental, desde a Grécia antiga até os tempos modernos, e contribuíram para legitimar o imperialismo e o colonialismo. Se, de um lado, tais visões são criticadas nas ciências humanas, o orientalismo platônico ainda é a visão comum entre os praticantes dos novos movimentos religiosos.

Segundo Hamilton (2005, p. 173), o orientalismo nos novos movimentos religiosos age como uma forma de Contrailuminismo, logo não poderia fazer sentido inicial fora do eixo Europa-América. No entendimento dos praticantes desses grupos, o Ocidente mecanicista foi considerado espiritualmente falido, enfrentando um risco de colapso. A defesa dos novos movimentos religiosos foi que tal crise poderia ser abordada se as pessoas se voltassem para as tradições orientais. Essa romantização do Oriente é importada através de fontes neoplatônicas – portanto secundárias a Platão –, ao invés de uma abordagem mais crítica e diversificada das culturas e tradições asiáticas (Burns, 2006; Walbridge, 2001).

As referências que os novos movimentos religiosos possuem das culturas asiáticas são, muitas vezes, provenientes de fontes externas a essas próprias culturas, ignorando o contexto social, histórico, étnico e até político das práticas e crenças (Browly, 2007, p. 57). Por exemplo, o ioga não é só um conjunto de exercícios físicos de pessoas que gostam de levar uma vida saudável, como pode parecer a alguns praticantes brancos. Ioga faz parte de todo um sistema espiritual ligado à história e sociedade indiana. Além disso, os bens religiosos asiáticos que tendem a se popularizar nos novos movimentos religiosos são aqueles que enfatizam o aspecto exótico e misterioso do Oriente, perpetuando a ideia de um conhecimento secreto ou místico que seria emocional e espiritual em oposição ao conhecimento europeu científico e racional. Há uma tendência de mesclar elementos de diversas tradições asiáticas sem um entendimento aprofundado e respeitoso das particularidades. Frequentemente conceitos do hinduísmo, budismo e daoismo são combinados aleatoriamente, resultando em uma espiritualidade genérica que não reflete adequadamente nenhuma das tradições. Práticas como meditação, ioga e mandalas são comumente apresentadas meramente como técnicas de bem-estar ou autoajuda, perdendo o significado que possuem.

De acordo com Said (1990), orientalismo implica essa representação simplista das culturas outras, frequentemente agrupando-as como se tudo fosse o Oriente, no singular. Nesse sincretismo seletivo, religiões complexas são reduzidas a elementos isolados, despojados de seu contexto histórico e filosófico. Isso reflete uma visão que não reconhece a profundidade e a integridade das tradições. Além disso, orientalismo implica uma relação de poder, onde o Ocidente (Europa e América do Norte) se posiciona como dominante sobre o Oriente (América Latina, África e Ásia). Ao selecionar e combinar elementos de diferentes tradições de forma indiscriminada, os novos movimentos religiosos exercem controle, adaptando-as às suas próprias necessidades e muitas vezes ignorando a autenticidade e a autoridade das fontes originais. Exemplificando, não são os hindus quem levaram a fama e ganharam dinheiro com a teosofia. Foi a russa Helena Blavatsky, quem manteve uma relação indireta, no máximo, com as autoridades religiosas da Índia.

Conforme explicam Meade (2012) e Fuller (1988), embora tenha passado algum tempo na Índia, não há evidências concretas de que Blavatsky tenha estabelecido relações formais com autoridades religiosas indianas. Ela afirmava que estudou com mestres espirituais na Índia e no Tibete, que teriam lhe transmitido ensinamentos esotéricos profundos. Contudo, essas alegações nunca foram comprovadas. Além disso, suas interpretações das tradições espirituais indianas foram, em grande parte, misturadas a várias fontes e influências não asiáticas, incluindo o espiritismo, o gnosticismo, o neoplatonismo, o hermetismo, o misticismo cristão e o ocultismo europeu.

O orientalismo platônico também adota uma das posturas clássicas do colonialismo: a apropriação cultural. Além das relações de poder, falta de crédito adequado às fontes originais, estereotipação, simplificação e descontextualização, na apropriação cultural uma nova variável passa a ser identificada: a comercialização. Elementos de uma cultura são extraídos de seu contexto original e usados para gerar lucro a indivíduos ou entidades que não pertencem à cultura ou etnia de origem. Esse aspecto é particularmente problemático, pois envolve a transformação de práticas, símbolos, artefatos ou tradições culturais em mercadorias, muitas vezes sem o consentimento ou benefício da comunidade cultural de onde esses elementos vêm.

Há ainda casos mais extremos, em que as novas religiões querem "ensinar" aos nativos como viver a própria religião. Para Hanegraaff (2001, p. 22), tais grupos não fogem da lógica do imperialismo cultural. Eles enviam missionários para a Ásia para propagar uma mensagem esotérica essencialmente europeia, com pouquíssima preocupação pelas tradições locais desses países. Essa dinâmica reflete um imperialismo em que o Ocidente não apenas se apropria economicamente, mas também se considera superior o suficiente para "reeducar" o Oriente em suas religiões nativas, agora filtradas e distorcidas por uma perspectiva ocidental. Essa dinâmica é bastante similar à noção de "missão civilizatória", típica do colonialismo capitalista. Também se aproxima da noção de "bom selvagem" de Rosseau (1989), fazendo uma defesa romântica para que os povos outros se mantenham estáticos. Os novos movimentos religiosos dizem que ajudam ao enviar missionários, que estão "revitalizando" as culturas locais, resgatando o saber "original", visto que os próprios nativos se "esqueceram" da forma "correta" de praticar a religião nativa. Em outras palavras, as novas religiões se arrogam o direito de classificar as religiões orientais, tal como vividas hoje, como uma forma deturpada. O modo "correto" de viver essas religiões é, evidentemente, como os americanos e europeus se apropriam desses saberes religiosos, através do mito do Oriente místico.

Por fim, um entendimento mais amplo de "Oriente" permite uma aplicação mais precisa do conceito de orientalismo platônico. Embora tenhamos nos focado até aqui mais nas religiões asiáticas, Oriente não diz respeito apenas à Ásia. Conforme diz Said (1990), o Oriente é um constructo complexo condicionado pela história e moldado por narrativas de poder para legitimar o território adjacente à Europa como local de inferioridade civilizatória passível de colonização. Isso é reforçado por Da Costa (2022, p. 706), quem explica que Oriente e Ocidente não se trata de uma divisão geográfica entre as porções Leste e Oeste do mundo. Ao invés disso, trata-se de uma geografia imaginária ideológica, carregada de preconceitos e estereótipos. Conforme explicita Nemo (2005), apenas os países do centro do capitalismo, que constituem parte da Europa e América do Norte, são Ocidente. Europa Central, leste da Europa, América Latina e até mesmo Israel são, no máximo, vizinhos do Ocidente. Tal entendimento é essencial porque o processo de exotização que ocorre nos novos movimentos religiosos pode também se voltar aos saberes espirituais vindos dos nativo-americanos, africanos e polinésios.

Citando o caso brasileiro, muito da forma como as religiões da diáspora africana se apropriam de elementos das culturas pretas pode também ser interpretado como orientalismo platônico. Isso fica evidente no caso da dessexualização e embranquecimento de Iemanjá no Brasil quando em comparação com os atributos de sua contraparte iorubá Yemọjá. Retirar a negritude e os aspectos sensuais de Iemanjá é um movimento para adaptar a divindade africana à visão de mundo e aos preconceitos de uma cultura dominada por católicos. Outro exemplo é como as religiões iorubá, banto e jeje são simplificadas e misturadas na umbanda e no candomblé. Elas são frequentemente vistas de forma unificada como "religião africana", no singular, ignorando suas diferenças étnicas e idiossincrasias.

Contracultura de 1960

A chamada contracultura de 1960 não é um movimento unificado, mas uma pletora de movimentos sociais surgidos nos Estados Unidos e exportados para o resto do mundo que rejeitavam algumas normas da sociedade dominante, abraçando novas formas de expressão cultural, liberdade sexual e estilos de vida. Embora ainda hoje alguns associem a contracultura à esquerda (p. ex., De Aquino, 2021; Häberlen, 2021; Sigolo, 2019; Sztutman, 2018), essa é uma visão simplista. A identificação se dá, em grande medida, pela contracultura de 1960 surgir da "nova esquerda" (*new left*), uma vertente política progressista estadunidense que não quer acabar com o capitalismo, mas sim melhorá-lo.

O início formal da "nova esquerda" é usualmente localizado na Declaração de Port Huron, um manifesto de 1962 do movimento estudantil estadunidense que criticava, de forma abrangente, o sistema político dos Estados Unidos por falhar em alcançar a paz internacional e a justiça econômica. O documento destacava questões como o mau manejo da Guerra Fria pelo governo, a ameaça de uma guerra nuclear, a corrida armamentista, a discriminação racial, a desigualdade econômica estrutural e o poder político das grandes empresas. O manifesto sugeria reformas para uma maior democracia, participação dos cidadãos na gestão empresarial e um setor público expandido. Além disso, o texto defendia a desobediência civil não violenta para atingir seus objetivos (SDS, 1962). Tais ideias foram chamadas de "nova esquerda"[5] por se distanciar da luta sindical da esquerda tradicional, por não se

5. No Brasil, esse tipo de pauta foi chamado de "desbunde" pela esquerda sindical durante a ditadura militar-empresarial de 1964, como uma crítica homofóbica a reivindicações identitárias que não libertariam o país da ditadura (Sigolo, 2019).

importar com a extinção da burguesia, por criticar a organização dos trabalhadores enquanto classe revolucionária, defendendo no lugar coalizões amplas, por trocar a noção de revolução armada por desobediência civil não violenta, além de criticar o socialismo real, o qual eles taxavam de autoritário.

Segundo McCann e Szalay (2005, p. 436), a "nova esquerda" transformou significativamente a política dos Estados Unidos. Ela contribuiu para a formação do atual sistema bipartidário do país, em que ambos os lados, democratas e republicanos, adotam pautas econômicas liberais e imperialistas, distanciando-se em relação às questões identitárias. Em vez de focar em problemas concretos, como os direitos trabalhistas e melhores salários, a atenção passou a se concentrar em pautas mais abstratas, como "orgulho", "felicidade", "paz mundial" e "liberdades", priorizando o individualismo e o simbólico. A "nova esquerda" também abandonou o materialismo histórico-dialético, método central do marxismo, adotando um idealismo mágico, uma direção claramente identificável após 1967, quando os *hippies* começaram a explorar novas formas de "revolução" caracterizadas pela teatralidade e ausência de um roteiro definido. Com isso, ao invés de unificar a classe trabalhadora, a "nova esquerda" criou diferentes grupos para diferentes pautas, chamando isso de democracia participativa. Criticando os sindicatos, que seriam expressão da "velha esquerda", a "nova esquerda" espalhou as reivindicações, supervalorizando a luta individual: a pauta dos pretos, a pauta das mulheres, a pauta dos homossexuais, a pauta dos artistas etc.

A "nova esquerda" foi muito conveniente ao capitalismo. Ao incentivar a fragmentação, ela contribuiu inadvertidamente para a pulverização das lutas, tornando mais difícil a formação de uma frente forte contra o grande capital. Movimentos divididos são incapazes de desafiar as estruturas econômicas de poder de maneira coesa. Além disso, o capitalismo possui a capacidade de absorver e até mesmo se beneficiar do identitarismo por meio da comercialização da diversidade e da incorporação superficial de discursos progressistas, sem necessariamente alterar as relações subjacentes de poder econômico. Murphy e Harder (1992, p. 76) citam o caso de Hollywood, cuja sagacidade comercial, visando atrair o mercado da contracultura, passou a produzir filmes que buscavam entreter esse público e, ao mesmo tempo, suavizar as mensagens políticas. Além disso, empresas e corporações capitalistas frequentemente adotam a linguagem da diversidade e da inclusão em campanhas de *marketing* e *branding*, buscando apelar a um público mais progressista. Entretanto, elas podem se apresentar como "socialmente responsáveis", mas no cotidiano empresarial suas práticas permanecem inalteradas, perpetuando desigualdades e mantendo a precarização contra trabalhadores que fazem parte dos grupos minoritários aos quais elas querem se apresentar como "conscientes". Mesmo quando uma empresa diz que adotará iniciativas de responsabilidade social corporativa, usualmente isso ocorre sem um comprometimento com a causa fundante das desigualdades sociais e econômicas, a exploração da força de trabalho, servindo mais como estratégia de relações públicas.

Como filha da "nova esquerda", a contracultura de 1960 também era bastante confusa em suas pautas, incorporando uma vasta gama de ideologias. Ela incluía libertários, anarquistas, pacifistas e até mesmo elementos de misticismo. Embora se opusessem ao "sistema" em discurso, seus adeptos estavam mais focados em transformação pessoal e na busca por uma consciência elevada. Lutas coletivas por mudança política e promoção de um novo sistema econômico eram extremamente raras. Nesse sentido, a contracultura de 1960 foi, na prática, apolítica. Ou em outras palavras, suas lutas não provocaram mudanças reais. Sherkat (1998) demonstrou que apenas desafiar as normas vigentes em discurso, sem uma organização, não permitiu à contracultura romper a continuidade das estruturas sociais que mantêm o *status quo* do cristianismo evangélico nos Estados Unidos. Murphy e Harder (1992) consideram a produção cultural da contracultura de 1960 como desprovida de ameaça real ao sistema, sendo mais uma expressão de descontentamento juvenil do que um movimento capaz de provocar mudanças significativas. E Wesson (2011) classificou objetivamente a contracultura muito mais como um movimento de alienação política do que de empoderamento, vendo o apelo às drogas como uma forma de anestesia da classe trabalhadora.

A alienação política da contracultura de 1960 fez com que muitos sub-ramos do movimento acabassem cooptados pela extrema-direita com o tempo. Lohman e Worley (2018) comentam que já no final da década de 1970 o movimento *punk* se encontrava dividido politicamente, com grupos abandonando o anarquismo e sendo acusados de dar apoio tácito ao fascismo. Uma década e meia depois, os *punks* do Reino Unido já se identificavam abertamente com Margaret Thatcher, grande figura da extrema-direita mundial, que foi adotada como uma espécie de patrona.

Já o movimento ambientalista e o vegetarianismo foram parcialmente capturados pela extrema-direita na Europa. Segundo Lööw (2002), desde a década de 1970 o partido nazista da Suécia integrou a causa animal sob uma lógica de que proteger o meio ambiente faz parte da preservação da "pureza" da raça ariana, no espírito da ideologia mística do "sangue e terra" (*Blut und Boden*) do nazismo alemão. Além disso, o partido nazista sueco também passou a defender o vegetarianismo. Assim, a contracultura sueca evoluiu de um movimento apolítico para grupos que rejeitam abertamente a democracia, com pautas ecofascistas que pregam que o meio ambiente só pode ser sustentado com a eliminação dos humanos "inferiores", que desperdiçam os recursos naturais com sua existência, ao invés de atacar o sistema econômico capitalista como o grande causador do colapso ambiental.

Essa discussão é importantíssima visto ser usualmente desconsiderada pelos especialistas em novos movimentos religiosos. Ainda que uma parcela considerável dos autores assuma que a contracultura de 1960 teve impacto significativo na oferta de novas religiosidades (p. ex., Bromley, 2014; Campbell, 2001; Chryssides, Zeller, 2014a; Crowley, 2011; D'Andrea, 2000; Guerriero, 2018;

Hanegraaff, 1996; Rochford Jr., 2007; Wright, 2007), quase ninguém traça o perfil político dos contraculturais. Nossa análise difere nesse aspecto. Concordo com Wesson (2011) ao destacar que a contracultura de 1960 teve o efeito de despolitizar a juventude. O reflexo nos novos movimentos religiosos pode ser observado pela sua usual despolitização, que pode se manifestar desde a negação da política ("não somos nem de direita, nem de esquerda") até à adoção do fascismo ou da anarquia como sistemas políticos ideais. Quando esses grupos adotam o fascismo, isso geralmente ocorre porque os líderes fascistas se apresentam como figuras antissistema, o que atrai aqueles que desejam se distanciar dos políticos convencionais. Em outras palavras, a crença de que não pertencem nem à direita nem à esquerda, combinada com a propaganda dos líderes fascistas de que são *outsiders*, leva alguns adeptos a migrar para a extrema-direita, muitas vezes sem nem perceber.

Apesar da alienação política, a contracultura de 1960 marcou um período de intensa experimentação social nos Estados Unidos, o que permitiu uma diversificação na esfera religiosa, com o surgimento de muitos grupos que exploravam mais práticas fora do cristianismo. Segundo Benthall (2008, p. 7), a Califórnia foi a capital desse fenômeno, e movimentos como o neopaganismo e a cientologia ganharam terreno por lá. Ainda que a maior parte dos frequentadores tenha abandonado os novos movimentos religiosos em uma década (Sherkat, 1998), muitos grupos se estabeleceram formalmente ao olhar público estadunidense durante esse período.

Segundo Rochford Jr. (2007, p. 161), muitos jovens se atraíram à contracultura por frustração com o fracasso da política externa estadunidense. Quando a foto da "garota napalm" foi amplamente divulgada pelos jornais do mundo, a opinião doméstica se voltou contra a participação do país na guerra, gerando uma onda de comoção contra o exército dos Estados Unidos. Em resposta à crescente oposição, o governo dos Estados Unidos mudou suas políticas de acesso da imprensa em conflitos militares. Em guerras posteriores, o Departamento de Defesa dos Estados Unidos implementou um sistema de censura aos jornalistas, chamada de "*embedded journalism*" (lit. "jornalismo incorporado"), no qual repórteres estariam sujeitos a regras militares e sempre deveriam estar acompanhados de soldados. O país justificou que isso servia para proteger os jornalistas em campo, mas na prática as medidas foram adotadas como meio de controlar a narrativa e a imagem da guerra, filtrando as informações apresentadas ao público (ALP, 2015). Que se trata de censura fica claro com o caso do banimento do TikTok nos Estados Unidos. Segundo Narwani (2023) e Albuquerque (2024), o motivo para o país insistir que o aplicativo seja controlado por uma empresa americana se dá porque a rede social chinesa não está sujeita ao *embedded journalism*, o que faz com que a juventude estadunidense tenha acesso a imagens do genocídio contra os palestinos e não compre mais a propaganda pró-Israel.

Rochford Jr. (2007, p. 161) explica que a icônica foto de uma menina correndo nua após ser atingida por napalm durante a Guerra do Vietnã fez muitos estadunidenses questionarem se estavam do lado certo da história, e muitos passaram a ver os Estados Unidos como o vilão mundial. A indústria cultural, percebendo o perigo que isso poderia representar ao projeto de poder americano, redirecionou o descontentamento da mudança política e estrutural para a transformação individual. Assim, o tema de mudança revolucionária permaneceu, mas agora deveria ser realizada por meio da conversão a formas místicas de religião, e não através de um ativismo político socialmente engajado.

Com o declínio da contracultura em meados dos anos de 1970, muitos novos movimentos religiosos perderam a base de apoio que alimentava o seu crescimento. Como resultado, segundo Wright (2007, p. 188), a dinâmica dos que dependiam da contracultura mudou à medida que envelheciam junto com um pequeno núcleo de membros que permaneceram. À década de 1980, grande parte das novas religiosidades que estiveram envolvidas com a contracultura estava extinta ou foi comodificada para se manter relevante na sociedade estadunidense.

Segunda onda do feminismo

Enquanto o feminismo da virada do século XIX para o século XX estava mais focado no direito feminino ao voto, no acesso à educação e no direito à propriedade, o feminismo das décadas de 1960 a 1980 expandiu-se para uma variedade de questões políticas, incluindo a luta pela igualdade no local de trabalho, pelos direitos à contracepção, pela autonomia sexual e contra a violência doméstica e sexual.

O movimento da espiritualidade feminina (*women's spirituality*) foi um dos mais importantes surgido nesse contexto, parte da reavaliação dos papéis sociais e representações das mulheres na cultura estadunidense. Segundo Hanegraaff (1996, p. 86), trata-se de um fenômeno predominantemente americano, não figurando com a mesma relevância em pesquisas sobre novos movimentos religiosos baseadas na Europa. Ele foi caracterizado pela ênfase na divindade feminina e na espiritualidade centrada na mulher, com suas militantes contestando as interpretações patriarcais das tradições religiosas estabelecidas.

Em seu trabalho, Alves (2011, p. 117) identifica três fortes correntes dentro desse movimento, diferenciando-as com base na importância atribuída à supremacia masculina em relação a outras estruturas de injustiça social. A primeira corrente vê o machismo como a maior força de opressão que já existiu na história da humanidade. Na outra ponta do espectro estão as "feministas brandas", que percebem o machismo como um problema secundário, como atitudes e opiniões individuais dos homens que podem ser mudadas por meio da persuasão. Por fim, a terceira categoria estaria entre as duas primeiras, de mulheres que reconhecem que a superação do machismo depende de alterações estruturais na sociedade e não apenas de convencer os homens a não serem vis, mas que não consideram o patriarcado como a maior força de opressão da história.

Duas feministas, doutoras em ciência da religião pela Universidade de Yale, foram elencadas por Alves (2011) como sendo muito relevantes para o movimento da espiritualidade feminina: Carol Christ e Naomi Goldenberg. Além dela, Alves (2011) também destaca Mary Daly, teóloga e feminista radical. Já a dissertação de Kris (2023) apresenta vários outros nomes importantes, dos quais quatro merecem destaque: a húngara Zsuzsanna Budapest, a artista estadunidense Miriam Simos (Starhawk), a arqueóloga Marija Gimbutas e a professora de filosofia e ciência da religião Charlene Spretnak.

A obra de Daly (2016) examina como as religiões historicamente oprimem as mulheres com base em aspectos biológicos da feminilidade, como a menstruação, a gravidez e o parto. Para demonstrar isso, a feminista radical analisa uma variedade de práticas globais, desde rituais de puberdade feminina até a caça às bruxas e a mutilação genital, demonstrando como características biológicas femininas são manipuladas dentro das estruturas religiosas para controlá-las. Seu livro diz que o machismo estrutural pode se manifestar de quatro formas: (1) *ginefobia* (medo das mulheres) e *misoginia* (ódio às mulheres); (2) *androcentrismo*, colocar o homem como sinônimo de humanidade, relegando às mulheres a periferia da experiência humana; (3) *patriarcado*, sistema político que organiza a sociedade em torno do poder masculino; e (4) *ecocídio*, que Daly vê como uma extensão da dominação masculina, na qual homens se consideram tão superiores que se colocam até acima da própria natureza.

Seguindo a linha do ecofeminismo, Spretnak (1997) exerceu um papel pioneiro na articulação do movimento da espiritualidade feminina, destacando-se por sua crítica à Modernidade e reavaliação das tradições espirituais. Seguindo a lógica de Daly, ela destaca supostas conexões entre a exploração da Terra e a opressão das mulheres, sugerindo que a mesma mentalidade que promove a exploração e o domínio sobre a natureza também está por trás da opressão das mulheres, ambas enraizadas em estruturas de poder patriarcais e capitalistas que valorizam a dominação e a exploração em detrimento da cooperação e do cuidado.

O trabalho de Goldenberg (1979) tem como objetivo questionar as normas patriarcais das religiões tradicionais, em especial o judaísmo e o cristianismo, que ela classifica como tradições que historicamente marginalizaram e oprimiram as mulheres. No lugar, a feminista propõe que mulheres celebrem divindades femininas como uma forma de desafiar e transformar as estruturas religiosas patriarcais.

Christ, Gimbutas, Budapest e Simos apresentam abordagens mais focadas em deusas, no culto à terra e no neopaganismo. Christ (1987) critica a superidentificação histórica de Deus enquanto figura masculina, propondo reimaginá-lo como mulher. Um de seus conceitos centrais é o de "ventre da Deusa" (*womb of the Goddess*), que simboliza uma suposta conexão profunda entre feminilidade e fertilidade da terra. Além disso, a cientista da religião trabalha com diversas deusas de vários panteões mitológicos, apresentando-as como fontes de empoderamento e transformação para as mulheres.

Gimbutas compartilhava de uma ideologia acadêmica que foi bastante popular no início do século XX na antropologia, de que a religião original da Europa era o culto monoteísta a uma deusa. Embora nascida na Lituânia, após a Segunda Guerra Mundial ela se mudou para os Estados Unidos. Segundo Kris (2023, p. 53), o reconhecimento dela se deu por seus trabalhos legitimarem a crença em uma sociedade matriarcal anterior ao patriarcado, o que tinha muito apelo às feministas. Isso fica especialmente evidente na obra *Todos os nomes da Deusa* (Campbell *et al.*, 1997), escrita em parceria com Joseph Campbell. De acordo com Kris (2023), os estudos de Gimbutas eram enviesados para favorecer a ideia de tais civilizações matriarcais, interpretando artefatos arqueológicos pré-históricos, dos quais o contexto exato se sabe muito pouco, de forma anacrônica para que pudessem ser utilizados como evidências que corrobora o discurso feminista.

Budapest não possui vida acadêmica, sendo mais conhecida como a criadora do dianismo, uma vertente de bruxaria moderna que só aceita mulheres cisgêneras e da qual falaremos um pouco mais no capítulo 4. Uma feminista radical que migrou da Hungria para os Estados Unidos, seu trabalho apresenta uma wicca centrada exclusivamente no culto à Deusa, excluindo a figura do Deus[6], além de estimular o lesbianismo entre suas participantes. Embora faça parte da comunidade LGBTQIA+, Budapest tende a usar frases como "apenas mulheres genéticas" (*genetic women only*) para descrever o público-alvo de seus rituais, o que tem causado controvérsias no meio neopagão (Scott, 2020).

Simos é formada em belas-artes e autora de *A dança cósmica das feiticeiras*, o primeiro *best-seller* de wicca nos Estados Unidos, um livro que promove o reclaiming, outra vertente de bruxaria moderna. Seu manual reinterpreta a bruxaria como uma religião centrada na veneração da Deusa e na conexão com a natureza. O volume enfatiza o empoderamento das mulheres através da conexão com a Deusa, divindade que simboliza a força, a sabedoria e a criatividade. Além disso, a autora apresenta uma abordagem progressista, que inclui todos os gêneros e orientações sexuais (cf. Starhawk, 2021).

Conforme percebemos pelos exemplos, a luta por direitos iguais e o questionamento dos estereótipos de sexo permitiu que o movimento da espiritualidade feminina reimaginasse as experiências e valores das mulheres na religião. Para isso, de acordo com Geertz (1993, p. 369), suas pensadoras adotaram o conceito eliadiano de sagrado aplicado a uma visão evolucionista da religião, recriando-o em uma categoria dele derivada: o sagrado feminino. Aqui, notamos um essencialismo de gênero que acaba refletido nas práticas dos novos movimentos religiosos (Crowley, 2011, pp. 99, 110).

Alves (2011, p. 19) explica que o sagrado feminino ocorre em relação a uma espiritualidade corporal, abordando a resistência e a potencialidade desses saberes e práticas que criam novas identidades e espaços para as mulheres. A cientista da religião

---

6. Conforme explica Arantes (2023, p. 106), a wicca foi concebida originalmente como uma religião duoteísta que cultua um casal divino: a Deusa e o Deus.

carioca demonstra que os rituais em torno do sagrado feminino enfatizam o cuidado com o corpo e a conexão com as fases da lua, sugerindo uma compreensão intimamente ligada ao útero (Alves, 2011, p. 91). Já Crowley (2011, p. 99) atenta que a adoção de oposições binárias como *yīn* e *yáng*, Deusa e Deus, lua e sol, terra e céu, útero e falo revela uma concepção êmica onde mulheres e homens são fundamentalmente diferentes, ainda que possam ser vistos como complementares.

Embora a figura da Deusa Tríplice já houvesse sido proposta desde Graves (2003 [1948]), o sagrado feminino garantiu a sua popularização. O trabalho de Alves (2011, p. 134) apresenta pelo menos um caso empírico em que a Deusa Tríplice age como uma substituta da Santíssima Trindade (Pai, Filho e Espírito Santo), uma figura feminina que dá sentido ao sagrado feminino por uma lógica de subversão ao cristianismo patriarcal e sua posterior ressignificação. Isso é importante porque ainda que o movimento da espiritualidade feminina tenha no neopaganismo a sua principal face pública, ele é mais amplo, com fronteiras borradas. Hanegraaff (1996, p. 89) menciona que para além da wicca e do culto à Deusa, o movimento da espiritualidade feminina também envolve a teologia cristã feminista e espiritualidades judaico-cristãs das mulheres, que são desenvolvidas dentro do próprio judaísmo e cristianismo. Em outras palavras, a orientação é majoritariamente neopagã, mas não somente isso.

Segundo Hanegraaff (1996, p. 154), a ênfase nos ciclos naturais e de morte e renascimento são centrais na simbolização que as mulheres passaram a aplicar sobre seus próprios corpos e ciclos menstruais. As fases da lua foram entendidas como símbolos proeminentes da Deusa Tríplice: a lua crescente representando a Deusa Donzela, a lua cheia representando a Deusa Mãe, e a lua minguante representando a Deusa Anciã. Tais símbolos passaram a ser incorporados também ao próprio ciclo de vida das mulheres, da juventude à velhice. A Donzela reinaria até a primeira gravidez da mulher, enquanto a Anciã seria a regente da menopausa em diante, com a Deusa Mãe representando o período fértil intermediário entre o primeiro filho e a última menstruação.

Para Hanegraaff (1996, p. 154), apesar de haver esforços para tentar deixar a perspectiva mais inclusiva, a noção de sagrado feminino é fortemente orientada pela questão biológica, como fica claro em Budapest (*apud* Scott, 2020), Christ (1987) e Daly (2016). A fixação no útero cria uma interpretação de que a essência de se ser mulher – o sagrado feminino – jaz em sua capacidade de menstruar e parir. Como tal, é uma visão religiosa mais afinada a um sub-ramo específico do feminismo radical da segunda onda: o Terf (*Trans-Exclusionary Radical Feminism*), que não reconhece mulheres trans como mulheres e tende a fazer parcerias com a extrema-direita (Corrêa, Rodrigues, 2023). Logo, se de um lado o sagrado feminino pode ser um veículo para a formação de identidade e poder espiritual, atuando como um agente de fortalecimento das mulheres cisgêneras brancas, de outro ele pode perpetuar estereótipos de gênero que o feminismo mais amplo busca erradicar (Crowley, 2011, p. 25).

Conforme explica Crowley (2011), a apropriação que os novos movimentos religiosos fazem do feminismo é parcial. Mesmo nos grupos que possuem práticas que aparentemente conferem certo tipo de autoridade às mulheres, no geral o que acontece é uma forma de feminismo bastante focado na comercialização. De um lado, a autora reconhece que as participantes acreditam fazer uma crítica ao consumismo (Crowley, 2011, p. 44). Entretanto, a pesquisadora contrapõe o discurso êmico com dados que demonstram que os rituais no movimento da espiritualidade feminina empurram as mulheres para o consumo através da venda de práticas como macrobiótica, massagens, aromaterapia, ioga, *tàijí*, doulas etc. Em outras palavras, a participação das mulheres está intrinsecamente ligada ao consumo de produtos e serviços religiosos que foram transformados em *commodities* (Crowley, 2011, p. 4). Logo, a percepção êmica de que elas estariam fazendo uma forma de espiritualidade contra o consumismo é uma falsa consciência social (Crowley, 2011, p. 44).

Por fim, mesmo a promoção da sexualidade livre, pauta importante da segunda onda do feminismo, precisa ser analisada de forma cuidadosa quando aplicada aos novos movimentos religiosos. Alves (2011, p. 108) apresenta que várias novas espiritualidades que possuem um discurso sobre libertação sexual muitas vezes ignoram os LGBTQIA+ e as pessoas de cor. Além disso, uma adoção superficial da ideia de sexualidade livre pode criar uma nova forma de opressão. Isso acontece quando alguns grupos, tentando se opor à monogamia compulsória do cristianismo, acabam impondo o poliamor como regra para seus membros, seja de modo explícito ou velado (cf. Stern, 2020). Assim, tais movimentos substituem uma regra sexual por outra, o que acaba não permitindo que as pessoas expressem sua sexualidade de forma verdadeiramente livre.

Guerra Fria

A vitória soviética na Segunda Guerra Mundial levou o mundo a se dividir entre um bloco de influência socialista e outro de influência estadunidense. Os soviéticos temiam uma retaliação dos capitalistas por não terem sucumbido aos nazistas, o que foi expresso pela frase do Marechal Gueorgui Júkov "nós liberamos a Europa do fascismo, eles nunca nos perdoarão por isso". Segundo Benjamin (1987) e Dimitrov (1935), o fascismo é uma tentativa de preservar a ordem capitalista em momentos de crises, especialmente aquelas que ameaçam a estrutura de poder, agindo como uma espécie de botão de emergência para evitar revoluções frente às revoltas populares causadas pelas contradições do sistema. Logo, fascismo é uma exacerbação do capitalismo, tanto que Césaire (2020) argumenta que as práticas desumanizadoras do fascismo do século XX já estavam sendo aplicadas desde o século XIX pelas potências capitalistas em suas colônias fora do território europeu.

Apesar de a União Soviética ter desempenhado um papel crucial na Segunda Guerra Mundial, com um esforço militar seis vezes maior do que o de todos os Aliados juntos e com a vitória na Batalha de Stalingrado, considerada o verdadeiro ponto de virada para a derrota da Alemanha (Mozota, 2020), as potências capitalistas não gostaram de ver seu poder militar em segundo plano. Inglaterra e França estavam acostumadas a aparecer no imaginário europeu como superpotências invictas desde a era das expansões coloniais. Isso fez com que os países capitalistas se demonstrassem relutantes em reconhecer plenamente o papel soviético no fim da guerra. Primeiramente, Estados Unidos e Reino Unido criaram uma ampla cobertura midiática para a invasão da Normandia, após a Alemanha já estar bastante fragilizada pelo Exército Vermelho. Essa data foi batizada de "Dia D", escolhida pelo Ocidente como o marco oficial da rendição nazista, sem a participação soviética. Posteriormente, a indústria cultural capitalista tentou reescrever a história através dos filmes e quadrinhos[7], colocando os Estados Unidos como o grande herói da derrota de Hitler, supervalorizando o "Dia D" e apagando a Batalha de Stalingrado, a Batalha de Kursk e os esforços soviéticos. Isso coroou um ambiente de competição por influência global entre os Estados Unidos e a União Soviética, época que ficou conhecida como Guerra Fria, levando a uma corrida armamentista entre os dois lados.

A corrida espacial, um dos aspectos mais visíveis da Guerra Fria, iniciada com o lançamento do Sputnik pela União Soviética, poderia ser destacada como um exemplo específico de como as tensões da Guerra Fria se manifestavam como uma competição direta por superioridade tecnológica. A corrida espacial foi importante para ressignificar o orientalismo platônico dos novos movimentos religiosos. Se na virada do século XIX para o século XX o Oriente místico era a Índia, a partir da Guerra Fria os novos movimentos religiosos passaram a buscar a sabedoria perdida nas estrelas (Granholm, 2014, p. 228). Cultos a alienígenas, sociedades

7. Alguns exemplos são os filmes *O mais longo dos dias* (1952) e *Patton* (1970), e os quadrinhos do Capitão América, do Quarteto Fantástico e da Mulher Maravilha da época da Guerra Fria.

avançadas intergalácticas e a própria crença em vida extraterrestre só viriam a aparecer na sociedade mais ampla após isso (Martins, 2015). Em outras palavras, a popularização da ideia de visitas extraterrestres dependeu do contexto específico do pós-guerra.

Segundo Martins (2015, p. 87), o fenômeno dos *foo fighters* é um bom ilustrativo disso. Descritos como bolas de luz, os *foo fighters* eram fenômenos misteriosos avistados por pilotos de aeronaves durante a Segunda Guerra Mundial. No contexto da guerra, os militares especulavam que fossem tecnologias secretas desenvolvidas pelo lado oposto da batalha. Somente após a Segunda Guerra Mundial, já na Guerra Fria, é que os *foo fighters* foram relacionados aos objetos voadores não identificados (óvnis) e à vida alienígena. A própria concepção de discos voadores como o formato dominante das naves extraterrestres no imaginário popular também é posterior à Segunda Guerra Mundial. Segundo Martins (2015, p. 91), o marco inicial ocorre em 24 de junho de 1947, quando um piloto civil estadunidense relatou ter visto nove objetos voadores incomuns enquanto sobrevoava o Monte Rainier. Ele descreveu o movimento desses objetos – não o seu formato – semelhante a discos atirados sobre a água, o que levou um repórter a cunhar o termo "disco voador".

No início, a hipótese extraterrestre para tais avistamentos não era levada a sério. O mais comum era considerar que aqueles que falavam sobre óvnis estavam bêbados, mentiam ou então que fossem armas secretas da União Soviética. Com a popularização da ficção científica durante a década de 1950, porém, ganhou força a hipótese extraterrestre (Martins, 2015). Mas a concepção do tipo de vida extraterrestre refletia sobremaneira a cultura de quem falava sobre isso. Enquanto os romances soviéticos descreviam alienígenas que compartilhavam sua tecnologia e cooperavam com os humanos (p. ex., Yefremov, 1957; A. Strugatsky, B. Strygatsky, 1969), a cultura *pop* estadunidense apresentava os extraterrestres como forças bélicas que desejavam escravizar os humanos e explorar os recursos da Terra ou destruí-la (p. ex., o filme *Independence*

Day ou a adaptação de Hollywood do romance britânico *Guerra dos mundos* de H. G. Wells). Essas duas visões opostas permeiam até hoje as religiões de óvnis, com grupos venerando e ao mesmo tempo temendo a vida extraterrestre.

O "fantasma vermelho", ou seja, o medo de um comunismo abstrato, também foi outro elemento importante da Guerra Fria que teve grande impacto nos novos movimentos religiosos. Desde o macarthismo, quando os Estados Unidos começaram uma ampla perseguição e difamação pública de indivíduos, elaboração de listas negras, censura, demissões e até prisões por medo de supostos comunistas infiltrados nas instituições, muitos grupos minoritários se transformaram em alvos. As alegações de lavagem cerebral atribuídas aos novos movimentos religiosos surgem nesse contexto (Saliba, 2007, p. 43). Segundo Richardson (2014, p. 98), programas de televisão, filmes, relatórios legislativos[8] e até casos judiciais[9] passaram a defender, a partir da década de 1950, que os comunistas tinham a capacidade de implantar comandos mentais na população inimiga para executar ações sem a pessoa estar ciente de estar sendo controlada.

A noção de "lavagem cerebral" evolui para além do anticomunismo, englobando tudo o que os Estados Unidos quisessem combater. Saliba (2007, p. 43) menciona que sob a égide do "fantasma vermelho", os Estados Unidos acusavam países como China e Coreia de utilizar técnicas para mudar a ideologia de seus prisioneiros políticos, criando uma retórica que coibia a adesão dos trabalhadores dos países capitalistas ao comunismo. E alguns psicólogos estadunidenses, sem qualquer base empírica, começaram a dizer que os convertidos aos novos movimentos religiosos

8. Dois exemplos são a *House Un-American Activities Commitee*, que realizou inúmeras audiências para investigar atividades comunistas abstratas nos Estados Unidos, e o *McCarran Security Act*, que exigia que organizações comunistas registrassem seus membros para que eles fossem presos preventivamente como suspeitos de subversão.

9. Alguns exemplos são Dennis *vs.* USA e o julgamento do casal Rosenbergs.

passam por processo semelhante ao que eles "ouviram falar" que os prisioneiros do comunismo sofriam, mesmo sem ter tido qualquer contato direto com tais presos em primeiro lugar. Assim, todos seriam suscetíveis ao "encanto" dos "manipuladores mentais".

A retórica da "lavagem cerebral" passou a ser aplicada pela religião majoritária com o mesmo propósito de desmoralizar as novas religiosidades. Os piores pontos do macarthismo, incluindo sua xenofobia, foram usados contra tais grupos, visto parte considerável dos novos movimentos religiosos adotar ideias asiáticas, ainda que por uma perspectiva orientalista. Logo, muitos grupos "anticulto" passaram a empregar as mesmas ferramentas de difamação pública e pânico social, utilizando o jornalismo sensacionalista para atingir seus objetivos de destruir determinados grupos religiosos e seus integrantes (Richardson, 2014, p. 99). No último capítulo deste livro, falaremos mais sobre os grupos anticulto.

Entretanto, usualmente os novos movimentos religiosos tinham como principais frequentadores pessoas brancas de classe média alta dos grandes centros urbanos capitalistas. Em um período de forte propaganda anticomunista diária, muitos acabaram incorporando o "fantasma vermelho" às suas doutrinas, por vezes de forma enfática, mesmo sendo, eles próprios, vítimas comuns desse tipo de pânico social. Segundo Palmer e Browley (2007, pp. 141-142), isso foi especialmente notado nos novos movimentos cristãos, que passaram a utilizar metáforas de que a democracia (leia-se capitalismo) seria de Deus e o comunismo seria do diabo. Outros exemplos de fora do cristianismo foram o da cientologia, o da fǎlún gōng e o da Igreja da Unificação.

Com uma nova guerra fria se desenhando – agora entre Estados Unidos e China pela perda de protagonismo econômico dos norte-americanos –, um novo aumento de discursos anticomunistas e perpetuação do "fantasma vermelho" é observado nos novos movimentos religiosos. No Brasil, exemplos do século XXI foram apresentados por Stern e Hida (2022), que se focaram em como Luiz Gasparetto era anticomunista e defendia o anarcocapitalismo, mencionando também os casos dos astrólogos Olavo de Carvalho, Carol Vaz e Maricy Vogel, famosos representantes do esoterismo brasileiro que adotaram fortemente o anticomunismo em suas práticas e discursos.

Por fim, a internet, uma das invenções da Guerra Fria, teve o maior impacto de todos não só nas religiões, mas na vida cotidiana em geral. Na década de 1960, com medo de que um ataque soviético destruísse suas linhas de comunicação, o Departamento de Defesa dos Estados Unidos desenvolveu uma rede descentralizada capaz de manter a comunicação militar mesmo se uma das centrais fosse atacada, através de um modelo de comutação de pacotes que se tornou a base para o desenvolvimento posterior da internet. Com a invenção da *world wide web* em 1989 e a restrição ao uso comercial da rede removida pelos Estados Unidos, a internet se popularizou rapidamente (Hafner; Lyon, 1996).

Segundo Cowan (2007), devido à legitimidade cultural contestada de muitos novos movimentos religiosos, uma parte considerável deles encontrou na internet um espaço para recrutar novos membros. Para muitos grupos, a internet se tornou um meio fácil de disseminar ensinamentos religiosos, práticas e textos sagrados, alguns dos quais se tornaram disponíveis apenas on-line. Mayer (2014, p. 285) corrobora essa visão, dizendo que a internet abriu possibilidades sem precedentes para o missionarismo, permitindo que os novos movimentos religiosos compartilhem sua fé e atraiam novos adeptos.

Cowan (2007) também lembra que fóruns de discussão, salas de bate-papo, blogs e listas de e-mail oferecem uma visão sobre diferentes debates êmicos dos novos movimentos religiosos. Como complementa Mayer (2014, p. 285), para grupos pequenos, a internet se tornou uma plataforma para fazer suas vozes serem ouvidas, facilitando a conexão de pessoas através de espaços e fusos horários diferentes. Tal vantagem tem um impacto especial nos novos movimentos, porque diferente das grandes religiões estabelecidas, uma religião nova pode não ter uma rede territorial densa e mesmo o número de seus locais de culto pode ser reduzido.

Entretanto, a internet também apresentou desafios para os novos movimentos religiosos, tanto em relação ao mundo exterior quanto à maneira como funcionam. Competir pela atenção em um espaço com enorme variedade é um dos maiores desafios dos novos movimentos religiosos. A audiência virtual não é cativa, e isso amplia ainda mais a volatidade do *cultic milieu*. Além disso, apesar de a internet tornar mais barata a disseminação de crenças religiosas, a interação humana continua sendo um elemento-chave na maioria das conversões (Mayer, 2014).

Um ponto de grande desafio, não apenas para as novas religiões, mas para as organizações no geral, é a maior pressão por transparência na era da internet. Como explica Mayer (2014, p. 286), controvérsias, mesmo as internas, tendem a ser reportadas on-line. Isso ameaça grupos que querem manter ensinamentos ou materiais em segredo. Por exemplo, a cientologia sempre lutou contra quem torna público material confidencial deles, mas com o desenvolvimento da internet, essa batalha se tornou praticamente perdida, já que uma vez que o material é postado e replicado, fica muito difícil restringir o acesso ao público de fora.

Outra questão é que grupos mais sectários tendem também a perder fiéis quando restrições ao acesso à internet não são seguidas por seus membros. Meyer (2014, p. 286) cita o caso das testemunhas de Jeová e dos mórmons, que notaram um aumento no número de pessoas que deixam a fé devido à abundância de polêmicas que passaram a encontrar sobre esses dois grupos ao navegar na internet. Com os *smartgadgets* permitindo acesso à internet mesmo através de relógios e eletrodomésticos, fica cada vez mais difícil que tais grupos consigam manter toda a comunidade afastada da rede.

Capítulo 2
Doutrinas e práticas

Qualquer estudioso do tema identifica a impossibilidade em estabelecer um conjunto de doutrinas e práticas fundantes que se aplique universalmente a todo novo movimento religioso. Isso se dá pela própria natureza do objeto, que envolve grupos geograficamente e socialmente distintos, muitas vezes surgidos como reações a contextos socioculturais muito específicos. Além disso, a fluidez e a adaptabilidade são características marcantes de novas religiões, o que implica uma constante redefinição de suas crenças e práticas.

Contudo, certos elementos aparecem com maior frequência em diferentes novas religiões. Muitos grupos se focam na experiência pessoal e subjetiva ao invés de seguir regras rígidas e estruturas formais típicas das religiões tradicionais. Frequentemente, isso leva a uma crítica às organizações religiosas já estabelecidas e a uma procura por menos hierarquia.

Outra característica geral comum é a tendência à combinação de elementos de diferentes tradições religiosas e espirituais, sob a égide de uma visão universalista da religião. Não é incomum aos novos movimentos religiosos incorporar ensinamentos, práticas e símbolos de múltiplas fontes, refletindo um ecletismo que é emblemático da contemporaneidade. Essa abordagem, aliada ao individualismo, permite que os adeptos criem sistemas de crenças que são pessoalmente significativos e relevantes para as suas próprias biografias, com fiéis de um mesmo grupo podendo possuir espiritualidades e interpretações religiosas muito distintas (Guerriero, 2004).

Além disso, novos movimentos religiosos surgidos no lado mais frágil da colonização tendem a demonstrar uma preocupação maior com questões sociais, formando redes de apoio entre seus fiéis ou, quando financiados pelos colonizadores, tentando legitimar a exploração imperialista através da retórica teológica.

No presente capítulo, algumas dessas práticas e crenças mais comuns serão apresentadas. Entretanto, ressalvamos que muito dificilmente um novo movimento religioso terá todas elas contempladas em seu conjunto de rituais e doutrinas.

Psicologização da religião

Psicologização da religião é o processo pelo qual crenças e práticas religiosas começam a ser interpretadas e vivenciadas através de uma lente psicológica. A religião é vista como um meio de atender a necessidades psicológicas individuais, estabelecendo uma relação clientelista com os fiéis (Berger, 2004). Segundo Hanegraaff (1996, p. 482), isso ocorre como uma adaptação das religiões ao contexto da sociedade contemporânea capitalista.

A teoria da psicologização da religião surgiu na Academia como uma hipótese ainda na década de 1960, mas ficou mais claramente comprovada nos novos movimentos religiosos. A privatização da fé torna conteúdos religiosos sujeitos à moda, e, como tal, benefícios psicológicos como paz de espírito, autoconhecimento ou bem-estar passam a ser importantes no espectro mais geral de um mercado religioso que disputa por clientes. Isso significa que a comercialização da fé está intrinsecamente ligada ao fenômeno. Além disso, Heelas (2008, p. 204) comenta que a sacralização do eu, subfruto do individualismo cultivado pelas sociedades capitalistas, é também um fator central para o fenômeno.

Siqueira (1999, p. 103) explica que a autonomia pessoal na composição de elementos simbólicos, doutrinas, práticas e rituais é um reflexo de uma tendência onde indivíduos personalizam sua experiência religiosa, escolhendo e combinando elementos de várias tradições e crenças de acordo com suas preferências pessoais. Usando uma alegoria para exemplificar, é como se o cidadão religioso entrasse em um grande mercado e fosse passando de prateleira em prateleira escolhendo quais itens lhe são convenientes. O buscador pode gostar da ideia de Jesus, mas não comprar o produto "pecado original" do cristianismo, por exemplo. Daí ele vai ao balcão do budismo, compra a ideia de carma e de reencarnação, mas não quer abrir mão de seus prazeres terrenos, como sugeriria o pacote budista completo. E dessa forma, quando chega ao caixa, o cidadão religioso sai com uma espiritualidade sincrética.

Isso só é possível em um cenário de mercantilização da religião, em que a espiritualidade é tratada como um produto que pode ser consumido, integralmente ou parcialmente, escolhido e personalizado de acordo com a vontade do consumidor. Ao tentar atender a tais desejos, as religiões acabam por adotar abordagens mais psicologizadas, que tragam ganhos individuais ao buscador espiritual ao invés de priorizar a coletividade.

Segundo Siqueira (1999, pp. 97-99), os novos movimentos religiosos estão cada vez mais centrados na busca por autoconhecimento, desenvolvimento pessoal e aperfeiçoamento, baseando-se na ideia de que a santidade é encontrada dentro do próprio indivíduo. Em contextos sociais onde se tem a impressão de que a materialidade já está "resolvida", como entre a classe média alta, o inconsciente e o psíquico passam a ser os lugares onde se busca por Deus (Hanegraaff, p. 495). Como tal, as práticas religiosas começam a se conectar com terapias, especialmente aquelas que fazem mediações entre corpo e mente.

Guerriero (2004) menciona que o caráter experiencial das novas religiosidades fomenta técnicas psicocorporais visando tal transformação pessoal. Champion (1989) comenta que diversos movimentos religiosos têm incorporado práticas que cruzam as fronteiras entre religião e psicologia, e o papel do sacerdote e do terapeuta acaba se confundindo. Como tal, Hanegraaff (1996, p. 495) observa que cada vez mais os termos "espiritual" e "psicológico" vêm se tornando intercambiáveis na sociedade mais ampla.

Mesmo no contexto dos novos cristianismos isso tem acontecido, com um número crescente de pastores e lideranças evangélicas preferindo fazer faculdade de psicologia e se apresentar como *coaches* ou terapeutas a estudar teologia e exercer um papel mais tradicional de sacerdote (Stern, Guerriero, 2020).

Segundo Introvigne (2022, p. 43), esse aumento na utilização da psicoterapia e técnicas psicológicas tem gerado também a utilização de tais práticas para controlar ou influenciar os adeptos. Como tal, alguns grupos têm sido acusados de manipulação, levando a debates sobre a liberdade de crença e a autonomia individual entre os novos movimentos religiosos. O autor menciona que é muito difícil o cientista da religião sozinho diferenciar o que seria uma persuasão legítima de uma manipulação psicológica dentro de contextos religiosos. Ao invés disso, uma interação entre psicólogos, cientistas da religião e profissionais do direito se faz necessária para estudar caso a caso.

A psicologização da religião também leva à sacralização da psicologia. A maneira como conceitos psicológicos são utilizados para entender ou enquadrar práticas religiosas faz com que as próprias explicações psicológicas passem a ser valorizadas como espirituais por uma parcela dos novos movimentos religiosos. Em outras palavras, a psicologia passa a dar sentido e validar as experiências religiosas, com elementos da psicologia sendo vistos como sagrados ou essenciais para o desenvolvimento espiritual, transcendendo seu uso original (Champion, 1989; Introvigne, 2022).

Muitas vivências espirituais nas novas religiosidades buscam influenciar a percepção e o pensamento. Isso pode incluir meditação, visualizações, práticas de *mindfulness*, danças circulares, privação de sono, mas também a utilização de enteógenos e outras práticas que mudam a consciência. Essas técnicas de controle mental, tal como chamadas por Champion (1989), são frequentemente associadas à psicologia, especialmente à psicologia transpessoal e à psicologia analítica. Conceitos como "ego", "consciente", "inconsciente", "arquétipo", "*self*", "sombra", "individuação" e "catarse", dentre outros, passam a ser empregados em contextos ritualísticos, e a própria explicação de Deus passa a ser atribuída a uma projeção mental de algo divino que existe dentro de cada ser humano.

Com isso, a psicologia deixa de ser vista apenas como uma ciência do comportamento para ser entendida como um meio de explorar e entender dimensões espirituais e transcendentais da vida humana (Hanegraaff, 1996, cap. 15). A sacralização da psicologia acaba por também atender a outra demanda comum entre os novos movimentos religiosos, a busca por validação científica para suas crenças, o que trataremos mais adiante neste capítulo.

Comodificação da religião

Comodificação é o processo pelo qual bens, serviços ou ideias são transformados em mercadorias. Em uma cultura capitalista, religião e espiritualidade se tornam mais um item que pode ser escolhido ou ignorado conforme os caprichos de cada consumidor. Isso faz com que os novos movimentos religiosos tenham pouco a ver com contracultura ou oposição ao materialismo e muito a ver com o mercado. Como explica Heelas (2008, p. 210), a comodificação da religião é uma vitória do capitalismo, que demonstra seus poderes máximos na transformação de bens espirituais em *commodities*. As novas religiões são engolidas pela cultura do consumo, não necessariamente através de um "*shopping* de desenvolvimento pessoal", como sugeriu Campbell (2001), mas de uma forma que contribui abertamente para os fins capitalistas.

Heelas (2008, p. 216) observa que muitos novos movimentos religiosos oferecem atividades que servem para metas puramente capitalistas, como "recarregar as energias" da força de trabalho, aumentar a produtividade, empoderar empresários e a própria obtenção de riqueza pessoal como uma forma de bênção. Nos novos movimentos cristãos, isso fica muito evidente na teologia da prosperidade, a crença de que oração e doações voluptuosas para as igrejas aumentarão o bem-estar material e a prosperidade do fiel. Em muitos desses casos, a única riqueza que aumenta é a das pessoas que estão recebendo as doações, levando à falência aqueles que doam. Mas ainda que exista alguma jurisprudência de igrejas que tiveram que ressarcir os fiéis (cf. Hammar, 2015; Roberts, 2023), na maioria das vezes a pessoa que doou tudo para o novo movimento religioso simplesmente perde o patrimônio, sem jamais conseguir recuperá-lo.

Heelas (1994, pp. 95-97) aponta que após o advento do capitalismo, a autoridade das religiões foi transferida de Deus para o mercado. Com isso, ao invés de se apresentarem como algo firme, acima dos desejos antinômicos dos consumidores, as novas religiões são privatizadas, dominadas pelo fetichismo da novidade, pela mudança rápida dos produtos e pela supremacia da escolha do consumidor. Os buscadores desse mercado religioso desejam ter uma liberdade considerável e autoridade para levar sua prática espiritual ao âmbito de suas próprias atividades autogratificantes.

O novo paradigma econômico imposto sobre as novas religiosidades acaba trazendo com ele as piores características do capitalismo. Segundo Crowley (2011, p. 58), o próprio fetichismo da mercadoria explica por que a classe média alta é a principal consumidora de produtos esotéricos no *cultic milieu*. A autora descreve como uma forma de imperialismo espiritual a fuga do "tédio" do etnocentrismo em busca de novas emoções em outras etnias e religiões. O turismo esotérico, com buscadores visitando locais como Cuzco, Egito e Stonehenge, é um exemplo de uma lógica fortemente mercadológica sobre bens espirituais. E ainda que o vendedor individual possa não fazer tanto dinheiro com a venda de cristais e incensos, a indústria de produtos esotéricos como um todo é um grande mercado lucrativo, com foco significativo em *marketing* e superação da concorrência.

As críticas mais comuns sobre essa comodificação da religião dizem respeito a uma alegação de que as atividades religiosas seriam reduzidas a uma "espiritualidade de conveniência", simplificadas e higienizadas para agradar o participante consumidor, perdendo sua verdadeira essência (cf. Heelas, 2008, p. 122). Como cientista da religião, entendo que quem define se uma religião mantém ou não o sentido é o fiel. Não cabe ao cientista esse tipo de juízo de valor. Todavia, o fenômeno da mercantilização da fé pode ser estudado – e criticado – por um viés ético, pautado na sociologia, na economia, na história e na legislação.

Novos movimentos religiosos que se apresentam abertamente como "religião" tendem a ter vantagem em um cenário de capitalização da fé. Isso ocorre porque muitos países possuem algum tipo de política de isenção tributária para igrejas. Grupos que não querem ser reconhecidos como "religiosos" ou que negam o título "igreja" podem acabar não gozando das mesmas vantagens dos pentecostalismos e dos novos movimentos cristãos. Isso pode levar alguns grupos que foram fundados negando serem religiosos, como a cientologia, a rever seu posicionamento com o tempo para conseguir tais privilégios tributários (Halupka, 2014).

Segundo Witte Jr. (1991), a isenção fiscal das propriedades de igrejas foi historicamente baseada em tradições de direito comum e de equidade. Religiões, ao longo da história, foram vistas como benéficas para a sociedade, promotoras da moralidade pública, caridade, acolhimento e educação, o que justificaria a isenção. Pegando o caso do Brasil, a absurda ausência de médicos formados em território brasileiro até o século XIX[10] fez com que, muitas vezes, as santas casas de misericórdia tivessem que atender as demandas de saúde da população no lugar do Estado (Gurgel, 2010).

Na sociedade contemporânea, entretanto, tais justificativas deixaram de fazer sentido e passaram a desafiar a laicidade. Witte Jr. (1991, p. 367) menciona escolas confessionais estadunidenses, que não pagam impostos, negando-se a estabelecer um ensino

10. Em 1799 só existiam 12 médicos em todo o território brasileiro (Gurgel, 2020, p. 147). Foi somente com a chegada de João VI, em 1808, que as duas primeiras faculdades de medicina foram fundadas no país, uma em Salvador e outra no Rio de Janeiro. Até hoje, todavia, o país não superou a carência estrutural de profissionais formados em medicina, uma herança da péssima gestão colonial de Portugal.

sem discriminação sexual, racial, étnica ou de origem nacional. Laycock (1981) descreve casos de igrejas evangélicas nos Estados Unidos que entraram na justiça alegando que cumprir os direitos trabalhistas de seus funcionários fere a "doutrina oficial" da igreja. Witte Jr. (1991, p. 414) também atentou que os Amish conquistaram o direito de simplesmente não matricular suas crianças na escola. Mesmo no cenário brasileiro, fenômenos similares ocorrem, como a fundação de um partido político pela Igreja Universal do Reino de Deus (Cerqueira, 2021), um conglomerado pentecostal bilionário, fundado em 1977. O fato de possuir um partido político é algo bastante significativo, visto que nem mesmo a Igreja Católica, a maior religião do Brasil, possui partido próprio. O tamanho privilégio de se ter um partido, entretanto, não isenta a Igreja Universal de continuamente tentar emplacar um discurso de que ela é um grupo religioso minoritário e perseguido (Camurça. 2020). Em outro caso, o filho de um dos maiores tele-evangelistas do Brasil, R. R. Soares, que à época possuía 162 milhões de reais em dívidas – a maioria referente a direitos trabalhistas não pagos –, conseguiu aprovar o perdão desse montante no Congresso Nacional (Militão, 2021).

Contudo, o Estado brasileiro não oferece de maneiras equânimes acesso à isenção fiscal e reconhecimento institucional para religiões menores, e em especial para religiões não cristãs. Pegando o caso dos centros espíritas e dos terreiros e barracões das religiões de matriz africana, muitos desses espaços precisam ser registrados como associações culturais ou sociais, visto usualmente lhes ser negado o registro como templos no Brasil, o que impacta diretamente seus direitos e benefícios legais, como a isenção de impostos. Quando um terreiro é registrado como associação ao invés de instituição religiosa, por exemplo, nem mesmo a isenção do IPTU é concedida. Em outras palavras, ainda que a Constituição descreva que a isenção tributária deva ser ofertada a "entidades religiosas e templos de qualquer culto, inclusive suas organizações assistenciais e beneficentes" (Brasil, 1988, Art. 150, VI-b), na prática há uma dificuldade da burocracia estatal brasileira para reconhecer as religiões menores enquanto religião. Assim, os espaços mais pobres acabam sequer conseguindo alívio nos impostos, algo que, do ponto de vista lógico, é muito mais necessário do que para uma megacorporação bilionária pentecostal, que consegue acesso a tais direitos de forma mais facilitada.

Tais exemplos materiais provam que ao contrário de uma suposta "neutralidade" do Estado frente às religiões, o que se observa é que determinados grupos religiosos possuem privilégios em comparação aos outros. Isso ocorre porque, no capitalismo, poder econômico se traduz diretamente em poder político. Quando um grupo pode acumular livremente dinheiro sem pagar encargos trabalhistas e impostos, ele se torna parte da superestrutura, manipulando a política e a sociedade para servir aos seus interesses, o que Lenin (1982) definiria como sequestro do Estado.

A teoria leninista é interessante para estudar esse aspecto do objeto porque explica a dinâmica dos monopólios, a qual também se aplica às religiões. Ainda que o capitalismo possa começar com muitas empresas concorrendo entre si, o acúmulo de capital evolui para uma situação onde poucas corporações dominam setores inteiros, impossibilitando o sucesso da concorrência. Assim como empresas menores são absorvidas e desaparecem, deixando poucos conglomerados dominando setores inteiros, no campo religioso, religiões de determinada vertente também crescem absorvendo ou estrangulando a concorrência. Isso resulta em algumas grandes igrejas com uma visibilidade e influência tamanha que torna materialmente impossível a qualquer outra nova igreja prosperar no mesmo mercado. As grandes igrejas podem acumular tanto recurso (p. ex., propriedades, fundos financeiros, meios de comunicação, pessoal) que acabam por expandir sua influência de forma desigual à das igrejas menores. Isso tem impacto direto na capacidade de alcançar mais fiéis, influenciar a política e a sociedade e estabelecer uma presença significativa na mídia e na cultura popular. Além disso, assim como Lenin (1982) comentava que o estabelecimento de monopólios leva impreterivelmente à diminuição de diversidade nos mercados, isso também é observado nas igrejas. Os grandes conglomerados pentecostais, como a Igreja Universal do Reino de Deus, a Assembleia de Deus, a Igreja Mundial do Poder de Deus, a Igreja Internacional da Graça de Deus e a Igreja do Evangelho Quadrangular, homogeneízam o que significa ser crente no Brasil, levando a um cenário onde certas doutrinas e práticas são amplamente promovidas, enquanto outras são marginalizadas (p. ex., ser crente de esquerda).

Sobre a política, isso tem grande impacto, visto que grupos religiosos com muito poder econômico podem mobilizar uma base significativa de eleitores, usualmente propagando ideias que não são vantajosas para a maioria da população. O grupo religioso nem precisa ter tantos fiéis para isso, basta que tenha dinheiro suficiente e que invista nos setores certos para difundir a ideologia para as massas. Na África do Sul, Masoga (2016) identifica como as igrejas mais ricas – muitas sequer fundadas em solo sul-africano – conseguem manipular cenários econômicos e sociais, legitimando teologicamente o poder de lideranças ultradireitistas que defendem austeridade e que mantêm recursos alocados nas mãos de uma pequena elite econômica, afetando especialmente os mais vulneráveis. Na Nigéria, Lambu (2015) descreve situação similar, em que as igrejas mais ricas, uma vez constituídas como monopólio, são utilizadas para estabelecer ideologias econômicas e ferramentas de repressão e poder. O autor também demonstra que a própria construção de igrejas na Nigéria é impulsionada por interesses econômicos, ou seja, a decisão de levantar uma igreja está diretamente relacionada ao impacto econômico que o prédio terá no cenário mais geral da política nigeriana.

Entretanto, apenas uma minoria dos novos movimentos religiosos conseguirá estabelecer monopólio, visto que a pequena burguesia, a classe média empresarial, é a primeira a ser engolida pelo grande capital (Marx, 1996, pp. 74-77). Aplicando isso às religiões, se uma igreja de bairro chegar a incomodar o monopólio de um grande conglomerado pentecostal, ela será destruída pela grande igreja, e o pastor da igreja pequena pode se ver forçado a voltar a ser um mero fiel na igreja maior. Logo, a maioria das novas religiões precisará empregar outras técnicas para conseguir convencer os fiéis de suas posturas políticas que não apenas o poder econômico direto. O exemplo de Olavo de Carvalho[11] é bastante significativo nesse caso. Representante de uma forma muito própria de esoterismo perenialista, minoritária mesmo entre o esoterismo brasileiro, o astrólogo não possuía dinheiro para comprar impulsionamentos, mas ainda assim conseguiu mobilizar uma legião de pessoas não esotéricas a seguir suas ideias. Segundo Rocha (2018), a boa utilização da internet foi crucial, além do investimento em convencer entusiastas do neoliberalismo brasileiro. Entretanto, extrapolamos a interpretação de Rocha sobre o caso, declarando que De Carvalho não se trata meramente de um caso de *marketing* orgânico, como dá a entender a autora. Ainda que não tivesse a grana para financiar os impulsionamentos de seu conteúdo, ao convencer pessoas como Tutinha, Lucas Ferrugem e Henrique Krigner de suas ideias, De Carvalho consegue que os conglomerados de comunicação da Jovem Pan e do Brasil Paralelo, que possuem muito dinheiro, fizessem o papel de propagandeá-lo como "professor" e "filósofo", mesmo sem ele ter qualquer formação técnica nesse sentido. Assim, De Carvalho deixou de precisar, ele próprio, ter o capital necessário para ser impulsionado, passando a ter a difusão de suas ideias financiada por outros.

Um último elemento importante diz respeito às grandes polêmicas econômicas envolvendo dinheiro e novos movimentos religiosos.

11. De Carvalho foi um guru esotérico brasileiro que agiu como um ideólogo do fascismo brasileiro, influenciando diretamente Bolsonaro e seus seguidores. O astrólogo, que também já frequentou um novo movimento religioso mulçumano, proferia todo tipo de teorias da conspiração, desde que a Pepsi utilizava células de fetos abortados para adoçar seus refrigerantes e que cigarros fazem bem para a saúde. Poeticamente, ele morreu de covid-19 em 2022, justamente após meses de negação da existência do vírus e forte militância antivacinação.

Ao contrário de uma visão popular de que a religião sempre é algo positivo e que faz bem, Introvigne (2022) comenta que há novos movimentos religiosos criminosos. Existem casos de grupos mais sectários que, utilizando o manto de serem religião, praticam todo tipo de crimes, de fraude financeira a trabalho escravo. Embora falaremos mais bem dessa temática no último capítulo deste livro, vale ressaltarmos brevemente aqui que autores como Gottschalk (2017) e de Sanctis (2016) identificam que até por ser difícil detectar tais práticas dentro de uma igreja, pela tremenda liberdade jurídica que elas tendem a gozar, o crime organizado tanto quanto o grande capital têm utilizado novos movimentos religiosos para praticar evasão fiscal, lavagem de dinheiro e furto mediante fraude, crimes típicos do capitalismo, comumente cometidos também por grandes empresas e bilionários.

Pragmatismo

Segundo Hanegraaff (1996, p. 116) e Champion (1989, p. 160), uma das características dogmáticas mais comuns dos novos movimentos religiosos é o seu foco no aqui e agora. Diferentemente do dualismo gnóstico e do budismo tradicional, que rejeitam o mundo material, os novos movimentos religiosos tendem mais ao pragmatismo, mesmo aqueles que surgem como dissidências das religiões asiáticas tradicionais.

Conforme comenta Dawson (2007, p. 120), os novos movimentos religiosos podem apresentar discursos oficiais que valorizam ou rejeitam o mundo material. Em ambos os casos isso ocorre como resposta a problemas sociais materiais, sentidos por um segmento da população com o qual a religião tenta dialogar. Ainda que as diferentes religiões lidem com a questão de formas distintas, muitos novos grupos religiosos vêm integrando as preocupações do mundo material em suas crenças e práticas. Enquanto as religiões tradicionais se preocupam com salvação, libertação, e tendem a desvalorizar o material, Benthall (2008, p. 6) menciona que os novos movimentos religiosos procuram responder a problemas da vida imediata, como arrumar emprego, conseguir namorado, curar doenças e superar drogadição. As novas religiosidades deixam de aspirar o outromundo com a mesma força que as religiões tradicionais, enraizando-se mais nas realidades e necessidades imediatas.

De acordo com Hanegraaff (1996, p. 114), duas formas de pragmatismo podem ser notadas nos novos movimentos religiosos, uma mais forte e outra mais fraca. As novas religiosidades que pretendem estabelecer uma conexão maior com a natureza, como os neoxamanismos e neopaganismos, tendem a adotar um pragmatismo mais forte, com uma valorização intensa do mundo material, dos ciclos da natureza, das estações do ano e da experiência humana corporal. Observa-se, nesses casos, uma atitude que celebra o mundo físico e as experiências cotidianas, com foco extremo no presente e na vida terrena, encontrando significado profundo dentro da realidade física. Já outros grupos menos preocupados com a natureza podem ter uma perspectiva mais moderada, com um olhar para o futuro, mas ainda assim materialista e pragmático. Não se trata de uma rejeição do material, mas de uma visão de que o mundo físico é um meio para um fim maior. Essa é a abordagem usualmente encontrada nos novos movimentos cristãos, envolvendo a expectativa desse "mundo melhor" do futuro, que pode ser concebido como uma versão aprimorada do mundo atual (p. ex., teologia da libertação) ou como uma existência em realidades mais elevadas além da morte (paraíso). Nessa perspectiva, o mundo físico, embora não seja perfeito, é visto como um estágio importante para a evolução espiritual.

Heelas (2008, p. 173) retoma a discussão sobre considerar ou não os novos movimentos religiosos como contraculturais. Como lembra Champion (1989, p. 164), as pessoas atraídas pelo *cultic milieu* estão imbuídas de valores capitalistas, como o apelo pela eficiência e pelo individualismo. Pouquíssimos rejeitam o materialismo como fazia a contracultura dos anos de 1960. Entretanto, poucos também são materialistas ao extremo. Segundo Heelas (2008, p. 173), muitos dos que buscam novos movimentos religiosos por seu valor utilitário o fazem por fins de qualidade de vida subjetiva "pós-materialistas". Há uma preocupação maior com a vida psicológica e somática do que com o dinheiro, mas ainda assim o foco está relacionado a problemas do mundo atual, como a busca por condicionamento físico, crescimento pessoal, alívio do estresse etc. Não apenas isso, tais preocupações "pós-materialistas" estão afinadas a interesses do próprio sistema, como tornar os trabalhadores mais produtivos, motivo pelo qual se nota a integração dessas práticas espirituais em treinamentos corporativos, cursos de fim de semana, palestras e seminários oferecidos por empresas. Heelas (2008, p. 69) considera que os novos movimentos religiosos, ao se tornarem pragmáticos, têm encontrado dentro do contexto corporativo um lar natural, sugerindo uma sinergia entre busca pessoal por significado e as demandas do ambiente de trabalho capitalista.

Segundo Hanegraaff (1996, pp. 113-114), embora, por algumas das novas religiosidades, o mundo físico possa ser considerado uma ilusão em última instância, ainda assim o mundo material possui propósito e valor. Ao invés de rejeitar o mundo físico ou buscar escapar dele, a abordagem frequentemente enfatiza a importância de trabalhar com o mundo material de maneira construtiva. Isso pode envolver aprender lições importantes através da interação com o mundo físico ou usar a realidade material para facilitar o crescimento pessoal e espiritual. Nessa perspectiva, o mundo material não é simplesmente um obstáculo para ser superado, mas um meio valoroso para alcançar um entendimento mais profundo da vida.

Apesar do discurso de algumas correntes espirituais enfatizarem o transcendental em detrimento do material, Hanegraaff (1996, p. 113) sugere que as pessoas encontram valor e significado no mundo em que vivem. Isso significa que o mundo físico é uma força potente que tem influência significativa sobre as vidas das pessoas. Mesmo dentro de novos movimentos religiosos que apresentam um discurso que prioriza o outro mundo, a realidade material dita nossas vidas. Por conta disso, é notada a tendência, mesmo nesses casos, de se buscar por conforto e esperança em um mundo melhor ou mais satisfatório. Essa abordagem coloca a vivência cotidiana no centro das preocupações, sugerindo que as questões da vida diária, as interações com o mundo natural e físico e as experiências sensoriais têm uma importância fundamental na sociedade moderna, mesmo dentro da espiritualidade.

Magia

Uma das práticas mais visíveis dos novos movimentos religiosos é a utilização da magia na vida cotidiana. Embora alguns tipos específicos de novas religiosidades não identifiquem emicamente o que fazem como mágico (p. ex., pentecostalismos), a visão clientelista do capitalismo faz com que muitas práticas religiosas tenham um caráter de troca com os fiéis, com resultados que se aproximam bastante daquilo que a antropologia classifica como algo mágico. Em outras palavras, a observância de determinado ritual é feita como permuta espiritual para favores dos fiéis, atingindo a lógica clássica da magia.

Magia é um fenômeno profundamente enraizado nas estruturas cognitivas e culturais humanas. Como explica Guerriero (2022, pp. 633-634), para as ciências cognitivas, a crença em magia faz parte do pensamento humano. Nossas capacidades cognitivas foram forjadas, ao longo dos milênios da evolução da espécie humana, a pensar magicamente. Assim, embora a existência da magia em si não entre nesse debate específico, acreditar em magia é consequência natural das estruturas cerebrais humanas. Isso implica que o pensamento mágico, assim como o religioso, surge de processos cognitivos intuitivos, algo quase que "automático" para a mente humana, sem muita necessidade de raciocinar, interpretar ou processar as informações. Magia e religião não devem ser entendidas como distintas. Elas são manifestações de como os humanos interagem com o mundo. A magia, nesse sentido, pode ser vista como um sistema de conhecimento que, assim como a religião e a ciência, utiliza símbolos, rituais e crenças para interpretar e influenciar a realidade. Ainda que possua elementos simbólicos e culturais que variam de povo para povo, ela utiliza desses processos cognitivos intuitivos.

Elementos mágicos são encontrados em todas as culturas e sociedades, manifestando-se de maneiras variadas dependendo das particularidades de cada grupo. Segundo Guerriero (2022, p. 626), entretanto, durante a Idade Média, a magia foi frequentemente vista pelos europeus como herética ou demoníaca, em oposição aos ensinamentos e práticas oficiais das igrejas. O cristianismo fazia uma oposição de que magia é a religião dos outros, e as práticas mágicas cristãs eram "religião verdadeira". Do ponto de vista da ciência da religião, porém, não há diferença entre "transformar" um pedaço de pão no corpo de Deus e os rituais das outras religiões. Mas essa oposição teológica gerou uma noção que até hoje aparece emicamente nos cristianismos, de que a religião cristã não é "mágica", e que magia só se aplica a outros tipos de espiritualidade.

Com a Renascença, a magia começou a ser explorada sob um novo olhar na Europa, muitas vezes tentando encontrar uma harmonia ou um paralelo entre as forças mágicas e as leis naturais que estavam sendo descobertas e formuladas pela ciência emergente. Os praticantes dessa "ciência oculta" buscaram conhecimento através de um método espiritual não empírico, apresentando-se como alternativos tanto às explicações oferecidas pela religião quanto à ciência (Guerriero, 2022, p. 626). Essa visão acaba influenciando até hoje os novos movimentos religiosos, com muitos deles apresentando abertamente a crença na magia prática como algo central.

De acordo com Champion (1989, p. 162), a crença em magia nos novos movimentos religiosos está frequentemente associada a um desejo de vivenciar Deus ou a realidade última de maneira mais pessoal e imediata. A magia, nesse contexto, não é um conjunto de práticas ocultas, mas uma forma de conhecimento e experiência que desafia as fronteiras tradicionais da religião e da ciência.

Ideia semelhante também é apresentada por Hanegraaff (1996), quem comenta que no âmbito dos novos movimentos religiosos, a magia muitas vezes é uma escolha racional de oposição contrailuminista a um mundo extremamente científico. De acordo com o autor, isso significa que a oposição iluminista de sociedade moderna *versus* sociedade primitiva não faz sentido nesses casos. Originalmente, quando antropólogos classificavam de modo colonialista os outros como "primitivos", eles tendiam a utilizar uma dicotomia de que a Europa possui ciência, e, portanto, é civilizada, enquanto os "primitivos" só fazem magia. O que o apelo à magia no coração do capitalismo demonstrou, de acordo com o autor neerlandês, é que no seio da própria Europa a magia continua a existir, de forma contrailuminista e romântica, para ressignificar a vida cotidiana. Logo, a distinção tradicional de que só o "outro" faz magia, que a Europa teria "superado" isso, não é empiricamente sustentável.

Como explica Campbell (1972, p. 125), nos novos movimentos religiosos usualmente práticas mágicas são apoiadas por outras crenças. Muitos movimentos adotam formas mais tradicionais de magia, como a própria feitiçaria no caso dos neopaganismos, mas o mais comum é que a magia apareça sincretizada. Por exemplo, a busca por dissociação religiosa, um tema que falaremos na próxima subseção deste capítulo, pode incluir ou ser influenciada por práticas mágicas. Essa combinação é facilitada pela estrutura de comunicação interpenetrativa do *cultic milieu*, em que diferentes novos movimentos religiosos são disseminados por meio de várias mídias, estabelecendo intercâmbios orgânicos (Campbell, 1972, p. 123).

Dos novos movimentos cristãos, Guerriero (2022, p. 628) menciona as sessões de descarrego das igrejas pentecostais como exemplos empíricos de magia cristã, um tipo de ritual destinado a limpar espiritualmente os fiéis de influências demoníacas. Essas práticas compartilham semelhanças com conceitos e métodos encontrados nas práticas mágicas, como a ideia de manipulação de forças espirituais para o benefício dos praticantes. Além do exemplo citado pelo autor, podemos destacar também práticas como a utilização de fetiches[12], a glossolalia, as curas mágicas

12. Objeto material ao qual são atribuídas propriedades sobrenaturais ou poderes especiais. No pentecostalismo, a unção com óleo, um símbolo do Espírito Santo, muitas vezes fetichiza objetos cotidianos, que passam a ser vistos como consagrados.

(p. ex., rezar sobre medicamentos) e a prática das profecias, que podem ser classificadas como uma forma pentecostal de divinação.

Dissociação religiosa

Outra característica compartilhada por muitas novas religiosidades é a busca por dissociação religiosa, ou seja, por momentos em que os praticantes entram em estados alterados de consciência, como o êxtase espiritual, o transe, a viagem astral, a possessão, a catatonia e a mediunidade. Díez de Velasco (2000) menciona que isso pode ocorrer pelo uso de técnicas bastante complexas, como as observadas na cientologia, até a utilização de enteógenos, como no caso do movimento *hippie* e das religiões aya'waskeiras.

Em sua tese, Hanegraaff (1996) apresenta algumas formas para se atingir tais viagens interiores, transes e estados alterados de consciência. Técnicas de relaxamento, de respiração, restrição sensorial, ritmo, tédio e a ingestão de enteógenos podem ser empregadas para que o adepto faça a dissociação. O que é feito, então, depende muito de grupo para grupo. Há aqueles que acreditam que a epifania causada pelo estado alterado de consciência permite acessar a verdadeira natureza da realidade. Já na terapia holotrópica de Grof e no renascimento de Orr e Ray (*rebirthing*), a dissociação é usada para promover cura emocional e crescimento pessoal. Nos neopaganismos, o estado alterado é essencial para se conectar com as divindades, canalizando mensagens diretamente dos deuses. E nos novos cristianismos o fiel precisa entrar em certo grau de dissociação para que sejam acionados a glossolalia e o repouso no Espírito Santo.

Há uma discussão êmica sobre como as experiências transpessoais, incluindo os estados alterados de consciência e de transe, podem servir como fundamento empírico para comprovar a visão de mundo apregoada pelas novas religiões. Champion (1989, p. 165) menciona que muito do interesse por experiências paranormais e viagens astrais vem daí. Segundo Hanegraaff (1996, pp. 225-227), essas experiências desafiam a distinção essencial entre realidade objetiva e realidades subjetivas, como as vivenciadas em sonhos, estados de transe e supostas memórias de vidas passadas. Isso faz com que muitos adeptos de novos movimentos religiosos sugiram uma quebra dessa dualidade, declarando que existe uma relativa arbitrariedade nas fronteiras entre o plano físico e outras realidades.

As viagens astrais, projeções da consciência e experiências "fora do corpo", frutos da dissociação religiosa, envolvem a crença de que existiriam dois "eus": um "eu" profano (ego) e o "eu" sagrado (*self*), profundo. As experiências paranormais ocorridas no contexto da dissociação religiosa seriam provenientes do "eu" profundo, permitindo viagens ao passado e ao futuro e a conexão com as divindades (Champion, 1989, p. 162). Existe aqui uma relação direta com o voo xamânico, mas a lógica também é observada em outros contextos sem relação com o xamanismo, como na teosofia e na eckankar.

Segundo Bodgan (2016, p. 466), existem quatro componentes relevantes para entendermos como a dissociação pode ser alcançada ou interpretada dentro dos novos movimentos religiosos. O primeiro deles é a "lei das correspondências", que se refere à ideia de que existe uma rede que conecta todas as coisas naturais. A natureza é vista como um organismo vivo, com uma alma própria (*alma mundi*). Coisas similares se atrairiam, e coisas diferentes se repeliriam, justificando como práticas espirituais e mágicas operariam em nível basilar. A noção de correspondência pode encorajar os buscadores espirituais a explorarem a relação entre o microcosmo (*self*) e o macrocosmo (universo), utilizando suas próprias mentes como veículos para a conexão com a *alma mundi*.

O segundo é que muitos novos movimentos religiosos assumem a imaginação humana como fator-chave na busca espiritual. Imagens internas, meditação, concentração e visões são usadas como meios para se conectar com a verdade última. Esse componente é particularmente relevante nos estados alterados de consciência, pois sugere que eles permitem alcançar uma experiência espiritual mais profunda. Não apenas isso, ver a imaginação como fator-

-chave mitiga questionamentos de quem está chegando na nova religião. Em outras palavras, apazigua os neófitos de perguntas sobre se aquilo que eles viram ou vivenciaram durante os rituais era apenas fruto de sua mente. Nesse contexto, a imaginação é o primeiro passo para uma conexão direta com o mundo espiritual.

A crença na "transmutação humana" é o terceiro fator, derivado da alquimia. A ideia aqui é que assim como metais simples podem ser transmutados em ouro, o ser humano também pode refinar suas propriedades espirituais e alcançar a iluminação. O fiel, através dos estados mentais provocados pela dissociação religiosa, transformaria qualidades internas mais básicas em estados mais elevados de consciência. Como a utilização de transe, meditação profunda, uso de enteógenos e outras práticas similares causam uma sensação de que o sujeito está com a percepção expandida, a epifania provocada o leva a crer que ele está estabelecendo uma união profunda com algo sagrado.

Por fim, a prática da concordância diz respeito à visão universalista, típica do perenialismo, de que toda religião leva ao mesmo objetivo ou tem a mesma função filosófica. Assim, a experimentação é estimulada, de acordo com o que faz mais sentido ao buscador espiritual. Técnicas visando à alteração da consciência de diversas origens religiosas podem ser utilizadas, de forma única ou em combinações específicas, sem maiores problemas para os adeptos.

A respeito dos enteógenos, existe grande dificuldade em se estudar sua utilização por conta de preconceitos culturais e do estigma social, em especial após a invenção da guerra às drogas por Nixon, em 1971. Segundo Hanegraaff (2012, p. 392), enteógenos são substâncias naturais ou artificiais que induzem quem as consome a estados alterados de consciência, nos quais o usuário acredita estar "preenchido", "possuído" ou "inspirado" por alguma entidade, presença ou força divina. Mesmo onde algumas plantas psicotrópicas não são criminalizadas, como no caso da *aya'waska* e do peiote no Brasil, a população mais geral pode classificá-las como drogas e discriminar aqueles que as utilizam (cf. Stern, 2019).

Por conta disso, Hanegraaff (2012) explica que o cientista da religião precisa saber diferenciar a utilização recreativa do uso religioso de enteógenos. Embora as dissociações religiosas sejam provocadas por ação farmacológica, suas interpretações espirituais são produtos culturais (Hammer, 2016, p. 360). Além disso, reduzir as experiências de dissociação à farmacologia, mesmo no contexto das religiões enteogênicas, é um reducionismo, pois existem muitos outros fatores que podem desencadear tais estados alterados de consciência em combinação à ingestão dos psicotrópicos.

De acordo com Rochford Jr. (2007, p. 160), muitos novos movimentos religiosos dos Estados Unidos utilizavam abertamente substâncias psicotrópicas até a década de 1960. O autor menciona nominalmente o zen-budismo estadunidense, o movimento Hare Krishna e o movimento de Jesus (*Jesus movement*). Parte do atrativo dessas novas religiões era justamente a promessa de que os adeptos permaneceriam "chapados" para sempre através da prática religiosa, em substituição à transcendência temporária obtida por meio das drogas.

Segundo Saliba (2016, p. 19), alguns usuários relatavam a sensação de unidade com Deus ou alcançar a consciência cósmica quando estavam sobre influência das substâncias. Isso fez com que alguns dos novos movimentos religiosos enteogênicos explorassem uma possível semelhança entre as experiências místicas de santos cristãos e as experiências de pico daqueles que experimentam drogas. Além disso, o autor registra que alguns grupos jovens de novos movimentos cristãos gostam de se referir à sua religiosidade como estando "viciado em Jesus" ou "brisando em Jesus", inclusive fazendo alusão a práticas como "cheirar" a Bíblia, em uma metáfora explícita à cocaína.

Desde Nixon, porém, muitos movimentos religiosos que empregavam enteógenos começaram a mudar suas práticas, adotando outras técnicas alternativas de expansão da consciência. Entretanto, Hanegraaff (2012) atenta que muitas experiências êmicas descritas por novaeristas posteriores à década de 1970 podem ainda estar ligadas à experimentação com psicoativos. Citando o caso de Fritjof Capra, em *O tao da física*, o autor novaerista descreve uma experiência em que ele se tornou consciente de seu ambiente como se estivesse participando de uma gigantesca dança cósmica (Capra, 1989, p. 17). Hanegraaff (2012, p. 396) observa que embora Capra não mencione objetivamente o LSD, a natureza da descrição sugere fortemente uma experiência psicodélica.

Outro exemplo é encontrado em Heelas. O autor britânico não é apenas um estudioso da nova era, como também adepto do movimento. Em seu livro *Spiritualities of life* ele assume, muito brevemente, que teve experiências pessoais marcantes que o levaram a estudar o assunto, incluindo uma viagem a "reinos mais distantes" enquanto ouvia Pink Floyd em um festival de música ao ar livre (Heelas, 2008, p. ix). Embora ele não diga isso explicitamente, tal descrição sugere uma vivência que pode estar associada a estados alterados de consciência.

Isso faz com que Hanegraaff (2016, p. 399) destaque que, embora haja uma troca no uso público de enteógenos por técnicas espirituais alternativas, como a medicação, a hipnose, mantras e as danças circulares, o cientista da religião não deve ignorar a possibilidade de que algumas experiências descritas no seio dos novos movimentos religiosos ainda estejam ligadas ao uso de enteógenos. Nada impede que, no contexto das práticas privadas, a ingestão de psicotrópicos ainda continue acontecendo.

Devemos lembrar que historicamente a guerra às drogas tem demonstrado uma tendência de desigualdade racial e socioeconômica. Essa disparidade é frequentemente atribuída a práticas de tipificação racial, que tendem a focar em comunidades pretas e pobres enquanto ignoram ou minimizam o consumo em áreas mais abastadas (Oliveira; Ribeiro, 2018). Exemplificando com o caso paulistano, pelo menos até o lançamento deste livro, a utilização da maconha era praticamente "legalizada" nos Jardins, com muitos cidadãos fumando livremente e em público na Avenida Paulista e região, mesmo ao lado de policiais. Isso é relevante porque no contexto dos novos movimentos religiosos, particularmente da nova era, o emprego de enteógenos é predominantemente associado a indivíduos brancos de classe média alta, com uma conivência maior das autoridades.

Por fim, assim como a psicologização da religião e a sacralização da psicologia podem ser utilizadas para manipular os fiéis, Robbins e Anthony (2004, p. 272) consideram que os estados dissociativos também são potencialmente instrumentalizados para sugestionar e prejudicar os participantes. Os autores mencionam que, em alguns casos, essas práticas podem levar à regressão a estados cognitivos infantis e à perda de capacidade de pensamento complexo e crítico, vulnerando os fiéis. Uma pessoa que perde, mesmo que momentaneamente, sua capacidade de julgamento se torna passível de manipulação, controle e até mesmo assédio.

Canalização

Apesar das dissociações religiosas serem observadas em diversas formas, existe um tipo específico que possui grande destaque nos novos movimentos religiosos: a canalização. Clarke (2005c, p. 446) define canalização (*channeling*) como um processo pelo qual supostamente informações seriam acessadas de uma fonte que não a própria consciência da pessoa (ego). Saliba (2016, p. 23) complementa explicando que existe, nesses casos, uma crença de que certas pessoas podem funcionar como "canais" pelos quais entidades espirituais evoluídas comunicam sua sabedoria superior à humanidade. Nesse sentido, a canalização pode ser interpretada como uma forma de revelação articulada.

Segundo Hanegraaff (1996, p. 23), o grau de transe pode variar nos diferentes grupos que utilizam o processo, indo desde um estado de dissociação completa, quando o médium não tem conhecimento consciente do que acontece durante a canalização, até um transe leve, onde parte da consciência permanece capaz de observar o processo, como um observador externo. Além disso, muitos movimentos consideram que canalizar requer certa aptidão natural, semelhante ao talento musical. Ainda que todos possam aprender a tocar música, para se alcançar um nível adequado de desempenho, o talento é essencial. Nesse sentido, certa "sensibilidade natural" é esperada para que um médium possa atuar adequadamente como um canal de comunicação (Hanegraaff, 1996, p. 31).

Usualmente o processo é explicado como o estabelecimento de uma conexão divina, com interpretação espiritual. Hanegraaff (1996, p. 30) explica que muitos médiuns relatam que suas primeiras experiências de canalização são espontâneas, e que apenas com desenvolvimento de técnicas de mediunidade eles conseguem acessar ou evitar intencionalmente a canalização. Entretanto, Partridge (2014, pp. 214-215) diz que alguns grupos também utilizam terminologia pseudocientífica, chegando a descrever canalização como se, de fato, houvesse uma transmissão da informação de um ser físico para o outro, através da telepatia ou ondas eletromagnéticas.

Embora o termo estivesse em voga desde a década de 1970, foi a partir da década de 1980, no contexto do movimento da nova era, que foi notado um aumento na popularização da palavra "canalização" (Porter, 2005, p. 199). Bromley (2014, pp. 106-108) menciona que o método passou a ser evocado por inúmeras lideranças carismáticas, que começaram a se autolegitimar por meio dessas experiências transformadoras. Essas reivindicações são importantes para a organização dos novos movimentos religiosos, pois quanto maior o nível de revelação que a liderança carismática diz conseguir ter canalizado, maior a autoridade moral conquistada sobre os seus seguidores.

A canalização contribui para a ideia de que as entidades com as quais os novos movimentos religiosos se comunicam não precisam estar fisicamente presentes (Porter, 2005, p. 199), mudando a concepção de mediunidade nos novos movimentos religiosos. Isso foi especialmente importante nos grupos que acreditam em extraterrestres, pois uma abdução deixa de se fazer necessária para que os fiéis possam se comunicar diretamente com os alienígenas. A prática também teve grande impacto nas novas religiões xamânicas e no neopaganismo, que passaram a conversar com suas divindades através da canalização. Além dos meios tradicionais, como o voo da alma e a viagem do xamã ao mundo espiritual, muitos neoxamanismos começaram a utilizar a canalização para contatar os espíritos animais e da natureza (Puttick, 2005a, p. 432).

Várias lideranças de novos movimentos religiosos ganharam notoriedade por alegar terem canalizado suas mensagens. Aleister Crowley dizia canalizar Aiwass, Jane Roberts afirmava receber ensinamentos de Seth, Darryl Anka diz se comunicar com o alienígena Bashar, Urandir Fernandes de Oliveira alega canalizar o ET Bilu, Helen Schucman disse que seu livro foi ditado diretamente por Jesus Cristo, e Alice Bailey dizia receber mensagens do mestre tibetano Djwhal Khul, apenas para citar alguns.

Dentre as várias experiências de canalização, uma das mais populares é descrita por Browley (2016, p. 102). Judith Darlene Hampton (J. Z. Knight) relata uma experiência de encontro com um guerreiro lemuriano chamado Ramtha, que teria vivido há 35.000 anos e apareceu a ela como uma coluna de luz roxa. Dos aprendizados que teria adquirido com ele, Hampton fundou seu próprio movimento religioso: o Instituto Ramtha (*Ramtha's School of Enlightenment*). Além disso, ela financiou o documentário pseudocientífico "Quem somos nós?" (*What the bleep do we know!?*), misturando frases desconexas de cientistas reais com relatos espiritualizados sobre física quântica, espiritualidade e neurociência, baseado nos valores que teriam sido ensinados a ela por Ramtha.

O caso supramencionado exemplifica a natureza da canalização, que opera como uma ocorrência reveladora dentro de um novo movimento religioso na qual o médium de repente alcança uma nova visão da realidade por intermédio de algo vivencial ou atinge a compreensão de questões que anteriormente estavam sem interpretação. Emicamente, tais epifanias são entendidas como vindas diretamente de um poder ou entidade externa ao próprio canalizador, ao invés de terem sido geradas internamente, como fruto da imaginação dele.

A canalização possui algumas especificidades quando comparada com outras formas de mediunidade observadas nas religiões. Partridge (2014, p. 215) menciona que figuras como Aetherius e Ashtar Sheran não comunicam mensagens pessoais, como seria de se esperar de uma sessão espírita. Ao invés disso, suas mensagens são declarações grandiosas, de importância universal, profetizando catástrofes e a chegada de uma nova era espiritual. Enquanto no espiritismo a comunicação geralmente tem o objetivo de contatar espíritos humanos visando evolução espiritual e aprendizado, as canalizações contêm uma gama mais ampla de entidades espirituais ou interdimensionais, incluindo extraterrestres, mestres ascendidos, deuses, animais, anjos, guias espirituais e até mesmo consciências coletivas ou universais. Além disso, ao passo que na sessão espírita os espíritos humanos são de pessoas recém-desencarnadas, que geralmente têm algum tipo de relação com os consulentes, quando um espírito humano é canalizado, ele geralmente é muito mais velho, de civilizações antigas ou locais míticos como Avalon, Lemúria e Atlântida (Hanegraaff, 1996).

Por fim, apesar de estudos sobre novos movimentos religiosos esotéricos usualmente abordarem o assunto, ainda há pouquíssimos textos relacionando a canalização com os novos movimentos religiosos cristãos. As experiências religiosas encontradas no pentecostalismo e nos movimentos carismáticos do cristianismo possuem elementos comuns que se conectam à canalização, principalmente no que se refere à comunicação com o Espírito Santo.

Citando alguns exemplos, nos cristianismos pentecostais e carismáticos, há uma ênfase na comunicação direta com Deus, e algumas experiências específicas, como a glossolalia[13] e o dom da profecia, são análogas à recepção de mensagens espirituais através

13. Glossolalia é uma prática mística do cristianismo carismático na qual o fiel, supostamente inspirado pelo Espírito Santo, começa a falar em línguas. Diferente da xenolalia descrita na Bíblia, na glossolalia o fiel não fala em uma língua estrangeira existente. Os balbucios da glossolalia não fazem parte de qualquer idioma, sendo emicamente descritos como a linguagem dos anjos.

de canalização. Além disso, a dissociação observada em cristãos pentecostais/carismáticos durante oração intensa ou ao receber o Espírito Santo (p. ex., repousou no Espírito Santo) é também similar ao estado de transe dos médiuns esotéricos durante o processo de canalização.

Cura

Embora nos novos movimentos religiosos as práticas específicas variem muito entre os diferentes grupos, frequentemente o foco na cura é central, não apenas no sentido médico, mas também em um contexto psicoterapêutico (Clarke, 2005b, p. 255). E como os novos movimentos religiosos tendem a enfatizar a experiência individual e a busca pessoal por transformação espiritual, isso também muitas vezes é visto emicamente como uma forma de "cura".

Segundo Clarke (2005b, p. 255), este entendimento de cura é atraente para aqueles frustrados pelos limites da biomedicina e sua tendência a focar apenas nas questões fisiológicas. Nos novos movimentos religiosos, a cura pode ser entendida de forma muito mais ampla, como uma jornada de autoconhecimento, autodesenvolvimento e realização espiritual (Guerriero, 2004).

Os novos movimentos religiosos não são unânimes quanto à causa das doenças e os meios necessários para restaurar a saúde. Não apenas isso, como lembra Clarke (2005b), com o tempo, essas visões êmicas podem mudar dentro de cada nova religiosidade. Grupos que começaram com fins seculares e objetivos mundanos, como o synanon e a cientologia, inclinaram-se para a busca de metas transcendentais com o tempo. Além disso, há exemplos de grupos que começaram como movimentos de cura pela fé, proibindo que seus fiéis recorressem à medicina científica, mas que gradualmente adotaram uma perspectiva mais permissiva, autorizando seus adeptos a buscar médicos convencionais em certas situações.

Segundo Guerriero (2004), muitos novos movimentos religiosos incorporam práticas como meditação, ioga e outras técnicas psicocorporais que visam promover o bem-estar e a harmonia interior. Essas práticas podem ser vistas como meios de alcançar um estado de cura ou equilíbrio, tanto físico quanto espiritual. Teixeira (2020) estipula, porém, que mesmo quando as práticas parecem ter uma função corporal, como no caso de massagens e chás de ervas medicinais, os novos movimentos religiosos tendem a lhes dar uma interpretação psicossocial. Em outras palavras, uma dor de cabeça não é só uma dor de cabeça para os adeptos dos novos movimentos religiosos, ela é vista como um símbolo rico em significados sobre as relações pessoais do doente, seu próprio caminho de desenvolvimento espiritual e seu lugar no mundo.

Isso faz com que a noção de cura e saúde seja muitas vezes igualada à noção de salvação nos novos movimentos religiosos. Como explica Hanegraaff (1996, p. 347), frequentemente crises pessoas são vistas como parte do processo de cura e crescimento pessoal dos fiéis. O cientista da religião neerlandês cita Edgar Cayce, esotérico estadunidense, quem costumava dizer que as pessoas precisam aprender a transformar pedras de tropeço em degraus.

Segundo Stern e Alves (2020), o processo de cura dos novos movimentos religiosos tende a girar em torno de cinco grandes conceitos: (1) holismo, (2) *healing*, (3) crescimento pessoal, (4) vitalismo e (5) apelo à física quântica. Entretanto, isso não significa que as cinco ideias estarão presentes em toda as novas religiosidades. Em novas igrejas pentecostais, por exemplo, o apelo à física quântica pode ser substituído pelo apelo ao Espírito Santo.

Holismo é um conceito que enfatiza a compreensão dos indivíduos considerando a inter-relação de suas dimensões biológicas, psicossociais e espirituais. Este conceito sugere que o ser humano é um todo indivisível, cujas partes estão interligadas e não podem ser compreendidas isoladamente. Além disso, Pessoa Jr. (2011, p. 293) também explica que o holismo aparece nos novos movimentos religiosos como uma interpretação de que cada parte do universo reflete o todo. Em outras palavras, cada parte conteria informações sobre todas as outras partes do universo. Logo, ao tratar o corpo físico, a pessoa também trataria questões emocionais, o espiritual, o social etc.

Healing é um termo técnico da antropologia da saúde que vem sendo usado para explicar a concepção de cura dentro não apenas dos novos movimentos religiosos, mas das religiões de modo mais amplo. É entendido em oposição a *curing*, a concepção de cura da biomedicina. Como tanto *healing* quanto *curing* são traduzidos como "cura" em português, utilizamos os termos originais, em inglês. Segundo Kleinman (1993, p. 88), enquanto na medicina a cura é entendida quase que exclusivamente como a ausência de doenças e sintomas físicos, nas religiões a doença geralmente diz respeito ao modo como o doente, sua família e sua rede social percebem, rotulam, avaliam e respondem à doença, o que também inclui aspectos sociais e simbólicos.

Sobre a questão do crescimento pessoal, Heelas (2008, p. 171) discute que muitas práticas espirituais contemporâneas que buscam por crescimento pessoal frequentemente estão ligadas a objetivos de cura e bem-estar. Como explica o autor, o desenvolvimento pessoal teria o poder de curar problemas cotidianos. Hanegraaff (1996, p. 42) também é um autor que aproxima as duas dimensões, dizendo que cura é entendida não apenas no sentido de tratamento médico, mas também em um sentido mais psicologizado de crescimento pessoal.

Vitalismo é a crença de que o corpo humano é animado por uma força vital. Segundo Folk (2014, pp. 309-311), o vitalismo é baseado na perspectiva holística, e acaba por justificar muitas práticas diversas nos novos movimentos religiosos, como cura por cristais, limpeza de aura, terapias energéticas e cura por imposição de mãos. Com isso, o vitalismo acaba sendo limitado apenas pela criatividade das próprias religiosidades, fomentando práticas muito heterogêneas.

Por fim, o apelo à física quântica é derivado de uma apropriação de conceitos da mecânica quântica pelo misticismo moderno, o que leva os novos movimentos religiosos a terem uma interpretação equivocada dos conceitos da física. Segundo Pessoa Jr. (2011), as terapias alternativas utilizam esse discurso espiritualizado, eivado de nomenclaturas emprestadas da física quântica, para fundamentar aquilo que fazem. Puttick (2005, p. 113) cita o exemplo de Deepak Chopra, quem costuma escrever livros pseudocientíficos mesclando, de forma muito criativa, conceitos da física quântica com saúde, e declara que doenças como câncer podem desaparecer simplesmente com a força do pensamento. O poder da mente, segundo o autor novaerista, causaria um distúrbio no "campo das infinitas possibilidades", fazendo "colapsar" na realidade aquilo que o pensador positivo deseja. Isso é o que Chopra descreve como física quântica, e tende a ser a compreensão êmica comum de adeptos de novos movimentos religiosos.

Alguns desses itens aprofundaremos em sessões próprias, explicando-os no contexto mais geral dos novos movimentos religiosos, não apenas aplicados à saúde. Vitalismo e o apelo à física quântica, por exemplo, é algo observado em outros contextos mais gerais das novas religiosidades.

Holismo

A influência do perenialismo nos novos movimentos religiosos faz com que muitos deles adotem um paradigma holográfico para explicar o seu lugar e o de seus adeptos em um esquema mais geral de significados. Segundo Folk (2014, p. 309), a noção ocidental de holismo é baseada no vitalismo, usualmente capturada pela expressão "corpo, mente e espírito". Puttick (2005d, p. 272) complementa a explicação dizendo que seu princípio fundamental é a validade e a interconexão de todas as nossas faculdades: física, mental, emocional e espiritual.

Existe uma tendência das novas religiosidades de empregar a palavra "holismo" em especial para justificar as práticas de saúde espiritual. Porém, o holismo não é apenas algo relacionado à cura. Ele é também utilizado para explicar emicamente como que a força do pensamento funciona. Como explica Pessoa Jr. (2011, p. 290), alguns novos movimentos religiosos descrevem o cérebro como um sistema altamente integrado que envolveria o emaranhamento quântico, um fenômeno onde partículas quânticas ficam interconectadas de tal forma que o estado de uma afeta instantaneamente o estado da outra, independente da distância entre elas. Embora o pesquisador da USP explique que o cérebro é muito grande e quente para que o emaranhamento quântico tenha qualquer papel significativo em sua integração, a imagem do cérebro como um "computador quântico" persiste entre os adeptos dos novos movimentos religiosos.

Também é através da noção de holismo que muitos novos movimentos religiosos justificam uma crença de interconexão entre as partes e o universo como um todo. Como explicam Chryssides e Zeller (2014a, p. 350), nas novas espiritualidades, usualmente misticismo, monismo e holismo se relacionam. Segundo Crowley (2011, p. 28), a crença no holismo, enquanto oposição ao dualismo ou reducionismo, faz com que muitas novas religiosidades defendam que as ações de uma única pessoa podem afetar o todo. Além disso, Puttick (2005d, p. 272) explica que grupos que possuem maior apelo ao ambientalismo, como vertentes de neoxamanismo e neopaganismo, também utilizam a noção de holismo para justificar uma conexão íntima entre a felicidade pessoal e a cura planetária.

Segundo Pessoa Jr. (2011, p. 293), a noção de que cada parte reflete o todo é uma noção antiga presente em cosmovisões religiosas, mas que nas novas religiões foi reforçada com a descoberta da holografia em 1947, em que cada parte do holograma contém informações de todas as outras partes. A partir da década de 1960, interpretações de que tudo no universo estaria interconectado e que cada parte contém a informação do todo começaram a se popularizar. Nos novos movimentos religiosos, porém, abordagens mais místicas passaram a ser notadas com maior peso a partir da década de 1990, quando fenômenos místicos começaram a ser explicados por meio do paradigma holográfico.

Segundo D'Andrea (2000), nas novas religiões, a relação entre o "todo" (universo) e as "partes" (indivíduo) tende a ser situacional. Nas práticas espirituais isso significa que a pessoa não apenas é uma parte do cosmo, mas pode também atuar como o "todo" em si mesma, refletindo e interagindo com o universo de forma dinâmica e interconectada. Além disso, se considerarmos o "todo" como sinônimo de Deus, mesmo os novos movimentos cristãos podem ter uma concepção que difere da teologia tradicional. Existe uma tendência de que o "todo" não predomine sobre a "parte" individual. É notada uma sistematicidade que supera dicotomias aparentes, promovendo uma cosmologia de que "tudo é Deus, tudo é Um".

Hanegraaff (1996, p. 120) identifica que existem diferentes tipos de holismos nos novos movimentos religiosos. O primeiro deles diz respeito a reduzir a ideia de "todo" a uma fonte última. Esse tipo de holismo sugere que todas as manifestações têm uma mesma origem ou princípio fundamental. Isso implica que a diversidade de fenômenos está, em última análise, interconectada e pode ser rastreada até essa origem comum. O segundo está baseado na noção de inter-relação universal de tudo no universo. Nesse caso, todos os elementos do universo estão relacionados uns aos outros, formando uma teia complexa de relações. Esse tipo de holismo enfatiza a natureza interdependente do universo, onde cada parte influencia e é influenciada por todas as outras. O terceiro é baseado em uma dialética universal entre polaridades complementares, sugerindo que a realidade é formada por pares opostos que estão em constante interação, como *yīn-yáng*, escuridão e luz, feminino e masculino etc. Essa interação é vista como fundamental para a manutenção e equilíbrio do universo. Por fim, o último tipo vê o todo como similar a organismos biológicos. Isso implica que o universo teria sistemas dentro dele funcionando de maneira semelhante a um ser vivo, com diferentes partes trabalhando em conjunto para manter o funcionamento do todo.

O paradigma holístico também é aplicado às relações interpessoais. Segundo Heelas (2008, p. 200), para que as práticas holísticas "funcionem", é imperativo que os participantes prestem atenção uns aos outros, não apenas em seus movimentos, mas também discernir o que está por trás das conversas e das ações. Para interpretar esses "símbolos ocultos", porém, um conjunto estabelecido de valores coexiste em um novo movimento religioso. Como complementa Heelas (2008, p. 132), as pessoas entram nessas atividades com valores e pressupostos já estabelecidos, usualmente uma visão capitalista da vida, baseada no expressionismo. Muito dessa "interpretação holística" de comportamentos, coisas ditas e coisas silenciadas acaba por reforçar mutuamente tais visões durante a participação nos novos movimentos religiosos.

Em religiões politeístas, o holismo também pode ser aplicado à noção de divindade, e um deus superior pode ser visto como o todo, enquanto deuses menores seriam vistos como partes desse deus, criando uma teologia henoteísta. Muito das religiões da diáspora africana operam nesse padrão, assim como inúmeras tradições de neogapanismo.

Por fim, devemos atentar que mesmo novos movimentos religiosos que não empregam objetivamente o termo "holismo" podem adotar uma visão de mundo que vai ao encontro desse paradigma. Isso fica claro, por exemplo, no caso dos pentecostalimos e nos cristianismos carismáticos. Há nesses grupos uma ênfase significativa na manifestação física do Espírito Santo, com práticas que refletem uma interligação entre a pessoa, seu corpo e Deus.

Cientificismo religioso

Como frutos da sociedade pós-iluminista, novos movimentos religiosos revelam uma tendência de incorporar termos e conceitos da ciência em seus dogmas e práticas. Essa propensão é atestada por vários estudos sobre a temática, e se alinha à forma como pensadores contrailuministas que não negavam totalmente a razão lidavam com a ciência, buscando uma visão de mundo unificada que inclua a dimensão religiosa dentro da prática científica.

Segundo Zeller (2011), novas religiosidades frequentemente buscam a ciência para legitimação. No entanto, é notada uma atitude de desafiar as posturas científicas tradicionais – a ciência normal, em sentido kuhniano – e tentativa de substituí-las por sistemas alternativos que os próprios novos movimentos religiosos criam, que misturam elementos religiosos e científicos, formando novas estruturas de crença que fogem ao entendimento convencional do que é ciência. Existe grande variedade em como os novos movimentos religiosos misturam ciência e religião. Alguns podem se concentrar mais na apropriação de temas científicos específicos, enquanto outros integram práticas científicas em seus rituais e doutrinas de maneira mais ampla.

Existem casos objetivos em que as novas religiosidades fomentam a produção de material pseudocientífico em busca dessa legitimação. Dois exemplos de destaque foram os documentários "*The exodus decoded*" (lit. O êxodo decodificado), de Jacobivici e Cameron, e "Quem somos nós?" (*What the bleep do we know!?*), do Instituto Ramtha. O documentário de Jacobivici e Cameron se propõe a apresentar os eventos narrados no livro bíblico do Êxodo, em especial as pragas bíblicas e a abertura do Mar Vermelho, sob uma perspectiva naturalista, como eventos que aconteceram de fato. Trata-se de uma empreitada típica de uma nova forma de cristianismo, o fundamentalismo cristão, movimento contrailuminista do final do século XIX que defende o literalismo bíblico, ou seja, que tudo o que está narrado na Bíblia aconteceu tal qual está escrito. Já o documentário do Instituto Ramtha foi ainda mais ousado, convidando físicos de renome para darem entrevistas, e depois descontextualizando suas respostas, apresentando apenas pedaços de suas falas para corroborar a crença em uma visão mística da física quântica. Além disso, o "Quem somos nós?" apresentou uma obra de arte, o trabalho fotográfico de Masaro Emoto com cristais de água, como se fosse uma pesquisa científica. Independente das inúmeras críticas que ambos os filmes receberam de cientistas, para um fundamentalista cristão ou para esotéricos do movimento da nova era, essas produções mostram "provas científicas" daquilo que eles acreditam.

Hanegraaff (1996, p. 63) chama esse fenômeno de "mitologias de ciência", uma forma de abordar a ciência que difere tanto em conceitos quanto em método do fazer acadêmico padrão. Quando novos movimentos religiosos se apropriam de termos científicos, eles não o fazem como entendedores das ciências. Eles utilizam concepções popularizadas de termos emprestados das ciências, mas com significado distinto, espiritualizado, que não é reconhecido pela Academia. No Brasil, um exemplo é bastante visível. Quando a população mais geral utiliza a palavra "recalque", que vem da psicologia, muito dificilmente intenta o mecanismo de defesa psicanalítico que reprime determinadas memórias para manter a sanidade do ego. Usualmente a palavra é utilizada como sinônimo de "inveja" entre a população mais simples. Embora essa explicação não tenha a dimensão espiritual encontrada no caso das "mitologias de ciência" dos novos movimentos religiosos, ela ilustra como uma nomenclatura originária da Academia pode ser apropriada pela população comum e ressignificada.

Isso faz com que, segundo Benthall (2008, p. 57), haja uma sobreposição do campo religioso com outros campos, como a ciência. O autor menciona que no contexto dos novos movimentos religiosos existem alguns que surgiram oficialmente como ficção científica (p. ex., cientologia, jedaísmo), e que depois, com o tempo, misturando elementos de psicologia e das religiões asiáticas, acabaram emergindo como novas religiões. Por conta disso, alguns novos movimentos religiosos aparecem como "religioides" para muitos, ou seja, possuem aspectos que são análogos à religião, sendo classificados por um cientista da religião inequivocamente como algo religioso, mas cujos adeptos os entendem como uma filosofia ou algo mais ligado à ciência.

Dentre as "mitologias de ciência" comuns, muitas estão alinhadas aos movimentos e estilos de pensamento apresentados no capítulo anterior. Rejeições ao "dualismo" e ao "reducionismo", típicos do perenialismo, são comumente observadas, além de tentativa de sincretizar qualitativamente tanto elementos religiosos quanto seculares, algo que vem do Contrailuminismo. Nesse sentido, Hanegraaff (1996, p. 521) declara que apesar de criticar a cultura científica dominante, os novos movimentos religiosos expressam essa crítica utilizando premissas da mesma cultura que pretendem superar.

Como ilustra Zeller (2014, p. 282), é muito variada a forma como diferentes grupos fazem a interpretação das "mitologias de ciência". As práticas pseudocientíficas podem ir desde noções emprestadas da informática, como o que ocorria no grupo heaven's gate, que acreditava fazer *upload* e *download* de almas humanas e dizia que isso era uma ciência. Entre essa diversidade, uma "mitologia de ciência" destaca-se por sua popularidade entre diferentes novos movimentos religiosos: o apelo à física quântica. Elementos que vêm diretamente das religiões, como amuletos abençoados e o poder das orações, passam a ser referenciados à física quântica, neurociências e DNA, integrando um novo *ethos* e visão de mundo que caracterizam essa mistura entre contextos seculares (ciência) e religiosos (Guerriero, 2006).

Os novos movimentos religiosos quase sempre interpretam de maneira errada os conceitos-chave da ciência, misturando-os com ideias místicas e espirituais. Essa mistura é usada, por exemplo, em terapias alternativas que incorporam termos da física quântica para justificar suas práticas, conforme aponta Pessoa Jr. (2011). Um exemplo citado por Puttick (2005, p. 113) é o de Deepak Chopra, mencionado anteriormente, e de outros autores novaeristas populares, como Amit Goswami e Fritjof Capra. Essas personalidades apresentam que a força do pensamento pode influenciar o "campo das infinitas possibilidades", provocando a realização de desejos do pensador, e que isso seria explicado pela física quântica. Essa interpretação, incompatível com a mecânica quântica científica, é um exemplo típico da apropriação de termos derivados da física quântica entre os seguidores dos novos movimentos religiosos.

Outra "mitologia de ciência" bastante popular é apresentada por Martins (2014). No caso de novos movimentos religiosos que acreditam em seres extraterrestres, é possível percebermos a incorporação de elementos científicos ligados à física espacial avançada e às neurociências, mas ressignificados para atenderem ao *ethos* de busca por crescimento pessoal e psicologização da religião. Esses elementos incluem ideias de viagens interplanetárias, desmaterializações e terapias de cura espiritual e autodescoberta que seriam fornecidas pelos alienígenas, além de noções como "jejum de dopamina", que não faz sentido nas neurociências, mas que encontra algum tipo de significado êmico próprio nos novos movimentos religiosos.

Evolucionismo

Embora também seja uma forma de cientificismo religioso, o impacto da teoria da evolução nos novos movimentos religiosos está tratado como um subitem a parte deste capítulo pela grande relevância que possui no *cultic milieu*. Segundo Hanegraaff (1996, p. 514), a má aplicação do evolucionismo no século XIX para legitimar o pensamento europeu, o chamado "darwinismo social", continuou a influenciar fortemente o pensamento e a consciência do século XX. Isso é particularmente evidente nos novos movimentos religiosos, onde o evolucionismo deixa de ser meramente um conceito biológico para se tornar algo que molda a visão de mundo e as crenças espirituais.

Segundo Benthall (2008, p. 7), os novos movimentos religiosos já surgem em um contexto pós-Darwin, sendo forçados a reavaliar suas crenças e práticas à luz do evolucionismo. Isso leva a maioria dos grupos a apresentar um foco maior na ciência e na razão – ou pelo menos nas "mitologias de ciência" –, em oposição à fé cega e a interpretações literais dos textos sagrados. Não apenas isso, o autor atesta que alguns desses movimentos surgiram como uma resposta ao desafio imposto pelo darwinismo, buscando harmonizar ciência e fé, oferecendo novas interpretações da existência humana que integram conceitos religiosos.

Diferente da visão biológica tradicional, de que a evolução é aleatória e sem direção específica, o evolucionismo nos novos movimentos religiosos é interpretado de maneira teleológica e romântica.

Isso fica bastante evidente no contexto da "reprogramação do DNA", termo que possui interpretações completamente distintas entre a ciência normal e as novas religiosidades. A pesquisa biomédica sobre reprogramação epigenética se concentra em entender como genes são regulados e expressos. Por exemplo, Li (2002) mostra que a reprogramação epigenética é crucial para o desenvolvimento embrionário e a diferenciação de células-tronco nas células de diferentes tecidos, sendo algo muito corriqueiro, nada místico ou paranormal. Entretanto, no caso dos novos movimentos religiosos, o conceito de "reprogramação de DNA" tende a ser uma mescla de termos científicos com espiritualidade, criando interpretações que muito se distanciam da embriologia. "Reprogramar o DNA" se torna uma alegoria para uma mudança profunda no ser, como o despertar espiritual ou a cura emocional.

Horie (2014, p. 114) menciona que o evolucionismo romântico se apresenta como uma combinação de elementos da psicoterapia, das medicinas alternativas, dos cuidados paliativos, do movimento ambientalista, da ciência cognitiva e da ciência da religião eliadiana, enraizado em uma visão de mundo vitalista, individualista e psicologizada que forma uma espiritualidade sistemática. Segundo Hanegraaff (1996, p. 470), trata-se de uma combinação de elementos do Romantismo com ideias colonialistas, enfatizando a transformação espiritual e cultural da humanidade, de algo pior (os "selvagens") para algo melhor (o "Ocidente"). O evolucionismo é interpretado para unir evolução com ideias de uma realidade atemporal absoluta. Essa síntese entre concepções dinâmicas (a ideia de constante evolução) e estáticas (realidade absoluta imutável) cria uma tensão que é explorada e reconciliada de diferentes maneiras pelas novas religiosidades.

A evolução passa a ser vista como um processo direcionado e intencional, muitas vezes ligado à consciência. Como explica Hanegraaff (1996, p. 366), a evolução não é apenas um fenômeno físico para as novas espiritualidades, mas um processo mental. Há uma forte crença de que a consciência universal está em um processo contínuo de aprimoramento, conectada à ideia de que as almas aprendem e evoluem através de lições, com implicações profundas na compreensão êmica da vida após a morte, da ética e do significado da vida. O evolucionismo acaba por se tornar fundamental para entender o universo, o mundo e a sociedade, refletindo uma visão holística em que todos os aspectos da existência estão interconectados e em constante evolução. Dessa forma, ainda que muitos novos movimentos religiosos cientificistas apresentem suas teorias de evolução como científicas (p. ex., espiritismo, nova era), elas estão muito mais próximas do evolucionismo romântico e de um paradigma transcendentalista. Isso significa que, embora possam tomar emprestadas linguagens da ciência, as teorias êmicas são, na verdade, mais uma forma de "mitologia de ciência", interpretações espirituais e metafísicas da evolução que se alinham muito pouco com a ciência evolutiva normal.

O evolucionismo romântico explica por que alguns grupos rejeitam tão fortemente o título de "religião". O darwinismo social do século XIX enxergava as religiões não cristãs como "mágicas", um estágio primitivo do desenvolvimento humano, e posteriormente o próprio cristianismo e o pensamento religioso foram tratados como algo "infantil", que seria suplantado pelo pensamento científico "adulto". Embora essa visão de que as crenças religiosas são resquícios de um estágio intelectualmente inferior esteja desacreditada nas ciências humanas, essa é a forma de compreensão que ainda domina grande parte do *cultic milieu* (Hanegraaff, 1996, p. 407). Logo, apesar de haver grupos que assumem com orgulho que são religiosos, como no caso das igrejas pentecostais, isso faz com que uma parte dos novos movimentos religiosos tente se apresentar como algo diferente de uma "religião", com termos alternativos como "ciência espiritual", "ciência holística" e "filosofia de vida".

A respeito dos novos movimentos cristãos, os autores apresentam que o evolucionismo convive em conflito nesses meios. Enquanto muitas novas igrejas preferem enfatizar uma interpretação literal da Bíblia, beirando ao negacionismo científico (Gribben, 2019), há alguns pastores que integram ideias do evolucionismo romântico em suas doutrinas, vendo o movimento pentecostal como parte de um desenvolvimento ou evolução do próprio cristianismo. Isso usualmente tem um impacto sobre como esses cristãos veem seu papel na sociedade, podendo levar a um ativismo religioso mais forte.

Milenarismo

Milenarismo se refere à crença em um período futuro de transformação radical, baseada em interpretações proféticas e escatológicas da teologia, comumente associadas à chegada de um reino onde todos os conflitos e injustiças serão resolvidos. A palavra vem da crença cristã de que a segunda vinda de Cristo resultará em mil anos de paz, mas crenças semelhantes não precisam estar relacionadas a um milênio para que sejam classificadas como milenarismos. Como explica Mayer (2016, p. 403), o conceito tem sido utilizado na Academia para descrever crenças como a das eras cíclicas (*yugá*) do hinduísmo, sendo aplicado também a movimentos políticos fascistas que visam criar um mundo perfeito ideal, citando como exemplo a promessa nazista de um "*Reich* de mil anos".

Nos novos movimentos religiosos, narrativas milenaristas são bastante comuns, por vezes possuindo um peso maior do que nas religiões tradicionais. Díez de Velasco (2000, pp. 8-9) apresenta um quadro cronológico de eventos desde o século XVIII que foram interpretados pelos novos movimentos religiosos de forma milenarista, demonstrando que esse tipo de profecia tende a aparecer de tempos em tempos nas novas religiosidades. Alguns desses eventos foram a virada do milênio no ano 2000, o calendário Maia, eventos astronômicos diversos (p. ex., passagens de cometas, eclipses, sizígias), desastres naturais, desenvolvimento de tecnologias específicas, conflagração de guerras e conflitos políticos, entendidos emicamente como prelúdios do fim dos tempos ou como chamados à transformação espiritual. Além disso, mudanças sociais e ganhos de direitos por minorias marginalizadas, como os LGBTQIA+, os árabes, os indígenas, os africanos, o direito ao divórcio e as conquistas do feminismo, também podem ser interpretados como indicadores do fim iminente pelas religiões.

Embora estejam relacionados, Hanegraaff (1996, pp. 98-99) faz uma distinção entre milenarismo e visões apocalípticas. As visões apocalípticas se caracterizariam pela crença em um evento catastrófico ou uma série de eventos que resultarão no fim do mundo. Na visão apocalíptica típica, o mundo atual seria substituído por um novo mundo de maneira radical. Essa substituição é frequentemente vista como uma catástrofe sobre a ordem existente, e o processo pode incluir a ideia de julgamento divino e a emergência de um novo reino que é qualitativamente diferente do mundo atual, inclusive nem sempre sendo material. Milenarismo, por outro lado, estaria focado na criação de um reino terreno perfeito, caracterizado pela paz, abundância e justiça, um mundo sem sofrimentos. Diferente da visão apocalíptica, o milenarismo não necessariamente implica na destruição total do mundo atual, mas em sua transformação ou aperfeiçoamento.

O cientista da religião neerlandês considera que os novos movimentos religiosos podem apresentar perspectivas moderadas ou radicais de milenarismo. Nos que adotam perspectivas moderadas, isso aparece como um foco em um futuro utópico, mas cujas mudanças são vistas como mais graduais, com ênfase em coisas mais abstratas, como evolução espiritual e moral, sem uma ruptura drástica da ordem hegemônica. Já visões apocalípticas mais brandas podem defender uma fase de "limpeza", que usualmente está relacionada a cataclismos, mas que no contexto de grupos afinados ao fascismo pode indicar a expulsão ou morte de determinada etnia, grupo religioso ou classe social e a erradicação de determinadas nações. Em contrapartida, nos grupos que adotam perspectivas mais radicais, o milenarismo envolve a crença de uma transformação dramática e profunda da realidade terrena, levando a um estado de perfeição. Isso geralmente envolve a ideia de uma era dourada ou a emergência do paraíso na Terra. Nesse caso, o fim do mundo é visto como um evento catastrófico, muitas vezes acompanhado por um julgamento divino ou uma intervenção sobrenatural em que quase ninguém sobreviverá (Hanegraaff, 1996, p. 99).

Além disso, os milenarismos dos novos movimentos religiosos podem ser classificados como pré-milenaristas ou pós-milenaristas. Segundo Hanegraaff (1996, p. 100), o pré-milenarismo é caracterizado pela crença de que a chegada do período utópico será precedida por uma intervenção sobrenatural abrupta e dramática. Nesse cenário, os seres humanos têm pouca ou nenhuma capacidade de influenciar ou acelerar o processo, sendo considerados mais como espectadores passivos da ação divina. A natureza da mudança, nesse caso, é repentina e muitas vezes associada a ideias apocalípticas, com o mundo atual passando por uma espécie de purgação antes da instauração do período de paz. O pós-minelarismo, por outro lado, vê a nova era como resultado de um processo evolutivo em que a transformação do mundo ocorre de maneira mais gradual e é diretamente influenciada pela ação humana. Nessa visão, ações coletivas, esforços espirituais e morais e o progresso social são fundamentais para a realização da era utópica. Além disso, a transição não necessariamente depende de uma intervenção sobrenatural abrupta.

Alguns novos movimentos religiosos com visão pós-minelarista podem adotar uma postura que é classificada por Díez de Velasco (2000, p. 38) como "terrorismo apocalíptico". A nova religião japonesa aum shinri é um exemplo. Para acelerar o processo do apocalipse, seus adeptos fizeram um ataque com gás sarin no metrô de Tóquio. Os constantes ataques a templos e pessoas de religiões de matriz africana no Brasil por evangélicos também são exemplos do mesmo fenômeno. Segundo Robbins e Hall (2007, p. 257), grupos que adotam esse tipo de milenarismo catastrófico acabam por ver o mal encarnado em tudo, uma forma de paranoia que faz os crentes sentirem um forte imperativo para confrontar tudo de fora de seu grupo. A lógica aplicada é aquela da retórica da aniquilação: o outro é demonizado, o que faz com que, em casos mais extremos, o religioso desesperado até mesmo sancione o assassinato daqueles que foram desumanizados pela religião, achando que matá-los cumpre a vontade de Deus e antecipa o apocalipse. A mentalidade criada é a de "nós contra eles", com o grupo se vendo como uma "elite espiritual" em oposição ao resto "perdido" do mundo, levando à racionalização da violência e ao isolamento social do grupo (Partridge, 2014, p. 217).

Sobre os novos movimentos cristãos, Robbins e Hall (2007, p. 251) consideram que eles tendem a se inclinar teologicamente ao pré-milenarismo, ensinando que a segunda vinda de Cristo deve preceder o Reino de Deus, pois a humanidade pecadora não é capaz de criar o reino por conta própria. Todavia, a paranoia milenarista pode aparecer em algumas das novas igrejas cristãs, com o "terrorismo apocalíptico" sendo visto como um meio de acelerar a vinda de Cristo, sob a égide de que quanto pior o mundo estiver, mais rápido isso acontecerá. Os crentes, como recompensa por serem "cidadãos de bem" e terem lutado ao lado de Deus na "guerra espiritual", esperam ser "arrebatados" ou levados até Jesus antes da tribulação, fase em que o anticristo supostamente governará o mundo. Entretanto, também existem novas igrejas cristãs que possuem visão pós-milenarista, acreditando que sua própria salvação virá apenas após a tribulação, a qual deverão suportar como teste final. Nesses casos, o movimento acaba por valorizar a disciplina como forma de preparação dos fiéis.

Segundo Díez de Velasco (2000, p. 31), alguns novos movimentos religiosos apresentam um milenarismo com conotações tecnológicas. A nova era que supostamente chegará é interpretada à luz dos avanços atuais da ciência, parecendo estar relacionada com uma visão futurista. O próprio livro bíblico do Apocalipse pode ser lido assim. A "besta" pode ser entendida como uma figura política de grande poder, usualmente do campo da esquerda, que surgirá no cenário mundial. Esse líder "comunista" representará uma nova ordem internacional associada ao anticristo que instalará em Jerusalém um supercomputador de alta tecnologia, que seria o "ídolo" ou a "abominação desoladora" mencionados na Bíblia

(Díez de Velasco, 2000, p. 74). Esse tipo de leitura é um exemplo de milenarismo tecnológico, transformando os eventos descritos na Bíblia como previsões de desenvolvimento fundidos ao "fantasma vermelho" e a um suposto poder demoníaco.

A busca por lideranças carismáticas fortes pode se dar pelo desejo de se ter um "salvador do mundo". Em outros casos, querer *ser* o "salvador do mundo" também tem um impacto significativo na adesão a uma nova religião. Saliba (2016, p. 72) fala sobre o peso que a ideologia possui nesses casos. Embora as contradições do capitalismo levem a maior parte da humanidade ao sofrimento, Fisher (2020) menciona que após o fim da União Soviética tem se tornado cada vez mais difícil imaginar um mundo sem o capitalismo, o que mergulha a humanidade em uma grande depressão e desesperança por um futuro melhor. Assim, pessoas muito mergulhadas na ideologia capitalista podem buscar os novos movimentos religiosos para terem a sensação de que estão fazendo algo para salvar o mundo, que estão fazendo sua parte, mas sem jamais desafiar o sistema que está exaurindo o planeta em primeiro lugar.

Reconstrucionismo

Uma última ideia recorrente nos novos movimentos religiosos, por sua relação com o Romantismo, é a tendência de revitalizar tradições religiosas, criando novas formas de espiritualidade que se apresentam como reconstrucionismos de práticas ditas como tradicionais ou mais antigas do que a religiosidade dominante. Isso pode tanto desembocar no próprio fundamentalismo religioso, conforme fica bastante claro no caso dos pentecostalismos, mas também pode gerar grupos que acreditam ser linhas ininterruptas de uma religião pré-cristã que precisaria ser revivida na Modernidade, como no caso dos neoxamanismos e neopaganismos.

Segundo Bellah (1986, pp. 26-27), a contracultura da década de 1960 procurava uma renovação espiritual que não fosse pautada apenas pela tradição, mas que também fosse um movimento de resgate de símbolos e práticas religiosas de diferentes culturas, recorrendo ao orientalismo para oferecer uma alternativa ao que o autor chama de "individualismo utilitário". Como tal, muitos movimentos sociais influenciados por esse período passaram a defender um estilo de vida mais artesanal, a vida no campo, as pequenas comunidades, um estilo de vida pré-industrial. No caso do cristianismo, talvez os amishes sejam os mais visíveis nos Estados Unidos. Entretanto, várias ecovilas e comunidades alternativas não orientadas pelo cristianismo também fazem parte desse mesmo fenômeno.

Uma observação comum do reconstrucionismo entre os estudiosos de novos movimentos religiosos está nas religiões étnicas, inclusive de grupos que derivam de religiões tradicionais. Melton (2007, p. 34) menciona, por exemplo, o judaísmo reconstrucionista enquanto um novo movimento religioso que nem sempre é visto pelos seus próprios adeptos como "novo", destacando-o como uma vertente moderna do judaísmo que serve especificamente à população judaica dos Estados Unidos, que busca na manutenção do hebraico e de práticas judaicas que acabaram caindo mesmo no judaísmo ortodoxo uma forma de se afirmar enquanto grupo étnico específico, diferente da maioria estadunidense cristã. No capítulo 4 também veremos várias religiões indianas novas que são formas de reconstrucionismo do hinduísmo, seja na própria Índia, seja fora do subcontinente, para atingir uma nova clientela religiosa nos países do centro do capitalismo.

Segundo Pike (2007), o reconstrucionismo fica muito mais evidente no contexto das religiões neopagãs, que tentam reconstruir práticas espirituais antigas, como o culto a deusas e a utilização de técnicas tântricas do budismo tibetano. No caso do movimento da Deusa (Crowley, 2011, p. 113), suas adeptas defendem que há 10.000 anos as mulheres regiam a Terra em uma sociedade matriarcal. Fundamentando-se em leituras muito específicas de que a religião original do mundo seria o culto a uma Deusa monoteísta, baseando-se em leituras anacrônicas efetuadas por autores como Robert Graves (cf. 2003) e Marija Gimbutas (cf. Kris, 2023). Assim, ao celebrar deusas pré-cristãs de modo feminista, essas pessoas acreditam estar restaurando uma religião anterior ao cristianismo, resgatando uma espiritualidade que, para elas, seria muito antiga.

Essas práticas, entretanto, ainda que entendidas pelos praticantes modernos como tradicionais, são tentativas de revitalização cultural que buscam reconstruir as histórias dessas antigas religiões para atender a anseios modernos. Como explica Arantes (2023), trata-se de religiões modernas, com reinterpretações contemporâneas que não são transposições fiéis de como, de fato, essas antigas religiões operavam na Antiguidade. Em outras palavras, do ponto de vista historiográfico, o neopaganismo é no máximo tão antigo quanto o século XIX, sendo mais adequado dizer que é uma invenção de meados do século XX, não sendo possível traçar uma linhagem anterior a isso em suas ideias e práticas centrais (Russell; Alexander, 2019). Em outras palavras, essa forma feminista de celebrar as deusas não teria mais do que alguns anos de idade, sendo inverídico classificá-la como algo de 10.000 anos.

Segundo Benthall (2008, p. 55), é comum que novos movimentos religiosos tentem parecer mais antigos do que realmente são. Na explicação do autor, muitas novas religiões buscando aceitação emulam uma aparência de velhice, a qual passam a considerar como importante para a sua legitimação. Essa aparência de serem mais antigas do que são passaria uma aura de respeitabilidade cultural, conferindo às religiões novas uma aparência de tradição e continuidade que seria crucial tanto para seus adeptos quanto para as relações do novo grupo com a sociedade já estabelecida.

Muito disso opera dentro da lógica da teoria de "tradições inventadas" de Hobsbawm (1983). Uma tradição inventada seria esse conjunto de práticas que visam inculcar certos valores e normas de comportamento evocando uma repetição simbólica que parece histórica e imutável, mas que muitas vezes é projetada para criar essa falsa continuidade com um passado idealizado, legitimando práticas contemporâneas. Uma tradição inventada é criada para consolidar identidades, justificar o poder político ou reforçar hierarquias sociais. As religiões, ao longo da história, frequentemente inventam ou adaptam tradições para consolidar sua autoridade, garantir a coesão social de seus seguidores e legitimar suas crenças. Muitos rituais, como celebrações litúrgicas ou festivais, podem ser apresentados como antigos, mas podem ser o resultado de adaptações relativamente recentes. A própria celebração do Natal, tal como a conhecemos hoje, com árvores decoradas e trocas de presentes, foi em grande parte construída no século XIX. Mas para um cristão contemporâneo, o Natal parece ser tão antigo quanto o próprio nascimento de Jesus. Além disso, muitas tradições religiosas atribuem uma origem antiga e divina aos seus textos sagrados, mesmo quando a historiografia indica que parte deles foi compilada em períodos históricos mais recentes. Isso ocorre também com as religiões tradicionais, como o budismo e o catolicismo, mas fica ainda mais evidente no caso dos novos movimentos religiosos.

Como menciona Benthall (2008), as novas religiões tentam se apresentar como possuidoras de uma profundidade histórica ou espiritual, recorrendo ao reconstrucionismo para parecerem mais enraizadas na Antiguidade. Nos exemplos apresentados por Crowley (2011), o que observamos é uma reconstrução criativa feita por fragmentos de saberes antigos. Pedaços de mitologias, evocações da pré-história, interpretações anacrônicas de artefatos arqueológicos, mentalizações e canalizações adquiridas por rituais específicos e uma série de outros métodos, aplicados a uma inflação simbólica de cada um desses fragmentos, faz com que a nova religião crie uma interpretação completamente original e moderna das coisas antigas, tão nova que não seria reconhecida pelas pessoas de antigamente como algo relativo ao que elas faziam. Em outras palavras, dificilmente uma sacerdotisa de Ísis do Egito antigo reconheceria algo de sua religião nas celebrações das mulheres wiccanas do século XXI. No movimento neopagão, que busca reviver religiões politeístas pré-cristãs, a tradição inventada fica bastante evidente. Muito do que é praticado hoje foi reconstruído com base em fontes históricas limitadas, muitas vezes completadas por rituais que visam canalizar a divindade diretamente para preencher as lacunas, mas tendo como pressuposto problemas reais e um estilo de vida urbano capitalista que é incompatível com a cultura da qual a religião antiga fazia parte.

A reconstrução, porém, não é feita de qualquer forma. Ela tende a seguir a lógica do orientalismo platônico: ainda que se reconheça valor nas fontes, tudo é interpretado como dizendo respeito a uma mesma coisa. No caso do neopaganismo, todas as deusas de todos os panteões e períodos históricos são a Deusa, no singular. Na prática, o que se observa é que quando o movimento neopagão estabelece manuais de como celebrar deusas de etnias tão diferentes quanto as deusas celtas, egípcias, nativo-americanas e chinesas, os rituais de todas possui um desenho muito parecido, com invocação de um círculo mágico, celebração dos quatro elementos e coisas do tipo. Todas as deusas são adaptadas à lógica ocidental de se apropriar de seus símbolos pela óptica europeia, para estabelecer um ritual neopagão orientado pela necessidade ocidental. Isso é empiricamente verificável tanto em livros internacionais (p. ex., Auset, 2009; Budapest, 1991; Telesco; 1998) quanto brasileiros (p. ex., Ceridwen, 2012; Prieto, 2003) que se propõem a ensinar rituais para divindades de diferentes panteões no neopaganismo.

Por fim, outras religiosidades novas que recorrem a reconstrucionismos são as religiões da diáspora africana, como o candomblé e a santeria, bem como os neo-hinduísmos. O rastafári, que surgiu na Jamaica no início do século XX, reconstrói e moderniza crenças de antigas tradições etíopes e judaico-cristãs, fundindo-as em uma nova espiritualidade que adota Haile Selassie como figura messiânica. O candomblé e a santeria, que recriam e reconstroem práticas religiosas dos povos iorubás e bantus, adaptando-as ao contexto do mundo moderno, são também exemplos de reconstrucionismo. Já entre os neo-hinduísmos, o movimento Hare Krishna é talvez um dos mais visíveis, uma forma moderna de reconectar praticantes com as tradições devocionais do hinduísmo, reinterpretando textos antigos, como o Bhagavad Gītā, em um formato acessível ao público contemporâneo.

Capítulo 3
Manifestações institucionais

Diferente de outros tipos de religião, os novos movimentos religiosos são uma nebulosa de grupos muito diferentes entre si. Embora compartilhem dogmas e práticas comuns à Modernidade, conforme vimos no segundo capítulo, e sejam frutos de movimentos sociais e eventos históricos que configuraram o atual cenário internacional, conforme apresentado no primeiro, é muito difícil falar de manifestações institucionais únicas que englobem todos os grupos.

No presente capítulo tentaremos abordar a temática por outro viés. Serão apresentados os perfis comuns de pessoas que costumam buscar por novos movimentos religiosos, conforme pesquisas empíricas feitas tanto no Brasil quanto no mundo. Também falaremos sobre o próprio *cultic milieu* e como diferentes ofertas religiosas tendem a interagir nesse meio, formando muito mais uma rede de serviços do que necessariamente igrejas institucionalizadas.

Cultic milieu

Cultic milieu (lit. "ambiente de culto") é um conceito crucial para entender a criação e a adesão de novos movimentos religiosos, ampliando as tipologias sociológicas tradicionais de igrejas, seitas e cultos, as quais não são suficientes para esse tipo de objeto (Jorgensen, 1982). Popularizado por Campbell (1972), *cultic milieu* se refere a um ambiente alternativo que existe em paralelo à cultura dominante, uma espécie de incubadora para crenças e práticas marginais. Dentro dele, ideias não ortodoxas podem ser exploradas, proporcionando um espaço para indivíduos se conectarem, compartilhando visões de mundo semelhantes. Logo, conforme clarificam Kaplan e Lööw (2002), o *cultic milieu* é oposicionista por natureza.

Segundo Woodhead e Heelas (2000), isso só se tornou possível após o surgimento do capitalismo, quando "pluralidade" e "liberdade" passam a ser termos guarda-chuva dentro da ideologia dominante, enfraquecendo o domínio de qualquer religião que se pretenda única. Em outro texto, comentei que, quando a burguesia emergiu como classe social, ela entrou em conflito com as estruturas religiosas feudais então existentes. O fato de o cristianismo ser na época o legitimador social do que era moralmente certo interferia na busca por lucro, pois a religião bania a usura, o que foi considerado nada interessante para a nova elite econômica. Isso fez com que os burgueses fomentassem o discurso secularista, para legitimar seu poder enquanto nova classe dominante, prometendo liberdades individuais aos cidadãos. Embora as pessoas não sejam realmente livres no capitalismo, vide as imposições nefastas que o colonialismo forçou contra suas colônias e os embargos econômicos dos Estados Unidos contra países que o desagradam, a promessa das liberdades individuais serviu para restringir consideravelmente o poder de qualquer religião (Stern, 2024). Como tal, os novos movimentos religiosos que pretendem interferir nos assuntos públicos, hoje o fazem estabelecendo redes de várias religiões diferentes, comportando-se em um bloco que se torna relevante por seu peso financeiro (p. ex., Frente Parlamentar Evangélica, que não representa apenas uma igreja, mas várias).

Isso leva, segundo Woodhead e Heelas (2000, p. 134), a uma consequência descrita como "desabrigo" (*homelessness*), uma sensação de não pertencimento, seja na sociedade, em relação a si próprio ou até mesmo sobre nosso lugar na vida. Essa condição, que se aproxima demais do que Fisher (2020) chama de realismo capitalista, é psicologicamente difícil de suportar. A falta de apoio institucional do Estado capitalista, que defende os interesses de uma minoria rica muito diminuta em detrimento da maioria da população, prezando pela meritocracia e pela competição, leva cada um a acreditar que deve cuidar de si mesmo sem contar com a ajuda ou proteção de outras pessoas. Embora o ser humano seja um animal social, a ideologia capitalista desloca a lógica de cooperação comunitária para um ambiente egoísta. O *cultic mileu* acaba aparecendo nesse cenário oferecendo uma alternativa, que é chamada pelos autores britânicos de "instituições secundárias". As redes e espaços que existem dentro do *cultic milieu* passam a funcionar de maneira complementar ou substitutiva às instituições tradicionais, oferecendo suporte para seus buscadores.

Entretanto, isso também é feito dentro da lógica capitalista, naquilo que Taylor (1991) chama de "espiritualidade expressiva". As "instituições secundárias" que acolhem as pessoas no *cultic milieu* são caracterizadas por uma grande importância atribuída à liberdade e à autoexpressão, logo, também priorizando o individualismo. Isso envolve viver a vida como se quer, o que muitas vezes beira a uma forma hedonista de religiosidade, e a busca pelo "eu verdadeiro", "empoderamento" e autoafirmação. Isso pode acontecer de modos mais instrumentalizados, como em algumas formas de religião de prosperidade, focadas em resultados materiais ou benefícios tangíveis que seriam obtidos através da prática espiritual, tanto quanto de modos mais psicologizados, em que a religião é terapeutizada, cujos ritos fariam os fiéis encontrarem sua "natureza autêntica" através de práticas individuais personalizadas. Além disso, Woodhead e Heelas (2000, p. 113) dizem que muitas "instituições secundárias" se mostram abertamente capitalistas, vendendo suas práticas aos buscadores, que encontrarão em cursos, oficinas e eventos pagos o suporte desejado.

Cultic milieu não é apenas uma coisa religiosa, mas um meio cuja identidade "desviante" inclui ciências não ortodoxas, formas propositalmente heréticas de religião (p. ex., satanismo), teorias da conspiração, lendas urbanas, misticismos, crenças em civilizações perdidas e povos alienígenas, medicinas alternativas, práticas não convencionais e ideologias políticas extremas (p. ex., fascismo, nazismo, anarquismo, supremacia branca etc.)[14]. O *cultic milieu* pode ser descrito como um *ethos* diverso onde ideias inaceitáveis na sociedade

14. Para vários exemplos de como o *cultic milieu* é terreno fértil para ideologias de extrema-direita, cf. Kaplan e Lööw (2002).

mais ampla prosperam. Esse "submundo" cultural abrange coletividades, instituições, indivíduos e meios de comunicação relacionados a essas crenças. Logo, trata-se de uma agência importante de difusão e inovação cultural, facilitando a acomodação e introdução de novos itens em uma cultura receptora (Campbell, 1972).

Segundo Jorgensen (1982), quando consideramos o aspecto espiritual, o *cultic milieu* não deve ser visto apenas como um local de nascimento de novos movimentos religiosos. Ele seria mais bem descrito como um "submundo" próprio, um espaço onde ideias alternativas podem ser testadas e desenvolvidas, levando à formação de comunidades diversas. De acordo com Kaplan e Lööw (2002), esse ambiente é um local de troca, modificação e eventual adoção ou rejeição de teorias e dogmas por parte dos adeptos de inúmeros grupos, principalmente grupos provisórios. Nesse sentido, o estudo dos novos movimentos religiosos depende do entendimento do *cultic milieu*, das comunidades que transitam nesse meio e a identificação das raízes de determinadas práticas e crenças dali oriundas.

O *cultic milieu* facilita a formação de novos movimentos religiosos, atuando como um ponto de partida para seu estabelecimento. Novos movimentos religiosos muitas vezes surgem no *cultic milieu* como grupos pequenos e marginais. À medida que ganham seguidores e reconhecimento, eles podem passar por um processo de institucionalização, desenvolvimento de estruturas formais, criação de doutrinas mais definidas e, muitas vezes, podem tentar se integrar à sociedade mais ampla. A institucionalização e retirada do grupo do *cultic milieu* pode ser vista como um sinal de sua maturidade e estabilidade, marcando sua transição de uma fase experimental e periférica. Além disso, como explicam Kaplan e Lööw (2002), as próprias ideias geradas dentro do *cultic milieu* podem eventualmente se tornar *mainstream*, mas muito antes de chegar ao conhecimento da cultura dominante elas já terão sido minuciosamente debatidas, reformuladas ou até rejeitadas dentro do próprio *cultic milieu*.

Segundo Sutcliffe (2013), nesse processo de tentativa de saída do *cultic milieu* em direção a uma legitimidade mais ampla, alguns grupos apelam à autoridade da "transmissão oculta". Grupos como a ordem rosacruz de Crotona e a wicca são mencionados como religiões que tentam convencer seus seguidores de que seus ensinamentos são legítimos porque fazem parte de uma longa linhagem de mistérios, passados de geração a geração apenas aos seus iniciados. Nesses casos, a estratégia adotada é a da invenção de uma tradição (cf. Hobsbawm, 1983), a criação de uma narrativa que liga suas práticas e crenças, que são modernas, a uma suposta sabedoria antiga. Essa abordagem cria um senso de continuidade histórica e profundidade espiritual, gerando uma impressão de que o novo movimento religioso é muito mais antigo do que de fato é (Benthall, 2008, pp. 55-56).

Como explica Campbell (1972, p. 122), enquanto um novo movimento religioso está ainda no *cultic milieu*, são observadas tendências unificadoras de consciência comum de desvio – ou seja, uma simpatia frente a tudo o que é alternativo –, e a necessidade de justificar suas próprias visões à luz do ridículo expresso ou da hostilidade recebida da sociedade mais ampla. Os porta-vozes dos vários novos movimentos religiosos têm, assim, uma causa comum no ataque à ortodoxia e na defesa da liberdade de crença. Decorrente disso há uma orientação predominante de apoio mútuo, de modo que os vários grupos raramente se envolvem em críticas públicas uns aos outros. Ao contrário, eles demonstram tolerância e receptividade marcantes em relação às crenças dos outros. Usualmente as críticas à "concorrência" só começam a aparecer quando o novo movimento religioso amadurece e passa a querer sair do *cultic milieu*.

A respeito do caráter formal das instituições encontradas no *cultic milieu*, ele deriva da natureza da tradição cultural da qual elas se apresentam como alternativas. Se o grupo deseja se opor à ciência normal, como ocorre no caso da parapsicologia, da naturologia e da psicologia transpessoal, usualmente a institucionalização se manifestará como "colégios" e "institutos" oferecendo cursos, palestras e espaços para pesquisa. Se o que se deseja opor é a religião ortodoxa, em contrapartida, encontraremos "ordens", "lojas", "confrarias" e "irmandades" (Campbell, 1972, p. 126). Independentemente do nome ou forma específica, a maioria dessas organizações compartilha características comuns. Elas são orientadas em torno de “buscadores”, oferecendo apoio e facilidades para pessoas que muitas vezes não retornam. As exceções são os novos movimentos religiosos sectários, que têm adeptos em vez de buscadores e promulgam uma verdade absoluta[15] (Campbell, 1972, p. 127). Nesse sentido, a forma organizacional mais típica não é a da religião ou organização que responde por um nome específico, mas sim a própria sociedade de buscadores que transitam entre vários grupos distintos, que acabam se ajudando mutuamente para que todos possam sobreviver.

Perfil dos buscadores espirituais

Cada novo movimento religioso pode ter como público-alvo parcelas muito específicas da sociedade. Há grupos focados em mulheres, em homens, novas religiões para latinos, pretos, imigrantes, *gays* etc. Nesse sentido, é muito difícil falar de um perfil unificado dos frequentadores das novas religiosidades. Entretanto, algumas características tendem a ser ressaltadas pelos especialistas no tema, ainda que não contemplem a totalidade do campo.

Indivíduos que exploram o *cultic milieu* podem estar em busca de uma comunidade ou de um sentido de pertença numa cultura cara vez mais fragmentada e efêmera. O próprio Fisher (2020), em sua teoria sobre o realismo capitalista, comenta que a religião costuma ser uma fuga comum para pessoas alienadas pelo sistema ideológico vigente. Em especial nos países do centro do capitalismo, onde a segregação de imigrantes e minorias étnicas é ainda mais forte, as pessoas podem encontrar em um novo movimento religioso uma rede de apoio que o Estado e a cultura mais ampla não lhes oferecem. Assim, os novos movimentos religiosos podem

15. Campbell (1972, p. 127) considerava que por se apresentar como algo aberrante ao *cultic milieu*, esse tipo de novo movimento religioso tenderia a ter vida mais curta. A pesquisa empírica de Roof e McKinney (1992, p. 150), no entanto, demonstra que esse é justamente o tipo de nova religiosidade que mais cresceu nos Estados Unidos ao longo do século XX, ao passo que os movimentos mais tolerantes tenderam a perder fiéis e até mesmo foram descontinuados com o tempo.

agir como compensadores sociais, oferecendo algum conforto ou sentido, mesmo que temporário, ajudando a população a lidar com as dificuldades da vida (Heelas, 1994, p. 102). Ou ainda, quando pensamos em buscadores de classes mais abastadas, eles podem estar interessados em coisas que sejam diferentes do *status quo* cultural, algo que é descrito por Crowley (2011, p. 58) como uma fuga do "tédio" do etnocentrismo colonialista, explorando as culturas colonizadas por algo que lhes entretenha.

Segundo Heelas (1994, p. 100), usualmente os buscadores espirituais do *cultic milieu* se engajam em uma ampla variedade de práticas e crenças, sendo uma minoria que desenvolve um perfil exclusivista, de frequentar apenas um grupo. Essa observação se aplica tanto aos buscadores do esoterismo, que frequentam diversas práticas como ioga, terapias alternativas, templos budistas, rodas xamânicas, círculos de bruxas modernas, consultas de tarô e oficinas de astrologia, quanto aos evangélicos que seguem novos movimentos cristãos como o pentecostalismo. Esses evangélicos não hesitam em mudar de igreja periodicamente, já que o essencial da sua identidade espiritual não está em pertencer a uma igreja X ou Y, mas sim em serem evangélicos.

Esse tipo de comportamento é também reflexo do capitalismo. Em sociedades capitalistas, valores como "independência" e "liberdade", ainda que abstratos, tendem a aparecer como algo desejado pela maior parte da população. Nas religiões, isso se reflete numa preferência dos buscadores espirituais em se manter abertos a mais de um caminho em vez de aderir estritamente apenas a uma tradição. Embora haja relatos de grupos sectários e exclusivistas, a maioria dos novos movimentos religiosos tende a possuir um perfil de frequentadores que reconhece que cada situação na vida pode exigir uma resposta ou abordagem diferente, adaptando suas práticas e crenças pragmaticamente, de acordo com as circunstâncias, buscando o que funciona melhor em diferentes momentos (Heelas, 1994, p. 102). Assim, alguns novos movimentos religiosos atuam em sinergia, com os frequentadores buscando diferentes grupos que se complementam, de acordo com a demanda do fiel.

Segundo Campbell (1972, p. 124), o que constitui a força unificadora dentro do *cultic milieu* é uma ideologia comum de busca constante e uma estrutura de comunicação interpenetrativa. Este conceito de se ser um buscador eterno é aplicado não apenas à religião, mas também na busca por explicações de fenômenos não religiosos e na busca por sucesso mundano, saúde e até prazer pessoal. O frequentador de um novo movimento religioso pode transitar por muitas religiosidades sem jamais se declarar como pertencente a qualquer uma delas. Quando uma "verdade" lhe é oferecida, o buscador não para de olhar para outras direções. Isso coloca uma pressão contínua sobre os grupos, que precisam constantemente oferecer "novidades" para manter o engajamento (Campbell, 1972, p. 127).

Heelas (1994, pp. 100-101) e Campbell (1972, p. 123) mencionam que isso faz com que muitos novos movimentos religiosos transformem suas práticas em algo a ser consumido para satisfazer "clientes". Os buscadores de novas religiosidades querem que a religião resolva seus descontentamentos, visto que as religiões tradicionais são inadequadas para a resolução de problemas cotidianos. Essa abordagem utilitarista acaba sendo chave no sucesso ou fracasso de cada novo movimento religioso, com alguns grupos apresentando abordagens que abertamente visam servir aos desejos e necessidades individuais. Os buscadores espirituais querem uma religião "que funciona", que trará ganhos pragmáticos na vida atual terrena, supervalorizando novidades, mudança rápida, prazer individual e a liberdade de não precisar se comprometer com uma única "marca", pois a concorrência pode ofertar um produto novo com maiores vantagens. Tudo isso impacta significativamente como encarar a prática religiosa, moldando como as novas religiosidades passam a se apresentar na sociedade para captar e manter adeptos.

Segundo Woodhead e Heelas (2000, p. 145), dois perfis são imediatamente observados entre os praticantes: aqueles que são participantes casuais, que frequentam esporadicamente determinada nova religião, e os praticantes assíduos, que se dedicam ao grupo de modo mais ativo. Em outro texto, Heelas (1994, p. 98) também faz tal distinção, mas através de uma metáfora com o ambiente de trabalho. Ele descreve alguns praticantes das novas religiões como adeptos de "período integral" (*full-timers*) e outros como adeptos de "meio período" (*part-timers*). Para que uma nova religião exista e possa competir no *cultic milieu*, é necessário haver algumas pessoas altamente engajadas, mesmo que sejam a minoria. Elas se apresentam como os iniciados, guias e facilitadores, aqueles que ensinam nos cursos, que oferecem as experiências comodificadas no grande mercado espiritual, mantendo a oferta de produtos entre os buscadores espirituais. Esses seriam os praticantes assíduos, ou os adeptos de "período integral". Contudo, a maioria dos indivíduos que exploram novas religiões geralmente não demonstra comprometimento significativo, alternando entre diferentes grupos sem assumir responsabilidades substanciais. Estes são os adeptos de "meio período". O que liga essas pessoas é o *cultic milieu*, o desejo de vivenciar religiosidades alternativas. Essas pessoas consomem os produtos ofertados pelos frequentadores assíduos das novas religiões específicas.

Saliba (2016, p. 76) descreve os buscadores do *cultic milieu* como indivíduos que iniciaram uma busca por um estilo de vida alternativo e crenças religiosas diferentes antes mesmo de serem abordados por agentes de proselitismo de novos movimentos religiosos específicos. Essa busca é motivada por uma variedade de experiências de vida, incluindo, mas não se limitando a, desilusões com as tradições religiosas estabelecidas, crises pessoais, fazer parte de alguma minoria sexual ou étnica, ou uma sensação de falta de propósito ou direção.

Apesar de existirem grupos que possuem um apelo maior entre a população masculina (p. ex., MGTOW, Movimento da Masculinidade Cristã, Movimento dos Homens Promissores, Igreja da Unificação, satanismo, Movimento Hare Krishna), muitos especialistas apresentam dados de que o *cultic milieu* é formado majoritariamente por mulheres ou de que as mulheres são mais engajadas do que os homens (Rodríguez, 2013; Taylor; Chatters; Brown, 2014). Na tabela a seguir compilamos diferentes pesquisas quantitativas sobre a frequência da participação feminina em novos movimentos religiosos. Aqui, vale ressaltar que salvo em casos extremos de grande interferência humana (p. ex., guerras), a humanidade tende a apresentar equivalência entre os sexos, com metade da população sendo formada por mulheres e metade sendo formada por homens.

Tabela 1 – Frequência da participação feminina entre os novos movimentos religiosos

Fonte	Mulheres	Contexto
Martins (1999)	80,0%	Clientes das medicinas alternativas no Recife em 1999.
Stern (2017)	86,0%	Naturólogos no Brasil em 2015.
Lewis e Tøllefsen (2013)	73,3%	Espiritualistas na Nova Zelândia em 2001.
Lewis e Tøllefsen (2013)	70,1%	Espiritualistas na Austrália em 2001.
Lewis e Tøllefsen (2013)	67,8%	Espiritualistas no Canadá em 2001.
Lewis e Tøllefsen (2013)	67,5%	Espiritualistas no Reino Unido em 2001.
Lewis e Tøllefsen (2013)	78,2%	Wiccanos na Nova Zelândia em 2001.
Lewis e Tøllefsen (2013)	75,6%	Wiccanos na Austrália em 2001.
Lewis e Tøllefsen (2013)	66,9%	Wiccanos no Reino Unido em 2001.
Lewis e Tøllefsen (2013)	64,6%	Neopagãos no Canadá em 2011.
D'Andrea (2000)	65,0%	Novaeristas no Canadá em 1994.
Frisk (2003)	74% a 97%[16]	Novaeristas na Suécia em 1995.
Rose (2005)	70,0%	Novaeristas no Reino Unido em 1995.
Heelas e Woodhead (2005)	80,0%	Novaeristas no Reino Unido em 2001.
Trzebiatowska e Bruce (2012)	80,0%	Brahmā kumārī no Reino Unido em 2011.
Trzebiatowska e Bruce (2012)	70,0%	Sōka gakkai nos Estados Unidos em 2007.
Trzebiatowska e Bruce (2012)	66,0%	Sōka gakkai na Austrália em 2003.

Fonte: Elaboração do autor (2024).

16. O estudo de Frisk abordou cinco grupos distintos.

Excluindo alguns grupos específicos como os pentecostais e as religiões que enfocam resistência étnica, que geralmente têm membros com menor escolaridade, muitos estudiosos observam um nível educacional elevado entre os participantes dos diversos novos movimentos religiosos. D'Andrea (2000) apresenta dados de que em 1994 cerca da metade dos frequentadores dos novos movimentos religiosos no Canadá possuía ensino superior completo. Tais números estavam bastante acima da população mais ampla canadense da época, que segundo o censo do país apresentava apenas 18,6% dos cidadãos com ensino superior (Canadá, 1994). D'Andrea (2000) também apresenta dados sobre os espíritas brasileiros, demonstrando que, em 1994, 35% deles possuíam ensino superior completo. Já Martins (1999) dizia que mais de 72% dos clientes das medicinas alternativas no Recife no fim da década de 1990 possuíam ensino superior completo. Ressalta-se que, nessa época, a população geral do Brasil com ensino superior era de apenas 7,9% (Brasil, 1994).

Sobre a situação econômica, D'Andrea (2000) e Champion (1989) mencionam que os novos movimentos religiosos tendem a ter maior apelo entre a classe média alta e pequenos empresários, aquilo que Marx (1996) chama de "pequena burguesia". Isso também foi corroborado por Magnani (2000, p. 28), cuja pesquisa etnográfica demonstrou que a maioria das "instituições secundárias" do *cultic milieu* paulistano estava concentrada em bairros de classe média alta. Isso se dá porque as promessas de prosperidade enquanto uma forma de bênção espiritual gera um grande apelo nesse grupo, que passa a buscar os novos movimentos religiosos sonhando em um dia ascender à classe alta e fazer parte da elite. Curiosamente, os números demonstram que a classe realmente rica não possui o mesmo interesse nos novos movimentos religiosos, ou pelo menos não assume tal interesse objetivamente.

Sobre a idade, os dados empíricos indicam que a maior parte dos frequentadores do *cultic milieu* tem mais de 30 anos, com a média de idade dos buscadores girando em torno dos 40 anos

(Lewis; Tøllefsen, 2013). Sobre a juventude, Saliba (2016, p. 72) menciona que adolescentes que demonstram uma inclinação maior a aderir aos novos movimentos religiosos o fazem em grande parte pela necessidade de pertencer a uma comunidade, por autoafirmação e pelas próprias inseguranças da idade. Introvigne (2005, p. 360) ressalta também que a falta de amor familiar pode ser um fator que leva adolescentes a buscar um novo movimento religioso. Na busca por desenvolver uma identidade própria, diferente da dos pais, ou querendo uma comunidade que os aceite, adolescentes podem buscar momentaneamente por religiões alternativas à religião familiar, transitando no *cultic milieu*. Entretanto, grande parte, passada a adolescência, acaba por abandonar as novas religiões ou se torna apenas simpatizantes não praticantes. A pesquisa empírica de Sherkat (1998) demonstrou que a maior parte dos *baby boomers* que se converteu a um novo movimento religioso na década de 1960 acabou abandonando o grupo em dez anos, retornando para as religiões de suas famílias.

Recrutamento e conversão

Diferente das religiões tradicionais, que contam com uma base de membros intergeracional, os novos movimentos religiosos precisam construir sua base de membros ativamente. Isso os coloca em uma posição de constante necessidade de persuadir potenciais adeptos a adotar um caminho espiritual alternativo, abandonando as instituições estabelecidas e desafiando a ordem social. O sucesso desse esforço requer que os novos movimentos religiosos sejam eficazes em suas estratégias de recrutamento, colocando muita pressão no proselitismo. De acordo com Wright (2007, p. 187), isso faz com que muitas vezes eles entrem em conflito com a sociedade mais ampla. As religiões tradicionais tendem a estigmatizar e até hostilizar os novos movimentos religiosos, rotulando-os como heréticos, infiéis, pagãos, adoradores do diabo ou diminuindo discursivamente suas manifestações institucionais, dizendo que se tratam apenas de seitas e não de religiões verdadeiras.

Segundo Introvigne (2022, p. 6), a ciência da religião demonstra que foi comum novas tradições serem acusadas de "magia negra" ou de levar os fiéis à loucura. O autor menciona o caso do Profeta Maomé, os valdenses e os *xiéjiào* (lit. "ensinamentos do mau", mas cujo uso comum em chinês significa "culto", em sentido pejorativo), que são descritos historicamente pelos opositores como capazes de induzir à loucura por meio da magia. Com o Iluminismo, porém, a própria atribuição da "magia negra" foi secularizada. Após o século XVIII, a teoria da "magia negra" foi transformada em uma explicação psicopatológica, na qual a conversão passou a ser vista como o resultado da manipulação dos líderes carismáticos.

Mas como aderir a um novo movimento religioso significa ir contra a cultura predominante, Saliba (2016, p. 76) afirma que está equivocada qualquer interpretação que conclua que as pessoas são facilmente seduzidas por promessas atraentes e sorrisos entusiasmados ao se converterem a esses grupos. Ou em outras palavras, ver a conversão como "lavagem cerebral" é uma explicação simplista. O recrutamento é um processo muito mais profundo, em especial pelo fato de o próprio *cultic milieu* oferecer muitas opções e os próprios frequentadores já tratarem a religião como uma "busca espiritual" sem fim, em contraste com a aceitação inquestionável de um grupo específico. Logo, convencer alguém a aderir é algo muito mais difícil do que parece. O proselitismo ativo desempenha, nesse cenário, um papel crucial. No caso cristão, isso fica evidente quando comparamos as técnicas de proselitismo dos protestantismos históricos e dos pentecostalismos. Os pentecostais tendem a ser muito mais agressivos em sua evangelização.

De modo geral, o proselitismo pode assumir diferentes formas nas novas religiosidades, desde abordagens diretas e pessoais até estratégias mais abrangentes, como a utilização de redes sociais e o financiamento de campanhas de mídia. Além disso, as novas religiosidades podem se concentrar em públicos específicos, como jovens, minorias étnicas ou até mesmo pessoas com uma profissão ou orientação sexual específica. A eficácia dessas estratégias, no entanto, depende não apenas do carisma da liderança, mas também da ressonância da mensagem religiosa com as necessidades e ansiedades dos indivíduos em busca de significado.

Chryssides (2016, p. 32), baseado em Stark e Bainbridge[17], explica que o papel dos compensadores deve ser considerado, ou seja, os benefícios prometidos pela nova religião em áreas como saúde, sucesso, romance e bem-estar. Esses compensadores podem ser específicos, oferecidos por uma lógica mais clientelista, ou mais gerais, como a salvação e a vida eterna. Os compensadores específicos geralmente envolvem uma taxa substancial para consultas individuais. Podem envolver orientação de vida, cura alternativa, consultas a oráculos, limpezas espirituais e uma pletora de outros serviços. Já os compensadores gerais são menos específicos, mas mais duradouros, geralmente associados a uma contribuição voluntária, visto focar-se em toda a comunidade. Um novo movimento religioso tende a intercalar os dois tipos de compensadores, e os testemunhos dos fiéis que teriam alcançado tais benefícios agem como ferramenta importante de propaganda para atrair novos adeptos ao movimento. E com o maior envolvimento com o grupo, a tendência é que as demandas religiosas, tanto psicológicas quanto financeiras, aumentem, elevando os "custos" de uma saída (Introvigne, 2005, p. 360).

Introvigne (2005, p. 360) ressalta a necessidade de amor e a carência afetiva como fatores importantes para o recrutamento de adeptos em novos movimentos religiosos. As novas religiosidades podem se apresentar como supostas fontes de amor incondicional e aceitação, em especial frente ao realismo capitalista (*cf.* Fisher, 2020). Pessoas que sentem falta dessas experiências em suas vidas podem encontrar laços emocionais fortes no grupo e serem convencidas por promessas de pertencimento. Nesse sentido, o processo de recrutamento pode explorar a própria necessidade

17. No final do livro falaremos mais diretamente das teorias desses dois autores.

humana de conexão e significado em uma cultura que proporciona cada vez menos isso.

Segundo Saliba (2016, p. 76), experiências de fracasso pessoal também são motivos comuns para alguém se tornar um buscador dentro do *cultic milieu*. Muitos começam sua busca, seja ela religiosa ou não, quando a vida familiar está vacilante, quando as perspectivas futuras (políticas, sociais, econômicas, profissionais) são percebidas como desanimadoras ou quando a morte de um parente ou amigo próximo cria um vazio profundo. Esses fatores contribuem para a complexidade do processo de recrutamento, pois não se trata apenas de ser convencido por recrutadores, mas de um alinhamento entre a biografia do buscador e o que o novo movimento religioso oferece enquanto compensador.

Segundo Singer (2003), o processo de recrutamento pode utilizar um misto de técnicas de persuasão fisiológicas e psicológicas. As técnicas fisiológicas manipulam necessidades básicas, como impor restrições de sono e alimentação e infringir dor para tornar os indivíduos mais vulneráveis a novas ideias. Sobre as táticas emocionais, Robbins e Anthony (2004, p. 272) citam a imposição de longos períodos de isolamento social e a utilização do medo e da culpa como as formas mais comuns, usadas para fabricar uma necessidade psicológica de adesão ao movimento sugerindo que, sem a participação no grupo, a pessoa enfrentará consequências negativas, seja nesse ou no mundo espiritual (p. ex., eternidade no inferno). Singer (2003) acrescenta à lista retóricas manipulativas, chantagens emocionais, indução a estados intensos emocionais e a exploração de crises pessoais ou vulnerabilidades psiquiátricas para convencer os indivíduos a se juntarem ou permanecerem no grupo.

Além disso, Robbins e Anthony (2004, p. 272) lembram também da indução a estados alterados de consciência, pois a dissociação aumenta a suscetibilidade e diminui o senso de julgamento e as funções cognitivas. Isso pode ser atingido por meditação, ladainhas, repetição de mantras, glossolalia e utilização de enteógenos, para citar alguns. No caso dos enteógenos, Hanegraaff (2012, p. 401) exemplifica como os neoxamanismos emergiram marcados pelo entusiasmo com psicoativos naturais (p. ex., peiote, *aya'waska*, cogumelos psilocibinos), demonstrando empiricamente a influência significativa dessas substâncias no recrutamento de novos adeptos. Nesses cenários, a conversão envolve a experimentação do enteógeno para se ter uma conexão direta com Deus ou algo equivalente. É após entrar em contato com a vivência espiritual proporcionada pela ação psicofarmacológica dessas substâncias que as pessoas se sentem inclinadas a adotar a religião que faz seu uso sacramental.

Para Saliba (2016, p. 76), tais métodos de recrutamento têm efeito menor sobre pessoas que estão estabelecidas em suas vidas, sentindo-se seguras e contentes em suas carreiras e relacionamentos. Ele comenta que a maioria dos especialistas em conversão vê a crise pessoal como um fator central para que as técnicas de persuasão ajam de modo mais eficaz. Entretanto, Singer (2003) contra-argumenta dizendo que apesar de alguns indivíduos serem mais propensos devido ao histórico familiar e problemas psicológicos, todos seriam suscetíveis se expostos por muito tempo a tais técnicas. Nesse sentido, ela conclui que a adesão a um novo movimento religioso pode não resultar apenas de uma decisão consciente e informada, questionando a própria liberdade de escolha dos neófitos dependendo do contexto e intensidade do recrutamento.

Saliba (2016, p. 202) pondera também que é simplista a visão de que as novas religiosidades sempre capitalizam em cima da vulnerabilidade, atraindo indivíduos desavisados e fracos. Embora não se possa desconsiderar completamente o estado psicológico dos recrutados e nem ignorar os efeitos de uma propaganda eficaz, muitas pessoas enfrentando problemas são abordadas por membros de novas religiões e nunca chegam a sequer cogitar se juntar a elas. Não só isso, como explica Chryssides (2016, p. 30), as próprias novas religiosidades fabricam barreiras à conversão.

Obrigações físicas, mudanças no vestuário, mudanças corporais (p. ex., circuncisão, tatuagens religiosas), nova dieta, mudança no estilo de vida, além de rituais difíceis de se submeter fazem com que nem toda pessoa se sujeite a uma nova religião. O autor utiliza as testemunhas de Jeová como exemplo. Um neófito precisa se subjulgar à aprovação dos mais velhos da congregação, que submetem o candidato a cerca de 120 questões antes do batismo público, além de ser exigido que o prosélito faça cursos extensivos de estudo da Bíblia e participe consistentemente das reuniões. Somente após essas etapas é que a pessoa é considerada um membro pleno.

Além disso, nem todo mundo que entra em um novo movimento religioso tem problemas psicológicos. Estar em crise é um motivo comum para buscar o *cultic milieu*, mas está longe de ser o único. Introvigne (2005, p. 360) menciona que reduzir o recrutamento à vulnerabilidade psíquica ignora a possibilidade de que as pessoas encontram conforto genuíno e satisfação espiritual em suas filiações. Saliba (2016, p. 202) também ressalta que não existe uma fórmula exata que especifique qual tipo de pessoa responderá aos esforços missionários das novas religiosidades. Há razões sociológicas mais amplas que devem ser consideradas além da psicologia. O processo de se juntar a um novo movimento religioso envolve uma série de fatores interconectados, incluindo – mas não se limitando a – experiências de vida, necessidades pessoais, busca espiritual e o contexto sociocultural mais amplo no qual um indivíduo se encontra. Mudanças sociais amplas, como desilusões com as instituições tradicionais, falta de Estado, questões socioeconômicas ou crises políticas, podem levar as pessoas a procurar suporte em uma nova comunidade. No caso das religiões para imigrantes, em especial as que são fundadas no centro do capitalismo (Estados Unidos e Europa), muitas vezes o grupo religioso é o único local onde a pessoa encontra alguém para falar seu idioma nativo e onde se sente aceita e respeitada em oposição à xenofobia enfrentada no cotidiano do novo país.

Ademais, Cowan (2007, p. 297) explica que desde o início da internet, na década de 1990, a rede mundial é um meio comum para os novos movimentos religiosos recrutarem. A capacidade de atingir pessoas de qualquer lugar do mundo, de disseminar informações de forma barata e o relativo anonimato são vantagens para grupos que buscam novos adeptos. O anonimato, em especial, é importante para pessoas que vêm de famílias muito religiosas, que não aceitam que um de seus membros abandone a tradição familiar, ou que vivem em um ambiente social em que assumir uma religião diferente da maioria possa causar grande prejuízo social. Apesar de ser ilegal no Brasil, por exemplo, ainda existem chefes que não pensam duas vezes em demitir funcionários que não se assumem como cristãos (Silveira, 2017).

Entretanto, a própria fluidez da internet dificulta a conversão do buscador em um adepto, mesmo que seja apenas como participante casual. Como explica Beckford (2004, p. 212), a proliferação de sites religiosos pode simplesmente encorajar os buscadores a continuar buscando indefinidamente em vez de se comprometerem com qualquer movimento específico. Além disso, novas religiosidades que dependem fortemente da internet correm o risco de apóstatas e concorrentes roubarem ou parodiarem seu material, dificultando a prevenção ou o controle de qualquer vazamento indesejado, seja ao mundo exterior ou para os dissidentes. Portanto, pessoas que estejam na situação descrita no parágrafo anterior, de grande necessidade de anonimato, podem nunca ter a coragem de sair da rede, preferindo manter sua relação com a nova religiosidade apenas virtual.

Uma última teoria que também vale a pena ser mencionada no estudo da conversão é a tese da espiral ascendente de complexidade, proposta pelo brasileiro Martins (2015). Embora o foco do psicólogo seja entender o que leva pessoas a acreditar nas religiões de óvnis, abandonando a crença da cultura dominante, a proposta também pode ser aplicada para entender o processo mental que faz com que uma pessoa largue a visão de mundo da cultura mais ampla para adotar uma religião totalmente diferente da maioria, mesmo quando isso não envolve alienígenas. Segundo Martins (2015), usualmente os novos movimentos religiosos não usam as partes mais polêmicas de suas doutrinas para conquistar novos adeptos. Ao contrário, os recrutadores partem de vivências simples e ideias que pouco fogem da cultura maior, de modo que a novidade é assimilada aos poucos, até que os indivíduos estejam prontos para absorver pensamentos mais complexos. Cada nível de complexidade novo ressignifica o anterior, criando um progresso não linear que prepara mentalmente o neófito para a indoutrinação. Cada aumento gradual naturaliza o anterior, em lógica circular. Esse movimento contínuo de aprendizado fortalece a adesão ao grupo, tornando crenças outrora incomuns ou "absurdas" mais palatáveis com o tempo.

Liderança carismática

Autoridade carismática é um conceito amplamente explorado nas ciências sociais, particularmente relacionado à política, organizações e religiões. Líderes carismáticos são capazes de inspirar e motivar seus seguidores, frequentemente imbuídos por uma aura de divindade ou excepcionalidade. Frequentemente percebidos como revolucionários ou portadores de uma visão única do mundo, eles são bastante eficazes em mobilizar mudanças rápidas e atrair seguidores fortemente engajados. Entretanto, a sociologia weberiana considera que apesar de sua eficácia inicial, a autoridade carismática é notoriamente instável e tende a enfrentar desafios de sustentabilidade se não for substituída por algo mais institucionalizado (Weber, 2012).

Conforme explica Rochford Jr. (2007, p. 176), o carisma é um fenômeno socialmente produzido, o que significa que emerge das interações e percepções dentro de um contexto social. Carisma é algo relacional e situacional, e não algo inerente ao líder – apesar de muitas vezes o discurso êmico dizer justamente o contrário, que as habilidades excepcionais percebidas vêm de uma fonte transcendente ou sagrada. Desse modo, o sucesso da liderança carismática não deve ser entendido com foco exclusivo no indivíduo carismático, mas como fruto dessa dinâmica entre ele e o grupo que o apoia e valida. E da mesma forma que o grupo fabrica o líder carismático, conforme ele cresce, a tendência é que haja uma "rotinização do carisma", ou seja, que os atributos que outrora foram centralizados no líder sejam pulverizados na organização, retirando do grupo a forte dependência inicial que se tinha na figura de uma única pessoa.

Para Weber (2012), à medida que um movimento cresce, a necessidade de estruturas mais formais se torna mais aparente, e a liderança carismática se torna insuficiente para gerenciar operações complexas em larga escala. Além disso, uma religião fortemente centrada em uma pessoa pode enfrentar severas dificuldades de sobrevivência quando o líder não estiver mais disponível, seja por morte, doença, prisão ou outra razão. Logo, o mais comum é que, com tempo, os próprios seguidores comecem a formalizar os ensinamentos e métodos do líder carismático, transformando-os em doutrinas. Ou, ainda, que a liderança original passe a figurar mais como um símbolo do grupo do que como seu poder central real. Se, de um lado, isso pode diluir o apelo pessoal e direto do líder e mudar a natureza da autoridade do grupo, de outro a "rotinização do carisma" garante a sobrevivência em longo prazo (Weber, 2012, p. 161ss.). Entretanto, como muitos movimentos religiosos morrem antes desse processo de maturação, isso dá a impressão para muitos de que a liderança carismática é sempre um constituinte das novas religiosidades.

Além disso, nos novos movimentos religiosos existe um intermediário na liderança carismática conhecido emicamente como "facilitador", atuando como um mediador entre o líder carismático e os seguidores, ajudando a disseminar os ensinamentos e a filosofia do movimento de maneira mais acessível. O "facilitador" é responsável por organizar reuniões, conduzir práticas e orientar novos membros, mantendo a coesão do grupo. "Facilitadores" personificam os princípios do movimento e muitas vezes servem como modelos para os demais adeptos, desempenhando um papel crucial na operacionalização das ideias do líder, tornando-as aplicáveis no cotidiano dos seguidores. Na lógica da "rotinização do carisma", os "facilitadores" usualmente são as pessoas envolvidas nesse processo de continuidade e expansão da influência do líder carismático.

Aprofundando a discussão, Bourdieu (2019) identifica diferentes agentes dentro do campo religioso, como o burocrata e o profeta. O profeta é aquele que traz a novidade, desafia a ordem estabelecida e introduz novos conceitos e práticas religiosas. O movimento profético geralmente começa como opositor à cultura dominante, mas tende a se institucionalizar com o tempo. Em vista que seres humanos são mortais, surge a questão de como ocorrerá a substituição do líder carismático. O francês explora a transição da liderança carismática para a liderança burocrática, ressaltando que o carisma pode permanecer de outras formas dentro da instituição. Por exemplo, no caso o movimento Rajneesh (Osho), o carisma do líder continuou vivo através dos vídeos de suas palestras, permitindo que sua influência persista mesmo após sua ausência física. Assim, a institucionalização não necessariamente elimina o carisma, mas pode transformá-lo e incorporá-lo em novas formas dentro da estrutura organizacional.

Segundo Bromley (2014, pp. 115-116), é bastante registrado que os movimentos religiosos que planejam uma transição de liderança tendem a demonstrar maior estabilidade, conseguindo sobreviver por mais tempo. Não é incomum que, conforme o grupo cresce, alguns líderes escolham abrir mão de parte do controle organizacional, o que acaba fomentando uma transição natural para outra liderança carismática ou o processo de "rotinização do carisma", tal como descrito por Weber. Quando se opta pela "rotinização", não é raro que o líder carismático mantenha o prestígio enquanto figura pública, mas relevando as responsabilidades administrativas a terceiros. Bromley menciona objetivamente o caso de Sun Myung Moon, da Igreja da Unificação, que manteve seu *status* carismático no final da vida, mas cuja manutenção real da igreja já estava nas mãos de outras pessoas. No cenário brasileiro, isso fica visível com Edir Macedo e a Igreja Universal do Reino de Deus.

Benthall (2008, p. 59) considera que os novos movimentos religiosos mais fundamentalistas tendem a supervalorizar a figura carismática mais do que os grupos menos reacionários. Segundo o autor, em grupos autoritários os líderes utilizam de sua influência para mobilizar o medo coletivo para preservar a identidade dos seguidores. O antropólogo menciona que grupos fundamentalistas tendem a se sentir ameaçados por mudanças sociais que retiram privilégios de seu grupo, como a sanção de leis antirracistas ou pela igualdade sexual, que passa a punir a xenofobia e o machismo teologicamente naturalizados. Através de uma recuperação seletiva de doutrinas, crenças e práticas de um passado mítico, que são refinadas e sancionadas em um espírito de pragmatismo, o líder atualiza os "fundamentos" à luz da modernidade, apresentando-os com uma intensidade carismática que lembra as experiências que originalmente forjaram a identidade comunal.

Bromley (2014, p. 110) exemplifica o processo citando a utilização de textos sagrados por líderes carismáticos. Embora o texto tenda a ser algo estanque, com um cânon de interpretação que é considerado correto, líderes religiosos mesclam conexão e distanciamento da leitura "oficial", alegando muitas vezes terem encontrado segredos contidos nas entrelinhas que legitimam o novo movimento e seu posicionamento reacionário. Assim, embora se utilize o mito básico por trás do texto, as novas "revelações" obtidas pela decodificação do texto proposta pelo líder religioso ampliam a doutrina existente, legitimando uma luta que, socialmente, o grupo pode sentir que está perdendo na opinião pública. Nesse sentido, o "nós" contra "eles" pode adquirir um caráter cada vez mais político-partidário, entretanto mascarado pelo discurso religioso. Embora isso usualmente seja claro para o líder carismático, o grupo não percebe que está defendendo, por exemplo, supremacia branca, fascismo ou maridos poderem bater em suas esposas, mas sim a lei de Deus e a família tradicional bíblica.

Essa valorização da identidade grupal projetada na pessoa do líder carismático, o que pode ser instrumentalizado para justificar comportamentos e posturas políticas contrárias ao *Zeitgeist*, também é mencionada por Champion (1989, p. 161), quem comenta que diferente dos líderes místicos, que se focam mais na consciência individual de cada participante, um novo movimento religioso com líder carismático tende a ter um foco maior no "nós" e em como que o grupo seria mais "especial" do que todos os que não fazem parte dele. Para a autora, embora haja semelhanças entre os místicos alternativos e os líderes carismáticos, a abordagem de comunicação e esse foco no grupo é um fator importante para a diferenciação.

A noção de "nós" contra "eles", proferida pelos líderes carismáticos, muitas vezes leva à violência. Clarke (2005f, p. 456) menciona que incidentes trágicos associados a novos movimentos religiosos, como o ataque com sarin pela religião aum shinri e o suicídio em massa do heaven's gate, usualmente estão relacionados a líderes carismáticos. Embora nem toda liderança carismática leve ao crime, como o líder é endeusado pelo grupo, o que ele propõe tende a não ser questionado. Todavia, focar-se apenas no líder pode obscurecer as razões mais amplas pelas quais as pessoas aceitam cometer crimes em nome da religião. O líder carismático é uma projeção do grupo em que ele se insere, agindo como uma personificação dos preconceitos da comunidade. Assim, muitas vezes a liderança carismática parece depender de uma ameaça ou inimigo externo para se legitimar perante o grupo, porque o que o grupo de fato quer é destruir esse inimigo. O líder carismático, caso passe a defender o inimigo do grupo, perde sua legitimidade. Mas se defender qualquer outra coisa, desde que mantendo o discurso de "nós" contra "eles", enfatizando a destruição do inimigo percebido, ele será motivo de orgulho para o grupo.

Comunidades alternativas

A forma mais explorada na literatura sobre a organização das novas religiões é a constituição de comunidades alternativas, grandes terrenos comprados ou ocupados onde os adeptos se isolam do resto da sociedade, vivendo sobre regras próprias, usualmente ditadas pela liderança carismática ou por algum preceito em comum. Conforme explica Guerriero (2006), essas comunidades variam desde grupos muito fechados, como a comunidade Rajneeshpuram, até grupos mais abertos, envolvendo uma variedade de crenças e atividades que visam à autorrealização por meio de práticas transformadoras da moral e da espiritualidade.

É importante, entretanto, diferenciar a vida sectária de membros das comunidades alternativas de outras formas de vida reclusa observadas nas religiões estabelecidas. Díez de Velasco (2000, p. 87) destaca que, apesar das similaridades estruturais objetivas, a principal diferença entre um monge beneditino e um membro de uma comunidade Hare Krishna, por exemplo, reside na percepção de adequação social. O autor espanhol sugere que enquanto os monges católicos são amplamente aceitos pela sociedade espanhola, os devotos de Krishna carecem da mesma legitimidade social. A hipótese de Díez de Velasco é que a existência ou ausência dessa aceitação determina as diversas atitudes da sociedade em relação à comunidade do grupo religioso, indicando uma dinâmica específica de conflito onde grupos e instituições antagônicas lutam para defender suas esferas, o que influencia na imagem atribuída às comunidades e seus membros.

Uma das comunidades alternativas mais bem documentadas no mundo é a de Findhorn, na Escócia. Fundada em 1962 pelo casal Peter e Eileen Caddy e sua colega canadense Dorothy MacLean, o grupo se destaca por suas histórias de contatos telepáticos com mestres ocultos e tripulações extraterrestres dispersos internacionalmente que prometem uma "limpeza" planetária iminente, seguida de uma nova era para os sobreviventes que fizerem parte de certo núcleo espiritual. Segundo Sutcliffe (2005), por ser uma das mais antigas e famosas, a comunidade escocesa estabelece intercâmbios com outras comunidades alternativas no mundo. A gestão é delegada a departamentos de trabalho, separados em áreas como jardinagem, acomodação para convidados, trabalho doméstico e manutenção. A liderança é exercida por "focalizadores", com tomadas de decisão baseadas no consenso, derivado de orientações obtidas em meditação e de uma "sintonização" correta com o "espírito".

A Findhorn enfatiza a expressão de emoções, contato físico e autorreflexão, promovendo práticas espirituais como meditação, oração, comunhão com a natureza e estudo de textos esotéricos, em especial da nova era. Novos participantes devem passar por uma semana de experiência para aprender os códigos de comportamento adequados. A operação diária da Findhorn, a meditação comunal e o programa educacional são regulados por encontros de pequenos grupos rotineiros. Esse quadro amplamente oligárquico permite espaço para experimentos institucionais enquanto fornece continuidade formal, marcando Findhorn como uma expressão institucional duradoura e influente dentro dos novos movimentos religiosos (Sutcliffe, 2005).

No Caribe, as comunidades alternativas mais proeminentes são as da religião rastafári, embora não sejam exclusividades apenas da Jamaica. Comunidades rastafári, após a fama de Bob Marley, espalharam-se pelo mundo. Clarke (2005e) menciona comunidades brasileiras na Bahia e outras partes da América Latina, América do Norte, Austrália e Nova Zelândia, onde a religião encontrou especial adesão entre os nativos maoris. Em grande medida, as comunidades rastafári são anticolonialistas, com importante recorte racial, denunciando o impacto da escravidão na consciência africana e considerando que a imagem branca de Jesus e Deus são corruptelas do diabo; este, sim, branco como os europeus. Entretanto, sua estrutura organizacional ainda é fortemente patriarcal, enfrentando desafios internos relacionados à igualdade de gênero e também à negação da medicina convencional.

Em seu estudo sobre a nova era na França, Champion (1989, pp. 157-158) identificava a comunidade Naute du jas, nos Alpes de Provence, como a mais famosa do país. Esse grupo, estabelecido em 1975, buscava emergir uma nova consciência e um novo paradigma, abrangendo múltiplas manifestações, como antroposofia, consciência ecológica, agricultura biodinâmica, tecnologias de baixo impacto ambiental, redução de poluição, ciência holística e psicologia transpessoal. Em grande medida, os moradores compartilhavam um sentimento de fazer parte de uma comunidade global por autonomia, responsabilidade, cooperação, modos de vida comunitários, práticas alternativas em vários domínios (saúde, economia) e pesquisa espiritual.

Nos Estados Unidos, um grupo altamente fechado, em que os membros ficavam totalmente isolados do resto do mundo, foi a comunidade Rajneeshpuram, localizada no Estado de Oregon, fundada por Chandra Mohan Jain, mais conhecido entre seus seguidores como Rajneesh ou Osho. Essa comunidade foi estabelecida com a intenção de criar uma utopia baseada nos ensinamentos de Jain, promovendo uma vida em harmonia, meditação e partilha de bens. No entanto, Rajneeshpuram ganhou notoriedade por vários conflitos com a lei, incluindo envenenamento em massa e tentativas de influenciar as eleições estadunidenses. A comunidade chegou ao fim em setembro de 1985, após a prisão de vários membros de alto-escalão, incluindo o próprio Jain, quem foi deportado para a Índia (Puttick, 2005e, p. 514).

Em alguns casos, porém, o distanciamento entre a comunidade alternativa e o resto da sociedade não é total. Lewis (2014, p. 160) comenta o caso da ordem do templo solar, no Quebec, cujos membros ficavam apenas parcialmente separados da sociedade mais ampla, mantendo certo nível de interação com pessoas de fora da religião. Além disso, a própria estrutura hierárquica do templo solar acabava por estimular diferentes níveis de abdicação do mundo externo. Di Mambro, o líder do grupo, quase não interagia com a comunidade, sendo bastante distante, tendo suas falas e ordens em grande medida transmitidas por um grupo de seguidores fiéis que faziam parte de seu círculo interno. Assim como o Rajneeshpuram, a ordem do templo solar também enfrentou problemas com a justiça, o que fez com que o grupo endurecesse ainda mais sua visão de mundo, levando a assassinatos em massa.

Entretanto, Díez de Velasco (2000, p. 50) atenta à necessidade de o pesquisador não estigmatizar todas as comunidades alternativas como criminosas. Segundo o espanhol, a associação de alguns novos movimentos religiosos a práticas ilegais acarreta uma percepção distorcida por parte da sociedade mais ampla sobre as novas religiosidades de modo geral. A recusa de alguns membros de comunidades alternativas em participar de interações sociais convencionais pode intensificar o rechaço, fazendo com que os grupos sejam julgados de maneira mais severa do que as outras religiões. Além disso, Díez de Velasco (2000, p. 86) denuncia que mesmo sociedades presumivelmente democráticas e tolerantes rotulam certos grupos religiosos como sectários, excluindo-os de seu âmbito social, cultural e simbólico. A disseminação de um estereótipo negativo sobre esses grupos minoritários acaba por forçar alguns deles a se organizarem em comunidades alternativas, não por escolha pessoal, como nos casos supramencionados, mas por necessidade.

No Brasil há registros atestando a existência de várias comunidades alternativas relacionadas às novas religiosidades, usualmente promovendo formas de vida sustentável. Destacam-se a Rede Brasileira de Ecovilas (ENA Brasil) e o Movimento Brasileiro de Ecovilas, Permacultura e Transição Planetária, que unem várias ecovilas em território brasileiro que buscam promover assentamentos humanos sustentáveis, valorizando a diversidade cultural e a harmonia com a natureza. Além disso, algumas áreas como a Chapada dos Veadeiros e Pirenópolis, em Goiás, tornaram-se polos dessas comunidades, atraindo pessoas interessadas em estilos de vida alternativos. A maior parte desses grupos está concentrada no Estado de São Paulo, seguido pelo Estado de Goiás (Siqueira, 2015).

Figura 1 - Mapeamento das comunidades alternativas do Brasil em 2015

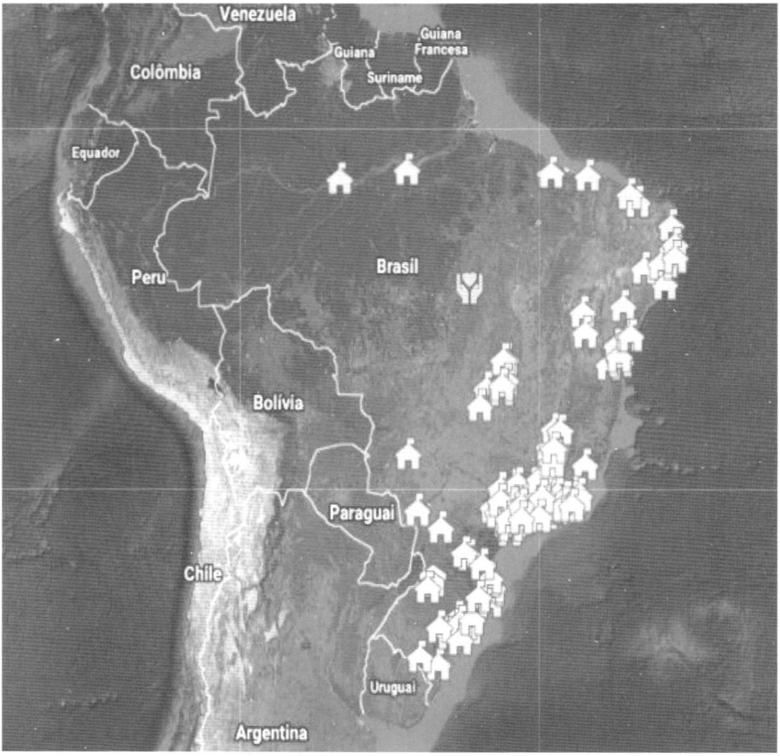

Fonte: Siqueira (2015).

Terapias alternativas

Nem sempre um novo movimento religioso se institucionaliza enquanto "religião". Do ponto de vista da ciência da religião, continuamos a classificar tais grupos como religiosos, segundo os critérios que apresentamos na introdução deste livro. Entretanto, muitos ramos do *cultic milieu* se consideram formados por "terapeutas", ainda que uma "nova medicina", portadores de técnicas especiais de cura. Nesses casos, não é incomum que alguns grupos se organizem não como templos, mas como clínicas, *spas* urbanos e outras formas mais comumente ligadas à saúde. Mas para entendermos o apelo das medicinas alternativas precisamos resgatar um pouco da história da saúde durante o século XX.

Desde o final do século XIX, América do Norte e Europa começaram a repensar o que significa estar saudável. No século XIX a medicina já havia padronizado sua prática com a abordagem científica do Iluminismo. Entretanto, alguns médicos românticos começaram a documentar práticas de cura populares, inclusive ervas e remédios caseiros, sem comprovação científica. Em partes, isso ocorreu porque os contrailuministas estavam revoltados que a área da saúde cada vez mais se fundamentava na medicina baseada em evidência e abandonava o idealismo. Ao adotar o paradigma mecanicista e a biologia como bases de atuação, a medicina passou a preconizar que saúde era simplesmente a ausência de doenças físicas, e essa se tornou a visão dominante da Europa pelo menos até a Primeira Guerra Mundial. Mas com tantos soldados voltando para casa com traumas de guerra após o fim do conflito, as pessoas começaram a valorizar não apenas o corpo físico, mas também o mundo interno de sentimentos e significados (Laplantine, 2010).

Outra mudança na forma como a Europa entende as doenças aconteceu com a invenção da penicilina em 1928. Os antibióticos e outros medicamentos transformaram doenças antes fatais, como sífilis e tuberculose, em condições tratáveis. Isso mudou radicalmente a relação dos europeus com a dor, a doença, a velhice e o sofrimento. Serres (2003) observou que o conforto físico, que antes era raro, tornou-se comum entre as pessoas. A cura passou a ser vista como um direito, e viver com doença e com sinais de velhice passou a ser considerado algo inaceitável.

Segundo Neves (2011), depois da Segunda Guerra Mundial, a ideia de bem-estar social ganhou ainda mais força na Europa. O Estado passou a ser visto como responsável por garantir o bem-estar dos cidadãos. Esse novo jeito de ver a saúde, como parte do bem-estar social, espalhou-se entre vários países do centro do capitalismo, com exceção dos Estados Unidos, que preferiram manter a saúde acessível apenas a quem pudesse pagar. Isso levou à criação da Organização Mundial da Saúde em 1948, na Suíça, o que promoveu uma visão ampliada de saúde em todo o mundo, incluindo não apenas a ausência de doenças, mas também o bem-estar físico e mental.

Quando o movimento da contracultura de 1960 entrou em contato com a ênfase no bem-estar social da Organização Mundial da Saúde, métodos de cura alternativos começaram a se popularizar. Esses terapeutas alternativos diziam tratar aspectos do ser humano que a medicina tradicional havia ignorado por cerca de dois séculos, como a espiritualidade e os "corpos sutis". O orientalismo platônico do *cultic milieu* aproximou práticas de cura milenares da Ásia, como ioga e acupuntura, de tradições médicas não convencionais do Ocidente, como urinoterapia, cromoterapia e fotografia Kirlian. Essas práticas contribuíram para o campo que hoje conhecemos como medicina complementar e alternativa (Neves, 2011, p. 29).

Em resposta ao aumento da procura por terapias alternativas, a Organização Mundial da Saúde criou, no final da década de 1970, o Programa de Medicinas Tradicionais. Segundo a própria política pública brasileira para práticas integrativas e complementares, o objetivo era estabelecer diretrizes internacionais para os países membros da ONU (Brasil, 2006). Os documentos da Organização Mundial da Saúde reconhecem o valor dessas práticas, muitas vezes baseadas em conhecimento transmitido de geração em geração, mesmo que nem sempre passível de comprovação científica, adotando políticas para promovê-las globalmente, desde que sua eficácia e segurança possam ser comprovadas, com o objetivo de regulamentá-las e integrá-las aos sistemas de saúde nacionais (WHO, 2000; 2013).

Ao olharmos para a lista extensa – mas não completa – de terapias reconhecidas pela Organização Mundial da Saúde no início da década de 1980, vemos que muitas dessas práticas são novas para o Brasil e, em vários casos, também aos contextos ocidentais de saúde e prática médica:

> Homeopatia, medicina antroposófica, diagnóstico astrológico, iridologia, diagnóstico por exame de língua, fisioterapia aplicada, diagnóstico físico, aura, fotografia Kirlian, biorritmos, teste das cores de Lüscher, acupuntura, reflexologia, shiatsu, moxabustão, osteopatia, quiropatia, terapia por impacto, rolfing, terapia por manipulação, touch for health, escovação da pele, cimática, medicina psiônica, radiestesia médica, radiônica, espirais oscilatórias de Lakhovsky, terapia orgônica, energia das pirâmides, árica, somatografia, bioenergética, psicologia biodinâmica, psicodrama, novas terapias primitivas, gestalt, conselhos mútuos, encontro, formação da sensibilidade, naturopatia (Heilpraktiker), cura metafísica, cibernética humana, psicossíntese, dianética, método Bates de educação visual, mesmerismo, irradiação de calor, banhos de cera, respiração, banhos de sol, raios ultravioleta, monorregimes, jejum, terapia Gerson, terapia pela urina, diateria e terapia por micro-ondas, ultrassom, terapia por pulsões em alta frequência, endrocrinoterapia endógena, pedras preciosas e cobre, argila e lama, balneoterapia, fitoterapia, *vita florum*, *exaltation of flowers*, aromaterapia, alimentos integrais, vegetarianismo, veganismo, macrobiótica, método Bircher-Benner, regime de alimentos crus, autossugestão, hipnose, treinamento autógeno, psicologia neurofisiológica, galvanismo, ventosas, sangria, faradismo, corrente sinusoidal, terapia interferencial, terapia por altas frequências, regime Hay, regime com grande teor de proteínas, regime com grande teor de fibras, medicamentos bioquímicos, medicina ortomolecular, biofeedback, meditação, iluminação intensiva, análise transacional, cromoterapia, meloterapia, ioga, técnica Alexander, terpsicoterapia, eurritmia curativa, t'ai chi ch'uan, cura pela fé (Laplantine; Rabeyron, 1989, pp. 20-21).

Essa lista mostra como certas práticas que passaram a ser difundidas pela Organização Mundial da Saúde são diferentes das tradições de cura popular encontradas no Brasil nos tempos coloniais. A medicina popular brasileira, com chás, banhos, peregrinações e orações, assemelha-se mais ao que Laplantine (2010) chama de medicina religiosa católica. Historicamente, o Brasil teve poucos médicos formados até o século XIX, o que fez com que líderes religiosos muitas vezes atuassem como curadores. Segundo Gurgel (2010), a medicina popular brasileira é uma mistura da medicina popular cristã com práticas indígenas e a influência das religiões africanas trazidas pelos escravizados. Nesse sentido, muitas práticas de saúde alternativa promovidas pela Organização Mundial da Saúde são totalmente novas à nossa cultura, mesmo que elas se apresentem emicamente como tradicionais.

Moraes (2007) aponta que a formação de um mercado de curas alternativas no Brasil, semelhante ao descrito pela Organização Mundial da Saúde, só ganhou força com a abertura a novas religiões a partir de 1946, quando além da laicidade do Estado, a Constituição do Brasil passou a declarar que "é inviolável a liberdade de consciência e de crença e assegurado o livre-exercício dos cultos religiosos" (Brasil, 1946, art. 141). No entanto, a oficialização dessas práticas de saúde no Brasil começou, de fato, com a criação do SUS (Brasil, 2006). Como é mais barato recorrer a plantas, banhos termais e massagens do que gastar com remédios e exames laboratoriais, muitas vezes o próprio SUS acabou por promover um ambiente cultural no Brasil que dissemina tais práticas, retroalimentando o próprio *cultic milieu* e gerando disputas com médicos cientistas, que dizem que dinheiro público está sendo gasto com pseudociências (Baima, 2020; Leão, 2019). É também por motivo semelhante que nos Estados Unidos a despesa com terapias alternativas é maior do que o montante gasto em todo o sistema médico convencional (Heelas, 2008, p. 68). Como o bastião do capitalismo não oferece acesso público à saúde, a maior parte de sua população não consegue bancar um tratamento médico convencional, recorrendo a terapeutas alternativos.

Em seu livro sobre novos movimentos religiosos, Benthall (2008, p. 16) cita como exemplo de institucionalização de um novo movimento religioso nesse formato "área da saúde" a empresa Nikken, que segundo o autor funciona como um esquema de pirâmide e é especializada em promover "terapias magnéticas". O autor classifica o grupo como possuindo características religioides por sua ideologia orientada aos "cinco pilares da saúde", que dizem respeito a se ter um corpo saudável, uma mente saudável, uma família saudável, uma sociedade saudável e finanças saudáveis. Tais pilares indicam um foco em um estilo de vida que vai além da saúde para incluir também bem-estar mental e ideologia capitalista.

Outro exemplo é o da American Way (Amway), empresa de suplementos alimentares que possui mais de 3 milhões de distribuidores no mundo. Embora se apresente como um movimento da "área da saúde", a Amway opera como uma comunidade fechada com forte sentimento de pertencimento, o que é favorecido por suas práticas de supressão de pensamento crítico, controle de ambiente e *love-bombing*[18] com os neófitos. A empresa possui lideranças que são idolatradas e cujas palavras e ações são vistas como exemplos, o que as aproxima muito da figura de líderes religiosos carismáticos. O esquema de pirâmide pelo qual a Amway opera também foi classificado por Benthall (2008, p. 16) como uma forma de evangelismo. Por fim, a empresa estadunidense foi acusada, de acordo com o autor, de promover pseudociência ao invés de terapias cientificamente comprovadas, o que demonstra que estaria mais próxima de algo religioso do que de algo médico.

Puttick (2005d) menciona outro grupo que se institucionaliza no formato "área da saúde": o movimento da saúde holística. Segundo a autora, adeptos desse movimento organizam-se em clínicas alternativas para oferecer uma gama de práticas, borrando as fronteiras entre psicologia e espiritualidade, usualmente oferecendo terapias focadas no tratamento de doenças crônicas e psiquiátricas relacionadas ao estresse e ao ambiente capitalista, atendendo a uma demanda de mercado por um tratamento mais personalizado. Outro autor também menciona que mesmo quando tais práticas possuem uma

18. Sem tradução direta para o português, trata-se da prática de demonstrações intensas de afeto em grupo para convencer alguém a aderir. Usualmente o *love-bombing* desaparece após o movimento ter certeza que converteu o prosélito.

intervenção física, como no caso de massagens e práticas corporais como ioga e *tàijí*, ainda assim o objetivo final da intervenção é algo emocional, psicológico (Teixeira, 2020). Hanegraaff (1996, p. 54) destaca como técnicas terapêuticas mais comuns nesse meio as massagens, o toque terapêutico (incluindo terapias de imposição de mãos, como o *reiki*), meditações e visualizações, terapias nutricionais e curas energéticas (p. ex., terapia de *cakra*).

Magnani (1999, p. 46) comenta que no meio dos novos movimentos religiosos, as diferentes terapias alternativas possuem um caráter "holístico", "*soft*" e "natural". Elas seriam holísticas por considerar o ser humano total, estabelecendo uma forma de atender que leva em consideração os diferentes planos em que o paciente está inserido, desde o meio ambiente imediato até o nível cósmico mais abrangente. No caso da população que não tem acesso à medicina científica, as terapias alternativas são atrativas por serem mais acessíveis. É mais barato tomar um chá do que comprar um remédio na farmácia ou recorrer a equipamentos médicos. Mas Magnani (1999) também menciona a classe média alta que consome esse tipo de produto, dizendo que o apelo das medicinas alternativas se dá nesses casos por elas serem apresentadas como "menos agressivas" em suas intervenções. Por esse motivo elas são descritas pelo autor como *soft*. E tais práticas seriam naturais porque utilizam elementos naturais como ervas medicinais, óleos essenciais, massagem, cristais, música e exercícios ao invés de medicação de base química.

Os dois exemplos levantados por Magnani (1999) são importantes, porque auxiliam na problematização de uma compreensão monolítica de que práticas alternativas sempre serão mais baratas. Embora muitas pessoas optem por terapias alternativas por esse motivo, é importante reconhecer que terapias holísticas também podem ser muito caras. Por exemplo, medicamentos homeopáticos vendidos em farmácias costumam ser acessíveis, mas tratamentos com terapeutas homeopatas de renome, que caem nas graças da classe média alta, podem ser muitas vezes mais caros. Apesar de algumas terapias alternativas serem financeiramente viáveis, outras podem representar um investimento considerável. Essa disparidade nos custos influencia não apenas o acesso, mas também a maneira como são percebidas as medicinas alternativas. Enquanto algumas pessoas recorrem às terapias por questões financeiras, outras o fazem em busca de exclusividade ou de tratamentos personalizados. Assim, embora o SUS promova um ambiente que favorece a adoção de terapias alternativas por serem mais acessíveis, é necessário considerar que nem todas são feitas para ser economicamente viáveis a toda a população. Essa complexidade adiciona uma camada extra às disputas entre práticas médicas convencionais e alternativas, especialmente quando se trata do uso de recursos públicos e da efetividade dessas terapias, um assunto que foge ao escopo de nossa discussão.

Segundo Heelas (2008, p. 66), a oferta de novos movimentos religiosos que se institucionalizam enquanto terapias não é algo limitado apenas a clínicas. Como se trata de algo igualmente marginal na sociedade mais ampla, as terapias alternativas por vezes precisam se reinventar, oferecendo serviços em locais que permitem que eles atuem. Em alguns casos isso se dá em espaços igualmente marginais, como asilos, prisões, locais de reunião para aposentados, centros de reabilitação e casas de repouso. Outros exemplos mencionados pelo autor britânico são os dos salões de beleza, aeroportos, salas de treinamento em empresas, salas de aula, universidades, restaurantes, academias de ginástica, hotéis, pousadas e assembleias.

Entretanto, Champion (1989, pp. 156-157) ressalta que poucos movimentos religiosos se institucionalizam estritamente como algo relacionado à saúde. Mais comumente, as comunidades e redes das novas religiosidades se formam ao redor de centros de saúde holística e desenvolvimento espiritual. Esses centros integram aspectos esotéricos das novas religiões com terapias alternativas e técnicas de potencial humano, oferecendo alternativas à visão mecanicista dominante da medicina convencional. Tais centros promovem uma ampla gama de práticas (p. ex., ioga, artes marciais, astrologia, naturologia), visando abordar o ser humano de forma integral. Isso se dá, em grande medida, porque uma minoria dos novos movimentos religiosos tem condições financeiras de estabelecer hospitais e clínicas próprias, o que faz com que seja mais vantajoso vários grupos compartilharem organicamente um mesmo espaço holístico de saúde, com terapeutas de distintas denominações (p. ex., medicina antroposófica, acupuntura, *āyurveda*, neoxamanismos etc.), mas que possuem em comum ser parte do *cultic milieu*. Além disso, mesmo quando a nova religião dispõe de recursos financeiros para estabelecer seus próprios hospitais, apenas uma minoria dos novos movimentos religiosos se limita a esse ponto.

Folk (2014, p. 307) exemplifica o que Champion fala com o caso da cientologia, que é conhecida por seus programas elaborados de "desintoxicação" pela rejeição à psiquiatria, ilustrando um novo movimento religioso que promove abordagens alternativas à saúde. A forma mais visível de ritual da cientologia, a dianética, é entendida emicamente como uma forma de terapia, e os espaços de atendimento aos seguidores da igreja são organizados de modo a parecerem clínicas médicas. Mas a cientologia não se limita apenas à saúde. Outro exemplo mencionado pela autora é o da ciência cristã, uma forma de novo movimento religioso focado na cura espiritual, uma abordagem alternativa à medicina baseada em evidência que se desvia significativamente das abordagens convencionais de saúde, mas que também não fica apenas nessa dimensão, por ter o fundamentalismo cristão como seu pilar. Um último exemplo listado pela autora é o dos adventistas do sétimo dia, que são reconhecidos por seus sanatórios, mas que também não se limitam apenas por esse trabalho. Nenhum dos três exemplos destacados pela autora – cientologia, ciência cristã e adventistas – institucionaliza-se apenas em formatos típicos da área da saúde. Eles possuem formas de organização próprias que emulam esse formato, ainda que sem abandonar a identidade pessoal enquanto religião.

Além disso, Folk (2014) também menciona que em alguns casos os seguidores dos novos movimentos religiosos acreditam que seus líderes possuem poderes de cura, como o guru indiano Sai Baba e o cabalista "Rav" Philip Berg, conhecidos por realizarem performances histriônicas de cura. No cenário brasileiro, tais performances são comuns nos pentecostalismos, com muitos pastores ascendendo em popularidade justamente por seus rituais de cura.

Por fim, Folk (2014, p. 312) lembra o turismo religioso para fins de saúde. Nesse contexto, a prática envolve viagens a locais específicos que teriam características espirituais únicas de cura. Nesses locais o viajante pode se submeter a práticas que vão de rituais simples a terapias alternativas complexas. A autora menciona o caso das cirurgias espirituais brasileiras como um exemplo de prática que combina elementos ritualísticos, concepções popularizadas da medicina ocidental e uma considerável encenação espiritual. Pegando o caso de João de Deus, no ápice de sua popularidade, antes dos escândalos de abuso sexual e outros crimes virem à tona, pessoas do mundo inteiro viajavam até Abadiânia, em Goiás, para serem atendidas pelo médium. Segundo Folk (2014), esse tipo de prática é foco de interesse tanto para adeptos dos novos movimentos religiosos quanto para céticos, fazendo parte de um fenômeno mais amplo onde as pessoas buscam curas não convencionais, em especial no caso de doenças crônicas e terminais, onde não existe muita esperança pela medicina científica.

Escolas e institutos de educação

Outra forma de institucionalização de novos movimentos religiosos é em formatos que lembram instituições de ensino. Escolas, faculdades, universidades e institutos de pesquisa fomentados pelas novas religiosidades, quase sempre sem reconhecimento estatal, funcionam de forma alternativa à educação formal, oferecendo desde cursos livres até programas mais robustos, emitindo "diplomas" e fazendo "formaturas". Isso confunde quem se aproxima desses grupos pela primeira vez, com muitos adeptos fazendo cursos de "graduação" e "mestrado" que se descobrem depois, não raramente, não possuírem validade.

Dois casos bastante famosos, relacionados ao pentecostalismo brasileiro, são os de Damares Alves, da Igreja do Evangelho Quadrangular, e da pastora Flordelis, criadora de sua própria igreja. Quando Alves era ministra do Governo Bolsonaro, ela dizia ter mestrado em educação e direito. Isso levou a uma série de denúncias na imprensa, que passou a dizer que tais diplomas não existiam, que ela estaria falsificando o próprio currículo. Quando quis esclarecer o ocorrido, Alves declarou então que seu mestrado era "bíblico", ou seja, emitido pela própria igreja (Balloussier, 2019). O caso de Flordelis foi similar, vindo à tona quando ela foi presa pelo assassinato do marido. A pastora tentou apresentar um diploma expedido pela igreja para não ficar em cela comum, mas o diploma foi considerado inválido pela justiça por não ter sido emitido por instituição de ensino regularizada no MEC (Cascardo, 2021).

No capítulo anterior foi apresentado que religiões surgidas no contexto pós-iluminista se caracterizam pela fusão de elementos científicos e espirituais, criando "mitologias de ciência" que desafiam as concepções científicas tradicionais. Essa tendência reflete uma busca paradoxal por legitimidade científica e, ao mesmo tempo, uma rejeição ao dualismo e ao reducionismo, típicos do método científico. A incorporação de conceitos científicos, ainda que de maneira errônea ou parcial, serve para a construção de novas estruturas de crença tanto quanto de identidade. A popularidade da física quântica nesses movimentos ilustra bem essa tendência. Os adeptos de novos movimentos religiosos, quando evocam símbolos da física quântica, acreditam estar fazendo ciência, ainda que haja uma oposição objetiva entre o que físicos falam sobre a mecânica quântica e o que os novos movimentos religiosos entendem pelo adjetivo "quântico". Ocorre aqui uma sobreposição entre ficção científica, psicologia e bens religiosos asiáticos, que são apresentados como filosofias ou ciências alternativas.

Existem vertentes inteiras de novos movimentos religiosos que se recusam a se apresentarem como "religião". Embora sejam academicamente classificados como religiosos segundo os critérios apresentados na introdução deste volume, seus próprios adeptos não se veem sob essa alcunha. No caso das religiões de óvnis, isso é bastante evidente. Um ufólogo não se considera religioso, mas um cientista buscando a "verdade" sobre a vida extraterrestre. Do mesmo modo, a maioria dos novos movimentos religiosos ligados às curas alternativas não quer ser reconhecida como religião. Eles querem se apresentar como uma nova ciência médica, ainda que falem de coisas como cura energética, espiritualidade e energias sutis. Tudo isso estimula que determinados grupos prefiram que sua forma de institucionalização seja mais próxima de algo que remeta ao ensino, ao invés de se organizarem no formato típico de templos e igrejas, o que, muitas vezes, torna difícil diferenciar o que é ritual do que é uma aula ou treinamento religioso.

Em alguns casos, os novos movimentos religiosos podem buscar por instituições de ensino reconhecidas, oferecendo partes de seus conhecimentos para compor cursos de educação continuada (p. ex., especializações *lato sensu*), quando tais cursos incluem tópicos sobre beleza, saúde, empreendedorismo, gestão de negócios e exercícios físicos (Heelas, 2008, p. 66). No cenário internacional, os pesquisadores Bromley e Shupe (1979) começaram a investigar a Igreja da Unificação justamente porque missionários se aproximaram dos professores da universidade onde eles trabalhavam para que os próprios docentes ajudassem o novo movimento religioso a ganhar reconhecimento como uma organização dentro do *campus*. Outro exemplo é o da confraria dos deístas, fundada na Flórida em 1967, que dois terços de seus centros estão dentro de *campi* universitários (Chryssides, 2005). Walsh (2005, p. 471) menciona que até mesmo a opus dei, que hoje é posicionada claramente enquanto uma prelazia da Igreja Católica, começou em um formato similar a de um albergue universitário. O crescimento da opus dei, após o golpe de Franco, ocorreu dentro do ensino superior da

Espanha, visto o ditador querer que as universidades espanholas refletissem os valores fascistas, algo que foi abraçado pelo grupo para entrar nas instituições de ensino formais da Espanha e, assim, utilizar essa presença para recrutar novos membros.

Já no cenário brasileiro, Reis (2005) menciona como nossas universidades, após a expansão do ensino superior fomentado pelos dois primeiros governos Lula, foram invadidas pelos novos movimentos religiosos, passando a oferecer cursos de astrologia clínica, astrologia aplicada a gestão de pessoas, fēngshuǐ, florais de Bach, reiki, mandalas, cromoterapia, radiestesia e tarô. Em outro lugar fizemos um estudo de caso da naturologia, um novo movimento que conseguiu se institucionalizar enquanto curso superior no sul do Brasil durante a década de 1990, expandindo para São Paulo no início da década de 2000 (Stern, 2017). Esse tipo de inserção de conteúdos religiosos ou religioides dentro das universidades leva alguns autores a criticar a perda do *status* científico das universidades, classificando tais saberes como pseudocientíficos (p. ex., Reis, 2005). Entretanto, são exemplos empíricos de como os adeptos de novas religiosidades buscam as universidades para se institucionalizar e legitimar.

Contudo, os casos anteriormente mencionados não representam a norma, mas sim exceções. O mais comum é que os novos movimentos religiosos não sejam aceitos enquanto conteúdos pedagógicos válidos nas universidades, o que estimula muitos grupos a fundar suas próprias escolas, nomeando tais espaços com nomes como "instituto de pesquisa espiritual", "escola espiritual", "fraternidade do saber" ou "universidade holística". Conforme explica Magnani (1999, p. 32), muitos desses espaços servem não apenas como centros de formação, mas também possuem infraestrutura tecnológica e física capaz de produzir e editar materiais informativos, publicidade e apostilas, refletindo esforço organizacional para disseminar suas ideias e práticas. O fato de muitos desses locais conterem até editoras próprias indica, segundo o antropólogo brasileiro, seu comprometimento na produção e distribuição de ensinamentos relacionados ao grupo.

No Brasil, o caso mais visível é o da Universidade Internacional da Paz (Unipaz), que se apresenta como instituição de ensino superior, com especial foco ao seu curso de formação holística de base, mas que não possui registro no MEC. Embora o grupo ofereça alguns cursos de especialização *lato sensu* em parceria com universidades particulares regulares que vendem o diploma para a Unipaz, ela própria não possui autonomia de emitir sozinha diplomas válidos no Brasil. Segundo Di Oliveira (2020, p. 124), a própria fundação da Unipaz vem à esteira de grupos que queriam estabelecer uma unidade entre religião e ciência, em especial inspirados por cientistas religionistas francófonos, como Nicolescu, Jean-Francois Lambert e Guiderdoni, que misturavam suas crenças pessoais com novas filosofias das ciências. Não por acaso, a cientista da religião classifica objetivamente a Unipaz como uma representante dos novos movimentos religiosos, mais especificamente como parte do movimento da nova era (Di Oliveira, 2020, p. 125).

Sobre essa forma de institucionalização emulando escolas muitas vezes borrar a fronteira entre ritual e curso, o exemplo da Unipaz é emblemático. Conforme explica Di Oliveira (2020), as aulas da Unipaz são estruturadas em torno de uma metodologia própria dividida em duas partes: a holologia (estudos teóricos) e a holopráxis (vivências). A holologia aborda teorias que envolvem campos como ciência, filosofia, artes e espiritualidade, fundamentada por uma visão transdisciplinar holística que evoca autores que falam sobre complexidade, física quântica, psicologia transpessoal, pensamento sistêmico e estudos da consciência. Já a holopráxis seria a aplicação prática dessas teorias. Os alunos experimentam diversas práticas que conectariam o material e o sutil, o natural e o sobrenatural, o imanente e o transcendente. Essa segunda parte do método da Unipaz pode ser facilmente descrita como um ritual religioso, ainda que emicamente não seja assim apresentada pelos professores da instituição.

Outro exemplo de destaque internacional de como pode funcionar essa dinâmica de institucionalização de um novo movimento religioso emulando uma escola pode ser observado na fundação da antroposofia. Rudolf Steiner, doutor em filosofia, amargurou desemprego enquanto professor universitário, encontrando estabilidade financeira apenas quando ingressou na sociedade teosófica em 1902. Segundo Staudenmaier (2014, p. 29), isso fez Steiner ir de crítico a professor de teosofia, fundando uma "escola esotérica" para seus seguidores mais próximos que, anos depois, levaria ao estabelecimento da sociedade antroposófica. Nesse caso, a formação de fundo de Steiner o levou a organizar a antroposofia – inicialmente por dentro da teosofia – em um formato muito próximo daquilo que ele gostaria de ter proposto se tivesse conseguido uma posição para seguir carreira de professor universitário. Não por acaso, até hoje muitos antroposóficos não se reconhecem como religião, mas como algo "filosófico" ou "científico", ainda que uma "ciência espiritual".

Em outro caso, Chandra Mohan Jain, mais conhecido como Osho ou Rajneesh, abandonou sua posição enquanto professor de filosofia da Universidade de Jabalpur para se promover enquanto guru em viagens por toda a Índia (Puttick, 2005e, p. 512). Como apoiador da extrema-direita indiana, Jain preferiu sair da universidade após a vitória de Indira Gandhi, candidata da centro-esquerda, posteriormente acusando, sem provas, que o governo da primeira-ministra o havia forçado a largar a posição na universidade. O caso de Jain é um exemplo similar ao de Steiner. Ainda que Jain tenha conseguido a posição de professor universitário, ele não encontrou dentro do ambiente acadêmico formal espaço para as suas ideias controversas sobre filosofia da religião e sociedade. Defensor do fascismo italiano, Jain teve maior sucesso para difundir seus ensinamentos fora da universidade, fundando institutos alternativos com financiamento dos Estados Unidos, inicialmente na Índia e posteriormente em território americano.

Por fim, um exemplo de destaque do cristianismo é o curso alfa, uma ferramenta de evangelização inicialmente desenvolvida por uma igreja anglicana em Londres no final da década de 1970, mas que passou a ser adotado por outras igrejas cristãs das mais diversas denominações, em especial as pentecostais. O curso é majoritariamente conduzido por leigos, desenhado para atrair pessoas que não frequentam a igreja, buscando espaços onde já existe ambiente preparado para receber uma classe e que aceitam propostas de novos cursos, como faculdades, universidades, escolas, prisões, centros de conveniência e até mesmo salas de treinamento em empresas. Segundo Cunningham (2005, p. 25), durante dez semanas os participantes se reúnem semanalmente para um jantar informal, ouvem palestras e participam de discussões em pequenos grupos. Enquanto os principais elementos da doutrina protestante conservadora são passados, isso é feito em um ambiente que emula simpósios e congressos acadêmicos, ao passo que a igreja tenta passar certo ar de "desinteresse" aos prosélitos, como se não estivesse preocupada na conversão dos participantes, mas apenas em ensinar.

Lojas

Uma última forma de institucionalização que gostaríamos de abordar é a das lojas de produtos religiosos. A comodificação da religião, conforme discutida no capítulo anterior, reflete a transformação de bens, serviços e ideias espirituais em mercadorias, onde a espiritualidade é tratada como um produto que pode ser escolhido ou ignorado pelo consumidor. Esse fenômeno contribui para a adaptação dos novos movimentos religiosos ao mercado, o que muitas vezes se manifesta em formas de institucionalização que mesclam loja com a oferta de outros bens e serviços.

Segundo Melton (2007, p. 38), durante muitos anos as livrarias de nova era e lojas de itens religiosos foram centros de disseminação não apenas de materiais relacionados às novas religiões, como também das próprias práticas alternativas. Puttick (2005d, p. 273) e De La Torre (2013, p. 28) também mencionam as lojas de produtos e remédios naturais como espaços que desempenham função semelhante. Nesses locais, os interessados podem encontrar uma ampla gama de livros escritos por gurus, médiuns e praticantes de medicinas alternativas, todo tipo de parafernália religiosa, comida orgânica, produtos naturais, quadros de avisos com folhetos e cartões de visita de líderes da comunidade local, além de revistas sobre religiões alternativas e, em alguns casos, prestações de serviços como leituras de tarô, consultas terapêuticas e espaço para realização de rituais. Dessa forma, tais locais agiriam como pontos de contato primário do *cultic milieu*. Melton (2007, p. 39) conclui que tais serviços e práticas funcionam como uma forma de complementação da religião alternativa, similar ao papel que as organizações paraeclesiásticas desempenham em apoiar e servir ao cristianismo.

No Brasil, tais lojas também são locais de troca de mensagens, vivências e propagação de valores das novas religiosidades. Pegando o exemplo da franquia Alemdalenda, a primeira loja foi fundada em 1988 por uma sacerdotisa esotérica, oferecendo uma variedade de produtos associados à nova era, como livros, música *new age* e *world music*, roupas características, cristais, pirâmides e figuras de gnomos. Tais espaços eram locais de encontro para experiências compartilhadas e aprendizado. O mesmo também é observado em centros de ioga, livrarias de autoajuda, espaços para cura holística e estabelecimentos de produtos naturais e alimentação saudável. Esses espaços formam uma rede na qual o público do *cultic milieu* transita, dando base material e social para as novas religiosidades (Stern; Guerriero, 2022).

Com a popularização de coisas esotéricas após a década de 1980, Hanegraaff (1996) observou que tais produtos começaram a ser ofertados também em grandes lojas de departamento. Citando alguns exemplos do cenário brasileiro, há algumas décadas, seria muito difícil encontrar velas coloridas sendo vendidas fora das lojas de umbanda e candomblé. Hoje, porém, é possível encontrar velas coloridas nas redes de supermercado e até mesmo em grandes papelarias. Magnani (2016, p. 51) cita também como produtos alimentícios produzidos por fundações vinculadas à Igreja

Messiânica também passaram a ser encontrados em restaurantes vegetarianos paulistanos, além dos supermercados convencionais da cidade de São Paulo. O mesmo foi observado pelo autor neerlandês, quem relatou que livros sobre novas religiões e esoterismo são vendidos hoje nas gigantes do mercado editorial, com livrarias não religiosas com seções inteiras dedicadas a espiritualidade e esoterismo (Hanegraaff, 1996). Isso, de um lado, retira a necessidade de haver lojas especializadas. Entretanto, ainda que possa ter havido uma diminuição do número de espaços dedicados às novas religiosidades, eles ainda persistem.

Um fator que facilita a criação de lojas e locais de comércio específicos para as novas religiões é a característica que tais grupos minoritários têm de preferir consumir produtos de pessoas da própria congregação. Conforme explica Forsey (2015, p. 55), a afiliação religiosa influencia diretamente na capacidade de empreender por meio do acesso a redes de confiança e recursos financeiros dentro das pequenas religiões. Pegando o caso do pentecostalismo, a autora considera não ser incomum que evangélicos se sintam menos confortáveis em dar crédito, depositar dinheiro, contratar um trabalhador e fazer compras nas lojas de quem não é identificado igualmente como cristão. Existe um *ethos* de que se o comerciante é também evangélico, que ali se encontrariam preços justos e um trabalhador honesto. Essa mesma lógica não é exclusiva dos novos cristianismos. Ela pode ser encontrada nas diferentes comunidades das novas religiosidades, com os membros preferindo frequentar o espaço comercial de pessoas que tenham uma identidade religiosa similar. Assim, parte do sucesso da franquia Alemdalenda estaria em sua dona e fundadora ser esotérica praticante.

Segundo Crowley (2011, p. 48), embora o consumo seja apresentado como algo contracultural no meio do *cultic milieu*, os objetos e serviços comercializados criam uma espécie de falsa consciência social. Isso implica que o discurso político da nova esquerda, de onde a noção de se ir contra o sistema se origina nos novos movimentos religiosos, em grande medida foi transformado em algo voltado ao trabalho pessoal de estilo de vida, deslocando o foco da ação política para a esfera do consumo. Assim, a cultura dominante capitalista teria cooptado um discurso originalmente de oposição, transformando-o em apenas mais um objeto que recebe preço. Isso implica que apesar dos bens e serviços comercializados nas lojas das religiões alternativas parecerem promover um desvio do convencional, na verdade eles reforçam as estruturas de poder existentes, mascarando a continuação do consumismo sob o véu da espiritualidade alternativa.

Entretanto, estudando exemplos empíricos de Israel e da Nova Zelândia, Zaidman (2007) se opõe a uma interpretação tão dura, mencionando que as livrarias esotéricas funcionam como espaços espirituais, mesmo sendo também espaços comerciais. Muitos funcionários veem seu papel não apenas como fornecedores de um serviço, mas como facilitadores da busca espiritual dos clientes, e em alguns casos os proprietários se dispõem a aceitar lucros menores para manter a comunidade espiritual, indicando uma prioridade na promoção da nova religião em vez de apenas maximizar o lucro. Essa abordagem contrasta com a crítica comum de uma "comercialização ilimitada" dos novos movimentos religiosos, sugerindo que, em alguns casos, existe um esforço consciente para orientar os consumidores para itens que se acredita favorecerem o crescimento espiritual, e não apenas gerar vendas.

Em nossa interpretação, a análise de Crowley não é necessariamente anulada pelos dados encontrados por Zaidman. Se pensarmos nas lojas de produtos religiosos como espaços também de proselitismo, entendemos que as religiões aceitarem lucros menores continua sendo economicamente vantajoso para elas. Em outro texto, explicamos que a ciência da religião tem ressignificado o termo proselitismo, que originalmente tinha um uso estritamente cristão, relacionado à conversão de novas pessoas ao catolicismo, e que hoje passou a ser interpretado eticamente como propaganda religiosa (Stern, 2022b). Nesse sentido, se entendermos que no *marketing* não existe apenas propaganda de conversão, mas também a propaganda institucional – ou seja, aquela feita para o público que já consome a marca mantê-la em mente –, as lojas e empreendimentos comerciais religiosos que vendem com menor margem de lucro existem, dentro da lógica capitalista, para assegurar a fidelidade do público. Nem toda propaganda é necessariamente uma peça publicitária. Uma rede de confecção ter uma loja em um grande centro comercial também é propaganda, ainda que ela não venda bem. Similarmente, a religião ter sua própria loja, ainda que com prejuízo econômico, pode ser algo suprimido na adesão de novos fiéis, que compensam a perda financeira consumindo outros bens espirituais, voluntariando-se para o trabalho espiritual ou doando para a religião.

Capítulo 4
Tipos

Enquanto no capítulo anterior as formas de organização dos novos movimentos religiosos foram o nosso foco, no presente capítulo apresentaremos uma tipologia com alguns exemplos. Como se trata de um ambiente de estudo extremamente volátil, com um número muito grande de grupos sendo criados e evanescendo (Campbell, 1976), é impossível esgotar o universo. Dessa forma, nosso objetivo aqui não será listar todos os novos movimentos religiosos, nem tão pouco nos aprofundar de forma enciclopédica em todos os que serão apresentados. Ao invés disso, desejamos muito mais elaborar uma forma de classificação, de acordo com características comuns compartilhadas entre alguns movimentos. Além disso, atentamos que a proposta de classificação aqui presente é bastante autoral, ainda que inspirada na revisão sistemática dos especialistas sobre o assunto. Devemos ressaltar que não existe uma única classificação de novos movimentos religiosos, até pela enorme diversidade de grupos encontrada nessa área de estudo. Assim, sintam-se confortáveis em propor outras classificações ou até mesmo revisar a classificação apresentada nesse volume.

Não iremos nos aprofundar em cada movimento. Em média, cada um deles conterá dois ou três parágrafos descritivos, para apresentar do que se tratam os grupos listados a pessoas que não os conhecem. As informações foram baseadas em grande medida em algumas obras sobre religiões e novos movimentos religiosos. Um dos livros sobre o tema é a obra sobre nova era de Hanegraaff (1996), que é o texto publicado de sua tese de doutorado. Em especial a primeira parte do volume apresenta muitas referências êmicas e classificações de tendências dentro do universo da nova era que, muitas vezes, ultrapassa a própria fronteira desse objeto e aparece nos novos movimentos religiosos. Outra obra importante é a enciclopédia de novos movimentos religiosos de Peter Clark (2005a), que considera os pentecostalismos como formas de novos movimentos religiosos. A enciclopédia é bastante densa, em formato de dicionário técnico, e apresenta uma pletora de diferentes grupos, com verbetes escritos por cientistas de todo o mundo. Em língua portuguesa, um livro introdutório seria o de Guerriero (2006), *Novos movimentos religiosos*, que na parte final também contém um minidicionário com vários movimentos religiosos diferentes. O volume de Phillip Charles Lucas e Thomas Robbins (2004), *New religious movements in the 21st century* (lit. "Novos movimentos religiosos no século XXI"), apresenta uma abordagem interessante ao cruzar questões legais e embates políticos e sociais nos quais os novos movimentos religiosos se inserem. Não apenas isso, seus textos foram organizados geograficamente, abordando diferentes novos movimentos religiosos em quatro regiões: (1) Europa Ocidental, (2) Europa Oriental e Crescente Fértil, (3) África, Ásia e Austrália, e (4) Américas. A enciclopédia de religiões de Lindsay Jones (2005) não é focada especificamente em novos movimentos religiosos, mas possui alguns verbetes interessantes sobre religiões da diáspora africana (inclusive um verbete específico para religiões afro-brasileiras), sobre novos movimentos religiosos da África, novos movimentos religiosos da Austrália, novos movimentos religiosos dos Bálcãs, pentecostalismos, além de verbetes sobre grupos específicos, como a antroposofia, a teosofia, a wicca, a maçonaria, a ciência cristã, além de várias novas religiões japonesas.

Ressaltamos aos nossos leitores que alguns grupos específicos já tiveram trabalhos produzidos em língua portuguesa. Já há um corpo de teses e dissertações elaboradas nos programas de ciência da religião do Brasil sobre neopaganismos, neoxamanismos, religiões da diáspora africana e pentecostalismos. Não apenas isso, as outras disciplinas acadêmicas que também estudam religiões, como a antropologia e a história, também possuem dissertações e teses em língua portuguesa sobre a temática. Utilizar o banco de dados de teses e dissertações da Capes auxilia bastante o estudante a encontrar materiais sobre esses grupos, se eles existem em língua portuguesa.

Há dois tipos de categorias que foram criadas nesse capítulo, segundo a teoria de Chantepie de La Saussaye (1940). A maior parte são categorias genealógicas, visto o autor considerar que esse tipo de classificação é mais precisa para cientistas da religião, do ponto de vista da reprodutibilidade. Entretanto, apenas categorias genealógicas deixam de fora algumas especificidades dos novos movimentos religiosos. Por esse motivo, as três últimas categorias deste capítulo são morfológicas, para abordar os novos movimentos que se consideram científicos ou apelam para a ciência para se legitimar, as religiões de óvnis e os pentecostalismos.

Por fim, é importante destacar que os grupos aqui apresentados não estão listados por ordem de importância, relevância, tamanho ou dimensão. A lista foi elaborada para exemplificar a tipologia adotada, e não pretende ser exaustiva. Além disso, é fundamental lembrar que existem muitos outros novos movimentos religiosos. O ambiente religioso contemporâneo é dinâmico e em constante transformação, com novas religiões surgindo e desaparecendo continuamente. Portanto, esta tipologia oferece apenas uma visão parcial desse vasto campo de estudo.

Novos movimentos religiosos do Japão

É tradicional entre os especialistas do tema que as novas religiões japonesas recebam uma categoria genealógica própria dentro dos estudos de novos movimentos religiosos, conforme atestado em Chryssides e Zeller (2014b), Lewis e Tollefsen (2016) e Staemmler (2014). O motivo disso é porque, como explicam Lewis e Tollefsen (2016, p. 1) e também Lewis (2016, p. 64), o campo de estudo de novos movimentos religiosos emergiu no Japão. Embora a geração de novas religiões seja uma constante ao longo da história em todo o mundo, o desenvolvimento de uma especialização acadêmica própria só ocorreria na Europa e nos Estados Unidos duas décadas depois do que no Japão. Dessa forma, os cientistas da religião japoneses estiveram na ponta desse tipo de pesquisa.

A sociologia e a ciência da religião japonesa classifica os novos movimentos religiosos em *shin shūkyō* (新宗教) e *shinkō shūkyō* (新興宗教). *Shin shūkyō* (lit. "religião nova") usualmente é empregado para se referir a movimentos religiosos que surgiram após a Segunda Guerra Mundial no Japão, mas podendo ser ampliado também para incluir novas religiões criadas após o fim do Período Edo, em 1868. Já o termo *shinkō shūkyō* (lit. "religião emergente") apresenta uma ênfase na ideia de que determinado grupo está ganhando proeminência. Ele é utilizado pelos japoneses para descrever movimentos que estão crescendo em influência ou que estão se estabelecendo em um contexto social ou cultural específico. Por exemplo, evangélicos no geral são classificados como *shinkō shūkyō* pelos japoneses.

Segundo Staemmler (2014, p. 53), as novas religiões japonesas podem ser divididas em quatro fases históricas: (1) aquelas que foram frutos da abertura forçada do Japão durante o século XIX (p. ex., tenri, kurozumi, ōmoto); (2) as do Período Showa (p. ex., sōka gakkai, Igreja Messiânica Mundial, perfect liberty, seichō-no-ie), quando o Japão decidiu emular o imperialismo europeu como tática militar e começou a invadir e escravizar os países vizinhos; (3) grupos que emergiram após a Segunda Guerra Mundial, quando a liberdade religiosa foi legalmente estabelecida (p. ex., sūkyō mahikari, bussho gonenkai, myōchikai e várias formas de cristianismo japonês); e (4) as religiões que surgiram após a crise do petróleo de 1973, quando os cidadãos japoneses começaram a questionar o crescimento econômico acelerado do país (p. ex., happy science, hō no hana, world mate).

Religião kurozumi

Originário do xinto com elementos emprestados do budismo e do confucionismo, a religião kurozumi foi fundada por Kurozumi

Munetada em 1814. Com culto centrado na veneração ao sol e na purificação espiritual, enfatiza a gratidão, a alegria e o otimismo como virtudes essenciais para manter a vida e a saúde espiritual.

Do budismo, a religião kurozumi pegou emprestadas as práticas meditativas, o conceito de carma e os ensinamentos sobre impermanência da vida para enfatizar a importância da gratidão e da alegria no presente. Do confucionismo, ela incorporou a ética e a moralidade, em especial sobre o comportamento correto, respeito pelos outros e manutenção da harmonia e ordem social.

Religião tenri

Fundada em 1838 por Oyasama (Nakayama Miki), começou como um movimento xintoísta que evoluiu para uma religião independente com doutrinas e práticas próprias. Embora não seja uma religião estritamente monoteísta, é central à religião tenri a crença em Tenri-Ō-no-Mikoto, divindade sem gênero vista como o pai e a mãe de toda a humanidade.

A doutrina enfatiza a alegria de viver, que é alcançada pela compreensão da vontade de Tenri-Ō-no-Mikoto e pela prática da caridade e do amor altruísta. Os ensinamentos da religião tenri focam na importância da gratidão, da harmonia e do serviço aos outros, promovendo uma vida dedicada à purificação da mente. Além disso, as práticas religiosas em Nara incluem também danças e cantos sagrados.

Honmon butsuryū-shū

Movimento derivado do budismo nichiren estabelecido em 1857 por Nissen Shonin, enfatiza o sutra do lótus. Sua prática central envolve a recitação do mantra *daimoku*, que é visto emicamente como uma expressão da verdade universal e um meio de alcançar a iluminação.

Diferente de outros cismas budistas nichiren, o honmon butsuryū-shū coloca uma ênfase particular nos capítulos finais do sutra do lótus. O grupo também valoriza fortemente o ensino e a propagação do *daimoku*, considerando o mantra não apenas um caminho para a iluminação pessoal, mas também um meio de melhorar a sociedade e o mundo.

Religião konko

Religião monoteísta fundada por Konko Daijin (Konkokyo Bunjiro) em 1859, originou-se como uma ramificação do xinto. O deus único da religião é Tenchi Kane No Kami, visto como uma divindade amorosa e compassiva que deseja a felicidade e o bem-estar de todos. Enfatiza a importância da gratidão, do respeito pelas forças da natureza e da harmonia. Além disso, os seguidores são encorajados a encontrar Tenchi Kane No Kami em todas as coisas e eventos da vida cotidiana (*waigakure no kami*) e a praticarem a meditação toritsugi.

A religião konko não possui um cânone de escrituras sagradas formal, mas os ensinamentos e ditos de Konko Daijin são altamente reverenciados. O grupo promove uma abordagem prática e pessoal à espiritualidade, enfatizando a conexão direta e pessoal com Tenchi Kane No Kami, sob uma crença de que as dificuldades e sofrimentos são oportunidades para o crescimento pessoal e aprofundamento da fé.

Ōmoto

Fundada em 1899 por Deguchi Nao, é uma religião derivada do xinto com elementos do budismo e do cristianismo. Há uma forte ênfase na arte e na beleza como expressões da verdade espiritual, com a crença de uma chegada iminente da *yonaoshi* (lit. "renovação do mundo"), uma suposta nova era agrária pós-capitalista de harmonia e entendimento espiritual caracterizada por um mundo pacífico unificado.

Embora fundada por Deguchi Nao, quem de fato expandiu e popularizou as doutrinas ōmoto foi seu genro, Onisaburo, casado com a filha mais nova da fundadora. Onisaburo foi um líder carismático que incorporou crenças esotéricas europeias (p. ex., abordagem inclusiva e universalista da religião) e começou a utilizar a ōmoto também na promoção de atividades artísticas e culturais.

Por suas crenças pró-colonialismo europeu (p. ex., unificação do mundo) e seu rápido crescimento, a ōmoto enfrentou perseguição pelo governo japonês no início do século XX, tendo sido oficialmente liberada somente após o fim da Segunda Guerra Mundial. Do budismo, a ōmoto pegou emprestada a noção de reencarnação e carma, além das práticas contemplativas e meditação. Do cristianismo, absorveu a ênfase no amor universal, na fraternidade, a espera por um novo mundo e a crença na salvação.

Reiyūkai

Fundada em 1925 por Kakutaro Kubo e sua cunhada Kimi Kotani, é uma das novas religiosidades derivadas do budismo nichiren, enfatizando a prática comunitária e o estudo do sutra do lótus. A reiyūkai coloca uma ênfase particular na veneração dos ancestrais, combinando elementos de tradições xintoístas. Os seguidores são encorajados a realizar rituais e orações pelos antepassados, acreditando que tal prática não apenas favorece os espíritos dos ancestrais, mas também traz benefícios cármicos aos vivos.

A reiyūkai promove a ideia de que a transformação pessoal e a melhoria da sociedade podem ser alcançadas através da fé sincera e da prática diligente dos ensinamentos budistas. Por isso, a organização está envolvida em várias atividades sociais e educacionais, refletindo seu compromisso com a melhoria da comunidade.

Perfect liberty

Fundada em 1925 por Miki Tokuharu como *hito-no-michi kyōdan* (lit. "igreja do caminho humano"), a perfect liberty originou-se como uma nova religião xintoísta, mas evoluiu para uma religião independente sob a liderança de seu filho, Miki Tokuchika. A mudança para *perfect liberty* (lit. "liberdade perfeita") ocorreu em 1955, como parte de uma reestruturação da organização, que adotou uma abordagem mais universalista e europeia de espiritualidade, refletida, inclusive, na preferência pelo novo nome em inglês. Além de suas raízes xintoístas, a perfect liberty incorporou muitos elementos cristãos em sua doutrina, incluindo ênfases na moralidade pessoal e na salvação espiritual, adaptadas ao seu contexto de busca pela perfeição e harmonia.

Sua doutrina central é a busca pela felicidade pessoal e a expressão da verdadeira natureza individual, valores importados do romantismo europeu. O lema da igreja é resumido pela frase "vida é arte", que enfatiza que cada um deve viver de forma criativa e expressiva, transformando sua biografia em uma obra de arte. A igreja ensina que todas as formas de sofrimento são resultado de egoísmo e que a verdadeira felicidade é alcançada através da harmonia com os outros e com o universo. O grupo também é conhecido por utilizar o golfe como uma forma de prática espiritual. A predileção pelo golfe como o esporte da religião e seus valores pró-capitalistas demonstram o recorte de classe que a igreja gosta de atingir.

Um de seus rituais mais famosos é o *ō-harae* (lit. "grande purificação"), importado do xintoísmo, mas com algumas especificidades na perfect liberty. Ao passo que o *ō-harae* xintoísta é uma cerimônia bianual de purificação de pecados e impurezas, a versão da perfect liberty ocorre apenas uma vez por ano, em 1º de agosto, e tem um objetivo mais psicologizado, de livramento de pensamentos e sentimentos negativos.

Seichō-no-ie

Movimento sincrético fundado em 1930 por Masaharu Taniguchi, mistura elementos de xinto, budismo e cristianismo. Promove uma visão de mundo centrada na ideia de que a realidade física é uma manifestação de *shinjitsu no sugata* (lit."imagem real"). Além disso, prega que todos os seres humanos são filhos de Deus, possuindo uma natureza divina inerente.

Sua prática central é a meditação *shinsokan*, que envolve a visualização e a afirmação da perfeição e da harmonia do universo. O grupo também acredita que as doenças e outros problemas são ilusões resultantes de uma compreensão equivocada de *shinjitsu no sugata*. A transformação do pensamento e a afirmação da verdade espiritual poderiam levar à cura e à melhoria das condições de vida.

Do cristianismo, a seichō-no-ie pegou emprestado o conceito de Deus como fonte de amor e benevolência universal, o princípio do amor ao próximo e o perdão. Do budismo, ela incorporou a noção de carma, a distinção entre realidade e ilusão, e as práticas meditativas, ainda que com um foco diferente. Do xinto, a seichō-no-ie adota a noção de purificação espiritual, harmonia natural e veneração.

Sōka gakkai

Originalmente uma derivação do budismo nichiren fundada em 1930 por Tsunesaburo Makiguchi e Josei Toda, evoluiu para uma organização religiosa independente com presença global. Assim como outros grupos originados do nichiren, o núcleo de sua prática é a recitação do mantra *daimoku*.

A sōka gakkai enfatiza a transformação pessoal e coletiva através do engajamento social ativo, promovendo valores como paz, cultura e educação. Sob a liderança de Daisaku Ikeda, o grupo se expandiu internacionalmente, atraindo seguidores com uma abordagem prática do budismo com foco no empoderamento individual e na responsabilidade social. A organização também é conhecida por seu envolvimento em questões de paz, direitos humanos e sustentabilidade ambiental.

Igreja Messiânica Mundial

Fundada em 1935 por Mokichi Okada, baseia-se na crença de que todas as doenças são causadas por impurezas espirituais e que a purificação pode levar à saúde e à felicidade. Sua prática principal é o jōrei (lit. “limpeza do espírito”), um rito de cura que envolve canalização de “luz divina” para purificar o corpo e o espírito. Okada também promoveu uma forma de agricultura orgânica, livre de fertilizantes e pesticidas, como parte de sua visão de um mundo ideal e saudável. Além disso, a igreja messiânica enfatiza a arte e a beleza como expressões da divindade e meios de elevação espiritual.

A organização tem uma presença global, inclusive na América Latina. A chegada do grupo no Brasil ocorreu em 1955, quando o missionário Minoru Nakahashi trouxe os ensinamentos ao país. Apesar de concentrar mais suas atividades nos grandes centros urbanos (p. ex., São Paulo, Rio de Janeiro), a igreja possui também comunidades em zonas rurais, em especial na Região Sul do país, por sua preocupação com a agricultura natural.

Shinnyo-en

Derivada do budismo shingon, foi fundada em 1936 pelo casal Ito Shinjo e Ito Tomoji, enfatizando a prática e a iluminação no mundo contemporâneo. A doutrina central gira em torno da crença de que todos possuem a natureza inerente de Buda (*bussho*) e podem alcançar a iluminação através de práticas espirituais adequadas, independentemente de seu passado ou *status* social.

A prática religiosa da shinnyo-em inclui meditação, recitação de sutras e rituais esotéricos, com foco particular no sesshin, que no contexto específico da shinnyo-en é uma forma de aconselhamento espiritual individualizado em que o sacerdote ou uma pessoa treinada na doutrina oferece orientação e conselhos espirituais. Durante a sessão de sesshin, o consulente pode receber mensagens espirituais que são consideradas relevantes para o seu desenvolvimento.

Risshō kōsei-kai

Outro grupo cismático do budismo nichiren, foi fundado em 1938 por Nikkyo Niwano e Myoko Naganuma combinando prática tradicional budista com abordagens modernas para espiritualidade (p. ex., foco no indivíduo, humanismo, uso de tecnologias e mídia, práticas adaptadas para leigos, diálogo inter-religioso), promovendo valores como paz, compaixão e engajamento social.

Assim como outros cismas do nichiren, seus membros praticam a recitação do sutra do lótus e o mantra *daimoku*, além de participarem de estudos em grupo, atividades comunitárias e trabalhos de caridade. A organização também é conhecida por seu compromisso com o diálogo inter-religioso, o desenvolvimento sustentável e a cooperação, buscando construir pontes entre diferentes tradições espirituais e culturais.

Religião tenshō kōtai jingū

Religião fundada em 1945 por Sayo Kitamura, mulher que afirmava ser a reencarnação da deusa-sol Amaterasu, após o fim da Segunda Guerra Mundial. Pautada no xinto, promove uma mensagem de renovação moral, espiritual e física para o Japão, fomentada em grande parte pelo descontentamento social pelo país ter saído como perdedor da guerra.

A doutrina da religião tenshō kōtai jingū é afinada a valores da extrema-direita do século XX, com grande apelo ao chauvinismo, à moral, misticismo nacional e à volta aos valores tradicionais japoneses, vistos como essenciais para a restauração da sociedade. A prática religiosa inclui rituais xintoístas, danças sagradas e cânticos, e a religião tem um forte enfoque na veneração dos ancestrais e na harmonia com a natureza.

Igreja Bussho Gonenkai

Fundada em 1950 por Kōsō Kotani derivada do budismo nichiren, também se concentra na crença de que todos os seres possuem a natureza inerente de Buda (*bussho*) e que a iluminação é acessível a todos. Como outras novas religiões nichiren, a prática central envolve a recitação do mantra *daimoku*, que é considerado expressão da lei universal e um meio de despertar a natureza inerente de Buda. A organização também enfatiza o estudo do sutra do lótus, bem como a importância do engajamento comunitário e social.

Kōsō Kotani promoveu a ideia de que a transformação pessoal e a melhoria da sociedade podem ser alcançadas através da fé sincera e da prática diligente dos ensinamentos budistas. Kaichi Sekiguchi, um dos primeiros discípulos de Kotani, foi o grande responsável pelo desenvolvimento, consolidação, disseminação e expansão da religião, figurando às vezes como cocriador da tradição em alguns textos.

Igreja myōchikai

Outra dissidência do budismo nichiren, foi fundada em 1950 por Mitsu Miyamoto. Também enfatiza a importância do sutra do lótus e a recitação do mantra *daimoku* como meios de alcançar a iluminação e melhorar a sociedade. A organização se destaca por seu foco no trabalho humanitário e no alívio do sofrimento, declarando que a prática budista deve ser acompanhada de ações concretas para ajudar os outros.

A myōchikai é ativa no diálogo inter-religioso e na promoção da paz mundial, em especial por ter surgido no contexto do pós-guerra. Para tal, envolve-se com iniciativas e organizações internacionais, como a ONG *Religions for Peace*. A igreja myōchikai busca aplicar os princípios do nichiren de maneira prática e compassiva, com um forte compromisso com a ação social e a melhoria da condição humana.

Mahikari

Fundada em 1963 por Yoshikazu Okada (Kotama Okada), combina elementos de xinto, budismo e cristianismo, enfatizando a prática do mahikari no waza, uma forma de cura espiritual que envolve a transmissão de "luz divina" pelas mãos. Do xinto, a religião pega emprestada a prática de rituais de purificação. Do cristianismo, os conceitos de salvação, redenção e transformação espiritual foram incorporados, ainda que com nova concepção. E embora a interpretação de iluminação no mahikari seja diferente, a busca por um estado elevado de compreensão espiritual é oriunda do budismo, além da crença no carma.

Os ensinamentos do mahikari enfocam a importância da purificação espiritual, a obediência às leis da natureza e a promoção de um mundo pacífico e harmonioso. O grupo fomenta a ideia de que a humanidade está passando por um período crítico de transição, que levará a uma nova era de civilização espiritual, ecoando conceitos que estavam em voga na Europa e nos Estados Unidos quando do período de sua criação. O mahikari também enfatiza a importância da gratidão, do respeito pelos ancestrais e da prática de rituais e orações.

Agon-shū

Fundada formalmente em 1978 por Yasutaka Tsukamoto (Seiyū Kiriyama), baseia-se nos ensinamentos dos sutras ágama, uma das escrituras mais antigas do budismo. A agon-shū enfatiza a prática da meditação, a recitação de sutras e a realização do goma, ritual de fogo visto como meio de purificação espiritual e acúmulo de mérito. Também é notada a crença na reencarnação e no carma, com um forte enfoque na transformação pessoal e na superação do sofrimento.

O festival mais popular é o hoshi matsuri, traduzido usualmente como "festival das estrelas", que é realizado em fevereiro no principal templo da agon-shū, em Kyoto, atraindo muitos turistas. Na ocasião, a cerimônia do goma é realizada em larga escala, com uma grande fogueira com o objetivo de invocar bênçãos e a paz mundial.

Shūmei

Uma dissidência da Igreja Messiânica Mundial iniciada em 1970, a religião enfatiza mais a beleza, a arte e a harmonia com a natureza do que a purificação espiritual, a ênfase original dos messiânicos. O shūmei promove a prática do jyorei, uma forma de cura espiritual análoga ao jōrei messiânico, que envolve a partilha de “luz divina” para purificar o corpo e a mente, promovendo saúde e bem-estar.

O shūmei valoriza fortemente a arte e a beleza como meios de elevação espiritual e desenvolvimento humano. Assim como a Igreja Messiânica Mundial, o shūmei é conhecido por seu envolvimento com a agricultura orgânica, em linha com a visão de Mokichi Okada sobre a relação harmoniosa entre o ser humano e a natureza. O grupo também se dedica a atividades educacionais, promovendo a paz mundial e o respeito pelo meio ambiente.

Happy science

Fundada em 1986, combina elementos do budismo, cristianismo e xinto com os ensinamentos de Ryuho Okawa, seu fundador, quem alega ser a reencarnação de Buda. Do budismo, pega emprestada a busca pela iluminação e a crença na reencarnação e no carma. O amor e o perdão são valores que a happy science enfatiza influenciada pelo cristianismo, além de uma concepção própria de salvação e redenção, adaptada para a cultura japonesa. Do xinto, a veneração aos espíritos e aos ancestrais é notada, além da ênfase na harmonia com a natureza e o respeito pelo mundo natural.

A doutrina do grupo enfatiza a busca pela verdade, amor, sabedoria e autodesenvolvimento, com o objetivo de alcançar a felicidade e a iluminação espiritual. Como um movimento surgido após a crise do petróleo da década de 1970, os ensinamentos são bastante focados para a vida moderna, abordando questões que vão desde o desenvolvimento pessoal econômico até assuntos globais, defendendo uma visão econômica que contribua positivamente para a sociedade, equilibrando aspirações materiais e valores espirituais.

A prática religiosa inclui o estudo dos escritos de Okawa, meditação e participação em rituais e cerimônias. A organização também está envolvida em atividades educacionais, culturais e políticas, incluindo a produção de filmes através de sua produtora HS Productions, para divulgar ensinamentos morais e espirituais por meio da comunicação popular, incorporando fantasia, ficção científica e drama.

Aleph/religião aum shinri

Fundada por Shoko Asahara em 1987, é uma religião inspirada em elementos do budismo tibetano e do hinduísmo, além de visões apocalípticas radicais. Do budismo, o grupo pegou emprestados os conceitos de reencarnação e carma e a utilização de mantras e rituais vajrayana. Do hinduísmo, o panteão foi reinterpretado com especial identificação com Śiva, o deus da destruição, incorporado na narrativa milenarista de seu líder.

As crenças enfatizavam a iminência do fim do mundo, que Asahara alegava poder ser evitado apenas pela adesão total aos seus ensinamentos. A organização desenvolveu uma hierarquia interna rígida e promovia práticas ascéticas rigorosas, levadas a extremos incomuns no budismo e hinduísmo, com muitos casos de isolamento prolongado, jejuns rigorosos que poderiam durar semanas, exposição a temperaturas extremas, violência física e autoflagelação.

A religião aum shinri ganhou notoriedade internacional após liberar gás sarin no metrô de Tóquio em 20 de março de 1995, o que matou 13 pessoas e deixou mais de 5.500 feridas, sendo o maior ataque terrorista da história do Japão. Asahara acreditava que uma guerra apocalíptica estava prestes a acontecer, e o ataque seria uma forma de antecipar o conflito, permitindo sua superação. Após o ocorrido, a aum shinri foi classificada como organização terrorista e desmantelada pelas autoridades. Atualmente o grupo utiliza o nome aleph, como uma tentativa de se distanciar desse passado violento.

Novos movimentos religiosos hindus

Diferente das novas religiões japonesas, cuja expansão inicial se concentrou nos próprios japoneses, as novas religiões hindus muitas vezes foram criadas já com o intuito de atingir um público branco, especialmente no contexto da contracultura dos anos de 1960 e do movimento da nova era. Esses movimentos não tinham como foco os indianos ou suas diásporas, mas os próprios cidadãos do centro do capitalismo, utilizando-se da crescente busca por espiritualidade alternativa e práticas como meditação e ioga pelos ocidentais. Isso demonstra uma estratégia deliberada de adaptação cultural para conquistar os mercados espirituais ocidentais, ao invés de reforçar as tradições entre a comunidade indiana local.

Os novos movimentos religiosos hindus, também chamados por vezes de neo-hinduísmos, são bastante variados do ponto de vista de dogmas e práticas, muitas vezes misturando-se com outras religiões, como o cristianismo e o budismo (Chryssides; Zeller, 2014a, p. 328). Encontram-se visões que variam desde o monoteísmo estrito até teologias mais politeístas, panteístas ou monistas, dependendo do grau de sincretismo. Segundo Chryssides e Zeller (2014b, p. 168), em grande medida a expansão de novos movimentos religiosos hindus se deve aos Beatles popularizando grupos como o movimento Hare Krishna e a meditação transcendental, além da Lei de Imigração e Nacionalidade dos Estados Unidos de 1965, que facilitou a chegada de indianos no país, que fundaram novas religiões em território americano com base no hinduísmo e de lá se espalharam para o resto do mundo.

Entretanto, embora o número de novas religiões indianas seja até maior do que o número das novas religiões japonesas, o volume de estudos acadêmicos sobre os grupos oriundos da Índia é relativamente menor que o do Japão. Dá-se a esse fenômeno a característica imperialista do estudo de novos movimentos religiosos no mundo. O Japão, como o principal representante do imperialismo na Ásia, possui muitos estudos sobre o objeto, até mesmo para catalogar as ideias difundidas por tais grupos e conter aqueles que possivelmente forem identificados como nocivos à ideia de nação japonesa. Os movimentos indianos, em contrapartida, geralmente são estudados quando saem da Índia e passam a converter pessoas do centro do capitalismo. Conquanto fiquem em território indiano, entretanto, eles tendem a ser internacionalmente desconsiderados, o que demonstra o eurocentrismo dominante no campo de estudos sobre as novas religiosidades.

Uma característica comum dos neo-hinduísmos é tentar apresentar as práticas hindus como uma nova ciência. Isso, em grande medida, é um reflexo do próprio colonialismo britânico, que chegou até a Índia instrumentalizando a ciência para justificar preconceitos raciais que foram empregados contra os indianos para subjugá-los. Assim, a identidade europeia e os valores de sociedade da Inglaterra, que consideravam a ciência como o bastião da verdade, acabam sendo refletidos nos novos movimentos religiosos da Índia, que tentam se legitimar enquanto algo científico e espiritual ao mesmo tempo. Por conta disso, embora tenhamos tentado manter a maioria das novas religiões da Índia nesta seção, algumas estão listadas na seção específica de religiões cientificistas deste capítulo. O critério para que estivessem na outra seção é quando o grupo abertamente se institucionaliza, chamando-se "universidade" ou algo similar.

Além disso, Saliba (2016, p. 214) menciona que alguns novos movimentos religiosos da Índia emulam o etnocentrismo do cristianismo como uma tentativa de resgatar a identidade indiana estuprada pela Inglaterra durante o século XIX. O mais comum é que isso apareça nos neo-hinduísmos como uma tradução da cultura hindu para públicos não indianos (Hanegraaff, 1996, p. 461). Entretanto, isso também pode aparecer como ultranacionalismos e como fascismo indiano. Saliba (2016) defende que embora o etnocentrismo vá na contramão do mandamento cristão de "amar o próximo como a si mesmo", pois parte do pressuposto de que o próximo é inferior, esse tipo de lógica foi amplamente aplicada contra a Índia pela Inglaterra durante as pilhagens do colonialismo. O reflexo social disso na Índia é que embora o hinduísmo tenha um histórico de grande tolerância com outras religiões, houve um recrudescimento substancial nas novas religiosidades, com muitas delas defendendo uma supremacia indiana e militando por um Estado teocrático hindu, o que exacerba mais os problemas causados pelo colonialismo do que ajuda a resolvê-los.

Existem algumas práticas religiosas que tendem a transbordar para vários neo-hinduísmos. Saliba (2016, p. 170) menciona o *pūjā*, a veneração de gurus e a ioga como as três mais visíveis. Além disso, Magnani (1999, p. 81) menciona que, no Brasil, práticas e crenças dos neo-hinduísmos acabam por também transbordar para outros novos movimentos religiosos, em especial a noção de reencarnação, a ioga e a meditação.

Brahmoísmo

Novo movimento religioso oriundo do Brahmô Sômaj, um movimento social fundado por Ram Mohan Roy em 1828, mas que só se desenvolveu mesmo na nova religião brahmoísmo com seu sucessor, Maharshi Dedendranath Tagore, quem, emtre 1848 e 1850, codificou o *brahmo dharma*, refletindo a rejeição dos Vedas como autoridade. Na prática, trata-se de uma forma reformada de hinduísmo que mistura elementos do hinduísmo com o islã, com ênfase no pecado, na iconoclastia, na ideia de céu e inferno e na promessa de salvação. Isso levou a muitas cisões dentro do próprio grupo, mas aqueles que permaneceram passaram a apresentar uma visão de mundo tão diferente que em 1901 uma decisão do Conselho Privado da Índia Britânica reconheceu que a maioria dos adeptos do brahmoísmo não eram hinduístas, mas seguidores de uma religião distinta.

Os princípios fundamentais do brahmoísmo são derivados das ideias de Tagore. Os fiéis se reúnem na assembleia dos brahmos para encontros e adoração. Os dogmas centrais estabelecem uma visão monoteísta enfatizando uma singularidade infinita como a única autora e mantenedora da existência. Além de originária dessa singularidade, a existência é vista como destinada a se unificar novamente com ela, regida por ações justas, conhecimento puro e consciência pura, sem a necessidade de símbolos, intermediários ou veneração de imagens. Os dogmas do brahmoísmo incluem a adoção da retidão como modo de vida, o uso da verdade, do conhecimento, da razão e da intuição virtuosa como guias, e a adoção de princípios seculares, rejeitando o sectarismo, o teísmo restrito, a idolatria, as superstições e a autoridade religiosa das escrituras e das revelações. Eles também rejeitam distinções de casta, credo, cor, raça e religião, as quais consideram irracionais.

Radha soami

Novo movimento religioso que mistura siquismo e hinduísmo, foi fundado em 1861 em Angra, na Índia, por Shiv Dayal Singh (Soami Ji Maharaj), quando ele começou a fazer seus discursos públicos. Do siquismo, a religião adota a tradição de gurus e muitos de seus ensinamentos éticos. Do hinduísmo, as práticas de meditação e o vegetarianismo são seus dois empréstimos mais visíveis. O radha soami enfatiza a necessidade de um guru vivo para uma vida espiritual orientada, rejeitando práticas ritualísticas e escrituras sagradas, preferindo pregações e hinos cantados. O objetivo da religião é atingir a "emancipação em vida" (*jīvan-mukti*) com a orientação do guru. Com isso, há uma postura de forte obediência dos adeptos ao guru.

O *ethos* do radha soami visa à igualdade social, o que atrai os *dalit*, a casta excluída da sociedade védica. Suas práticas básicas incluem o *surat shabd yóga*, um tipo de meditação hindu de origem sant mat, e a iniciação pelo guru vivo, além de uma vida moral que exclui carne, ovos, drogas, álcool e sexo fora do casamento. Assim, os membros do radha soami são lactovegetarianos, pois consideram que o consumo de carne incita instintos animais e prejudica o crescimento espiritual.

Ārya samāja

Movimento de reforma hindu fundado por Dayanand Saraswati em 1877 em Lahore (na época Índia, atualmente Paquistão), promove o monoteísmo e práticas baseadas na autoridade infalível dos Vedas. Em grande medida, o movimento surge como resposta do contato dos indianos com o imperialismo cristão, pegando emprestados conceitos teológicos centrais do protestantismo britânico, como o proselitismo ativo, a noção de inefabilidade do texto sagrado e a própria ideia de reforma. Politicamente, embora o grupo tenha mais seguidores no Paquistão, o ārya samāja fundamenta teologicamente as atividades na Índia do partido de direita Bharatiya Janata, que defende liberalismo econômico com conservadorismo nas pautas morais.

Dayanand iniciou sua reforma do hinduísmo entre 1869 e 1873, estabelecendo *gurukuls*[19] que enfatizavam valores e a cultura védica, oferecendo educação separada para meninos e meninas com base em princípios védicos antigos. Após a morte de Dayanand em 1883, o ārya samāja continuou a crescer, especialmente em Punjab, liderando movimentos para reconverter as pessoas ao hinduísmo e campanhas pelo casamento de viúvas, pela educação feminina e contra a discriminação de castas. O grupo teve influência significativa em nacionalistas indianos, encontrando apoio na organização Rāṣṭrīya Svayaṃsevak Saṅgh na década de 1930. Além disso, o grupo tem um histórico de atuação no Paquistão cada vez que alguma comunidade é forçada a se converter ao islã por alguma autoridade local, acolhendo os grupos e reconvertendo-os ao hinduísmo.

Os membros do ārya samāja promovem a crença em um único Deus criador, reverenciado através do símbolo "aum", conforme mencionado no Yajur Veda. Eles consideram os Vedas como a autoridade infalível e rejeitam outros textos religiosos hindus, considerando-os impuros. Os épicos como o Ramayana e o Mahabharata são vistos como lendas, e a adoração dos deuses politeístas é estritamente proibida. Suas crenças centrais enfatizam a verdade, a consciência, a forma imutável, a onipotência e a eternidade de Deus, que merece adoração exclusiva. Os Vedas são vistos como a fonte de todo conhecimento verdadeiro, e eles acreditam ser dever de todos estudá-los e ensiná-los. O ārya samāja também enfatiza a importância da verdade, o *dharma*, o bem-estar mundial, o amor, o conhecimento e a prosperidade compartilhada. As práticas princi-

19. Tipo de sistema educacional tradicional da Índia, baseado no ensino residencial em que os estudantes vivem próximos ou na casa do professor e aprendem diretamente com ele, seguindo os princípios e valores védicos.

pais incluem a recitação do mantra *gayatri*, a meditação *sandhya* e oferendas ao fogo sagrado (*havan*), especialmente durante festivais como o Diwali e o Holi, adaptando as celebrações para refletir seus valores, como evitar a bebida nas festividades.

Movimento Ramakrishna

Fundado formalmente em 1897 por Swāmī Vivekānanda, nomeado a partir de seu guru Ramôkṛṣṇo Pôromohôṅso, então sacerdote do templo de Dakshineswar Kali. Apesar de Vivekānanda ser o criador verdadeiro do movimento, emicamente se diz que Ramôkṛṣṇo é o fundador espiritual. Vivekānanda ganhou destaque internacional após seu discurso no Parlamento das Religiões em 1893, nos Estados Unidos, e fundou a primeira sociedade vedanta de Nova York, retornando à Índia para estabelecer a Missão Ramakrishna em 1897. Enquanto vivo, muito no espírito do que ouviu no Parlamento das Religiões, Vivekānanda promoveu, através do movimento, a ideia perenialista de que todas as religiões são caminhos para Deus. E apesar de ter apoiado o movimento pela independência da Índia, oficialmente o grupo mantém uma postura "apolítica".

O movimento realiza uma gama de atividades na Índia, incluindo educação, assistência de saúde, atividades culturais, desenvolvimento rural e movimentos juvenis com ensinamentos espirituais. O grupo é mantenedor de hospitais, maternidades, clínicas de tuberculose, escolas, universidades, orfanatos e asilos. Além disso, desempenhou papel crucial na instalação de sistemas de iluminação fotovoltaica nos mangues de Sundarbans, melhorando o acesso à eletricidade no leste da Índia. Suas atividades religiosas são pautadas pela tolerância e respeito a todas as religiões, e em grande medida eles seguem o calendário litúrgico do hinduísmo. O grupo adota principalmente as práticas indianas do *satsaṅga* e do *ārtī*, que são compartilhadas entre hindus e jainistas e dizem respeito, respectivamente, a encontros para discutir a religião e rituais que envolvem a oferenda de luz de velas a uma divindade específica.

Brahmā kumārī

Originalmente conhecido como om mandali, trata-se de um novo movimento religioso fundado por Lekhraj Khubchand Kirpilani (Om Baba) em 1936 em Hiderabade, Sinde (atual Paquistão, na época Índia), que se destaca pelo papel central das mulheres e pela rejeição ao sistema de castas, proibindo pessoas de qualquer casta de participar dos encontros. A nova religião valoriza o papel feminino, colocando já em 1939 uma mulher como sua presidente. Isso fez com que enfrentassem resistências da casta *bhaibund*, que recorreu à justiça e à violência para suprimi-la, incluindo uma tentativa de assassinato contra Kirpilani. Apesar dos *bhaibund* terem conseguido a proibição estatal, a religião persistiu, mudando-se para Monte Abu em 1950 e renomeando-se Brahmā kumārī (lit. "filhas de Brahmā"). A partir daí, expandiu-se internacionalmente, alcançando registro na ONU como ONG em 1980.

Emicamente a Brahmā kumārī não se vê como uma religião, mas como uma escola para ensinamentos espirituais. O grupo possui uma visão dual do ser humano, que seria composto pelo corpo físico e pela alma, essa última responsável pelas ações e qualidades morais. A alma seria originada de um "mundo da alma" juntamente com Deus, que é considerado uma alma suprema, um ponto de luz incorpóreo eterno. Os adeptos também acreditam na reencarnação apenas entre humanos e na lei do carma, em que cada ação influencia o destino da alma nessa vida e na próxima. Sua noção de tempo é cíclica, com a crença de que o universo é eterno, mas que se renova a cada 5.000 anos através de cataclismos. Suas principais práticas são a meditação, o estudo diário do *murli*, que são mensagens derivadas de sessões de mediunidade e possessão espiritual, dieta lactovegetariana, abstenção de drogas, incluindo o álcool, e adoção de roupas brancas e do celibato para simbolizar a pureza. Por conta de incentivar o celibato mesmo entre mulheres casadas, o grupo é constantemente acusado de destruir matrimônios.

Missão de shri Ram Chandra

Fundada em 1945 pelo iogue Ram Chandra (Babuji), é também conhecida pelo acrônimo SRCM (do inglês "*Shri Ram Chandra mission*"). O objetivo principal da missão é promover a prática da meditação como um meio de alcançar o crescimento espiritual e a paz interior. O grupo se baseia nos ensinamentos do sistema *rāja yóga*, que enfatiza a purificação do coração e da mente como o caminho para a realização espiritual. A metodologia de meditação promovida é conhecida como "caminho natural" (*sahaj mārg*), focado no coração, considerado fonte da verdadeira consciência espiritual. A prática envolve a purificação do coração através da repetição de um mantra e a recepção de "transmissão espiritual" (*prāṇahuti*), ajudando na remoção dos condicionamentos (*samskāra*) e promovendo um estado de equilíbrio e harmonia interior.

Desde sua fundação, a missão se expandiu globalmente. Eles realizam regularmente oficinas, seminários, encontros e programas para corporações para discutir e ensinar as práticas e filosofias associadas ao "caminho natural". Como muitos outros novos movimentos religiosos hindus que se expandiram para a Europa e os Estados Unidos, a missão mantém uma postura de não sectarismo, convidando pessoas de todas as religiões, culturas e origens a participar de suas práticas meditativas, visando à promoção da paz, harmonia e fraternidade universais.

Movimento Sai Baba

Novo movimento religioso perenialista inspirado pelo guru Ratnakaram Sathyanarayana Raju (Sathya Sai Baba), quem se declarava a encarnação de Śiva e Śakti que foi profetizada no Bhagavad-Gītā, fazendo com que seus seguidores o vejam como Deus. O guru promovia o *sanathana dharma*, enfatizando o amor, a compaixão e a unidade entre todas as religiões. Nesse sentido, ele dizia às pessoas não ser necessário abandonar sua religião original para segui-lo. Ao contrário, ele dizia que a aderência aos seus ensinamentos permitia aos indivíduos vivenciar mais plenamente sua própria fé, tornando-os melhores praticantes de suas religiões.

O movimento Sai Baba defende cinco valores básicos: (1) a verdade, (2) a conduta correta, (3) a paz, (4) o amor por Deus e todas as criaturas, e (5) a não violência. Seus ensinamentos abrangem uma forma eclética de hinduísmo, com influência de vários movimentos, além de empréstimos ocasionais de outras religiões, como a celebração do Natal cristão. Os devotos participam de cânticos grupais (*bhajan*), meditação, educação humanista e serviços comunitários. Além disso, quinze obras do guru, chamadas de Veículos (*Vahinī*), complementam os ensinamentos, juntamente com a adoção do vegetarianismo, do altruísmo e de uma vida de moderação e disciplina espiritual.

Ānanda mārga

O ānanda mārga (lit. "caminho da bem-aventurança") é uma organização fundada em 1955 por Prabhat Ranjan Sarkar (shrii shrii Ánandamúrti) no Estado de Bihar, na Índia, que defende a espiritualidade e a liberdade como direitos inatos de todos os seres humanos. O grupo propaga uma filosofia visando o desenvolvimento pessoal e a transformação social. Baseado no *tantra yóga*, suas práticas principais são a meditação e os jejuns, que ajudam na superação de fraquezas e imperfeições, promovendo a expansão da mente e a libertação de superstições, ritualismos e barreiras sociais artificiais. Além disso, seus adeptos adotam uma dieta lactovegetariana com o objetivo da autorrealização.

A crença central reconhece o universo como criação das ondas mentais da "consciência suprema", apresentando como elementos-chave a alma individual (*ātmā*) e a consciência cósmica (*paramātmā*). A mente humana é descrita através de cinco camadas, variando da mais grosseira à mais sutil, cada uma purificada e desenvolvida através de práticas morais específicas de ioga. O ānanda mārga também introduz a teoria dos microvitas, entidades que existiriam simultaneamente no plano físico e no plano psíquico, antecipando um reconhecimento futuro da espiritualidade pela ciência convencional.

Na filosofia social, o grupo liga o bem-estar individual ao bem-estar coletivo, promovendo igualdade, justiça e paz sem discriminação de raça, nacionalidade ou religião. Entretanto, eles pretendem atingir isso pelo Prout, uma teoria política própria do grupo que critica o capitalismo e o socialismo, mas que na prática atacou historicamente a esquerda, sendo bem mais brando contra o capitalismo e a direita. Para exemplificar, na década de 1960 o ānanda mārga entrou em conflito com o Partido Comunista da Índia em Bengala, um bastião do comunismo indiano, por difundir entre os trabalhadores princípios veementemente opostos ao materialismo dialético. Isso revoltou a população local, que em 1967 se reuniu para destruir a sede do ānanda mārga em Purulia. Ademais, o grupo entrou em conflito com o Congresso Nacional Indiano, um partido de centro-esquerda, ao acusar a então primeira-ministra Indira Gandhi de corrupção. Sarkar, fundador da organização, acabou preso acusado de assassinato em 1971, levando à proibição do ānanda mārga e à prisão de vários líderes. Enquanto estava na cadeia em 1973, ele alegou ter sido envenenado por ordens do governo, uma acusação utilizada por sua defesa até ser inocentado em 1978, menos de um ano após Gandhi perder a reeleição.

Igreja Śaivá Siddhanta

Religião derivada do xaivismo, vertente do hinduísmo que celebra Śiva como a divindade suprema, foi fundada em 1949 por Robert Hansen (Sivaya Subramuniyaswami) no Havaí, onde mantém sua sede internacional. Até pela facilidade de ter sido fundada em inglês, o grupo se expandiu rapidamente para os Estados Unidos, Canadá, Maurício, Malásia, Singapura, Índia, Sri Lanka e Europa. Além disso, a publicação da revista *Hinduism today* (lit. "hinduísmo hoje") facilitou sua popularização na segunda metade do século XX. A organização, estabelecida legalmente como igreja nos Estados Unidos para facilitar financeiramente suas operações, mantém o monastério Kauai no Havaí, que abriga os templos Kadavul e Iraivan.

A igreja promove o ensino espiritual através de cursos, programas de viagem-estudo e retiros para jovens, além de gerenciar organizações de caridade. Sua teologia, baseada no monismo teísta derivado dos Vedas, dos Āgama e do Tirumantiram, enfatiza a realização da identidade com o deus Śiva e a libertação permanente dos ciclos de nascimento e morte. Dogmas centrais do hinduísmo, como o carma, a crença na reencarnação e as três verdades eternas (*tattvas*) também estão presentes na igreja. A estrutura hierárquica da organização segue o modelo de guru e discípulos para a transmissão de conhecimentos e práticas espirituais, e suas práticas mais visíveis são os rituais diários de adoração (*pūjā*), os cânticos (*bhajan*), a meditação e as oferendas a Śiva.

Meditação transcendental

Criado em 1955 por Mahesh Prasad Varma (Maharishi Mahesh Yogi), foi muito popularizada pela relação do guru com os Beatles. Após conhecê-lo em Londres em 1967, os Beatles foram à Índia estudar com ele em seu retiro (*āśram*). Ainda que em apenas um ano a banda tenha rompido com o guru, alegando posturas impróprias por parte do Varma, a popularidade dos Beatles garantiu muitas capas de revistas ao líder religioso no período, o que popularizou a meditação transcendental entre europeus e norte-americanos.

A meditação transcendental, embora apoiada na tradição védica, é bem adequada à clientela ocidental. Feita duas vezes ao dia, com seções de vinte minutos de duração, ela se distingue de outras formas de meditação indiana por não exigir atenção focada. O processo inclui "desestressar" – uma preocupação que tem bastante apelo em uma sociedade capitalista –, combinando relaxamento sem esforço com imagens e emoções espontâneas. Além disso, cada praticante repete silenciosamente um mantra escolhido pelo guru de forma personalizada. A escolha do mantra é feita por seu valor sonoro, para que se harmonize com a "vibração individual" do praticante.

Movimento Hare Krishna

Conhecida também pelo acrônimo Iskcon (do inglês "*International society for Krishna consciousness*"), trata-se de uma religião derivada do vaixnavismo gaudia, vertente do hinduísmo que considera Kṛṣṇa o deus supremo. O movimento Hare Krishna foi fundado por Abhaya Caraṇāravinda Bhakti-vedānta Svāmī Prabhupāda após ele chegar falido em 1965 em Nova York. Seu objetivo foi captar os buscadores da contracultura de 1960, sendo, assim, um novo movimento religioso focado desde o início em um público branco ocidental. Ao longo de sua história, conseguiu atrair algumas celebridades, sendo a mais famosa delas George Harrison, que, após a ruptura dos Beatles com a meditação transcendental, acabou frequentando o grupo.

O movimento Hare Krishna rejeita a noção de que a alma se funde na consciência não dual (*bráhman*), promovendo uma visão teísta baseada nas tradições vedantas. As práticas religiosas mais visíveis são os cânticos devocionais (*kīrtan*), a repetição de mantras (*japa*) – em especial o mantra *hare Kṛṣṇa* (*mahā-mantra*), de onde vem o nome do grupo – e a oferenda de luz de velas (*ārtī*). O calendário litúrgico observado é o mesmo do hinduísmo vaixnavista. Além disso, o proselitismo em praça pública é algo enfatizado, além da adoção de uma dieta lactovegetariana e a abstenção de drogas, jogos de azar e atividades sexuais, com exceção do sexo para procriação.

Com a morte de Prabhupāda em 1977, o grupo entrou no radar de grupos evangélicos dos Estados Unidos e também de grupos hindus tradicionais, que passaram a acusá-lo de não ser uma religião legítima, de lavagem cerebral, e, no caso hindu, de heresia por colocar Kṛṣṇa acima das outras divindades. Em 1987, o então líder do maior grupo Hare Krishna dos Estados Unidos foi expulso do grupo, sendo preso em 1996 por fraude e extorsão, cumprindo 8 anos de cadeia. Na década de 1990, o movimento Hare Krishna também enfrentou muitas acusações de abuso infantil, tanto físico quanto sexual, algo que os denunciantes disseram que acontecia desde pelo menos a década de 1970.

Movimento Rajneesh

Movimento em torno do místico indiano Chandra Mohan Jain, quem assumiu muitos nomes, sendo os dois mais famosos Rajneesh e Osho. Possuiu sempre viés anticomunista e pró-capitalista desde a época em que Jain era professor na Universidade de Jabalpur, no final da década de 1950. Como tal, já na década de 1960, Jain conseguiu financiadores ricos, resultando na criação de sua primeira associação, que foi utilizada para fazer propaganda política na forma de ensinamentos filosóficos, além de criticar abertamente todo o espectro da esquerda indiana, incluindo a centro-esquerda. Com a vitória de Indira Gandhi como primeira-ministra da Índia, Jain pediu demissão da universidade e mudou seu nome, abandonando a carreira acadêmica e se focando exclusivamente em seu trabalho como guru.

Durante a década de 1970, após estabelecer intercâmbios com o movimento do potencial humano, Jain propôs um novo conceito de *sannya*, diferente do hinduísmo tradicional, sem renúncia ao mundo material e aos laços familiares. Ao contrário, Jain visava criar um movimento global baseado no mundo material, pró-capitalista, defendendo que as pessoas tivessem uma vida afirmativa, esbanjassem alegria no mundo material e acreditassem mais na ciência do que em dogmas. O movimento, no espírito do que buscavam os estadunidenses, seria aberto a todos que pudessem pagar, focando na experimentação. Assim, em 1981 ele se mudou para os Estados Unidos e acumulou muitos bens, possuindo uma coleção particular de Rolls-Royces.

Em 1984, adeptos do movimento cometeram bioterrorismo no Estado de Oregon, envenenando 751 pessoas com salmonela numa tentativa de manipular as eleições locais. O grupo já havia alcançado poder político na cidade de Antelope e buscava eleger candidatos de dentro do movimento tanto para xerife quanto para pelo menos dois dos três assentos disponíveis no Tribunal do Condado de Wasco. Após o ato, investigações da polícia descobriram que as lideranças do grupo faziam escutas ilegais contra os próprios adeptos, além de ter cometido crimes ambientais e terem violado diversas leis de zoneamento locais e estaduais. Jain foi deportado para a Índia, mudando mais uma vez o nome – agora para Osho. Mas como ele já estava muito rico, conseguiu utilizar seu capital para fabricar a imagem de mártir na mídia internacional, aumentando ainda mais sua popularidade. Após sua morte em 1990, o movimento enfraqueceu com o tempo.

Neopaganismos

Uma das tendências mais visíveis nos novos movimentos religiosos (Hanegraaff, 1996), as religiões neopagãs consistem em retornos românticos da Europa às suas crenças e mitologias pré-cristãs, além da celebração da natureza. Embora emicamente alguns grupos se reconheçam como antigos (a "antiga religião", a "velha religião" etc.), Arantes (2023) defende que se trata de um tipo novo de religiosidade, com abordagens contemporâneas que incorporam elementos das religiões antigas adaptadas para a realidade atual.

Segundo Guerriero (2006), o neopaganismo não apresenta uma unidade, e os vários grupos que o compõem diferem bastante entre si, englobando desde práticas de reavivamento étnico até tradições internacionalizadas mais universalistas, como as diferentes formas de bruxaria moderna. A maior parte dos neopaganismos é politeísta ou henoteísta (acredita em uma divindade suprema da qual as outras seriam expressões ou manifestações), com um menor número de tradições monoteístas. Além disso, nota-se que os neopaganismos situados na Europa tendem a ter uma leitura mais psicologizada das divindades, entendendo-as mais como arquétipos ou projeções psíquicas do que como entidades reais, algo que difere radicalmente dos neopagãos americanos.

A respeito da relação com a natureza, Arantes (2023, p. 20) explica que o apelo ao natural entre os neopagãos é frequentemente denunciado como puramente metafórico e não centrado na experiência sensorial real. No neopaganismo, a natureza é simbolizada e reverenciada nos ritos, no entanto, em vez de uma interação direta, muitos neopagãos a celebram em um contexto simbólico idealizado, sem estarem presentes em ambientes naturais. Isso aponta a uma tensão entre a prática cerimonial e a conexão ambiental no neopaganismo, muitas vezes limitada pela vida urbana.

Além disso, Pearson (2005, p. 437) explica que o que a ciência da religião classifica como neopaganismo nem sempre é reconhecido por esse termo pelos adeptos. Há muitos grupos que consideram que o que fazem não é "novo", negando o prefixo *neo-*. Eles declaram que não podem ser classificados como religiões "modernas" porque estariam resgatando tradições que teriam sido interrompidas pela Inquisição. Essa narrativa êmica, porém, não é sustentada pela historiografia. Conforme demonstram Russell e Alexander (2019), não existe uma continuidade entre as tradições europeias pré-cristãs e o neopaganismo. Ao contrário, nenhuma prática ou ideia do neopaganismo é anterior ao século XVIII.

De acordo com Pearson (2005, pp. 436-437), a institucionalização do neopaganismo ocorreu pela primeira vez na década de 1940 na Inglaterra, na forma da wicca de Gerald Gardner. Posteriormente, outras vertentes foram criadas, derivando diretamente ou se inspirando pela experiência inglesa. Além do Contrailuminismo e do Romantismo, que permitiram o reavivamento do interesse por magia e mitologias, foram fatores importantes para a consolidação do neopaganismo o desenvolvimento da egiptologia e da ciência da religião, os ultranacionalismos do fascismo do século XX, o crescimento do turismo a sítios arqueológicos e o surgimento das sociedades secretas ocultistas do século XIX.

Segundo Strmiska (2005, p. 17), alguns grupos neopagãos rejeitam a identidade étnica como critério para a adesão de membros, enquanto outros a veem como uma parte importante de sua prática religiosa. Com isso, os neopaganismos podem ser classificados em dois grandes grupos: (1) os movimentos de reconstrucionismo étnico, usualmente alinhados a uma visão de mundo nacionalista, conservadora e exclusivista, e (2) os movimentos ecléticos, que não se centram na questão racial e nacional, permitindo participantes independentemente de sua linhagem étnica e com visões políticas mais plurais.

Wicca

A forma mais popular e difundida de neopaganismo, até mesmo por ter sido a primeira a conquistar o olhar público, a wicca é uma religião altamente individualizada e eclética, com práticas e crenças que podem variar significativamente entre os adeptos. Dentre as práticas mais comuns, observam-se a veneração à natureza e a adoração de uma Deusa e um Deus, frequentemente vistos como representações da terra e do céu, da lua e do sol, e do sagrado feminino e masculino.

A wicca combina elementos de crenças e práticas pagãs antigas com rituais mágicos e ocultistas modernos, e é fortemente influenciada por mitologias e tradições celtas e mediterrâneas, bem como por conceitos derivados do espiritualismo, do rosacrucianismo e da maçonaria. Os praticantes celebram um ciclo anual de festivais conhecidos como a roda do ano, que inclui oito sabás, e praticam rituais que envolvem magia e meditação nos dias de lua cheia.

A crença central da wicca se chama "lei tríplice", que diz que tudo o que uma pessoa faz aos outros retorna triplicado ainda nessa encarnação. Esse código ético tende a ser considerado antes da realização de feitiços. Os grupos são organizados em *covens*, tradicionalmente formados por até 13 pessoas. Como uma religião descentralizada, a wicca possui muitas tradições, as quais possuem interpretações muitas vezes conflituosas da teologia central da religião.

Movimento da Deusa

Emergiu nos Estados Unidos na década de 1970 como parte do movimento da espiritualidade feminina. Opõe-se contra o patriarcado e as religiões tradicionais dominadas por figuras masculinas, enfatizando a veneração do sagrado feminino, frequentemente representado como uma Deusa monoteísta ou como uma pluralidade de deusas que seriam manifestações de uma Deusa maior henoteísta.

Como fruto da segunda onda do feminismo, entrelaça-se com várias correntes, desde o ecofeminismo até o feminismo radical. Suas adeptas são majoritariamente mulheres que buscam reavaliar e reimaginar a história e a cultura sob uma perspectiva centrada na vivência feminina, com alguns grupos sendo exclusivos apenas para mulheres cis.

Como não é um grupo específico, abrange uma variedade de práticas, grupos, crenças e interpretações teológicas, desde a reconstrução de antigas práticas até a criação de novas formas de espiritualidade que celebram o feminino nas religiões já estabelecidas. O movimento também influenciou significativamente a arte, a literatura e a teologia feminista do final do século XX, além de ter tido um impacto significativo em outras religiões que celebram deusas, como a wicca e o śākta.

Dianismo

Dissidência da wicca fundada pela feminista radical Zsuzsanna Budapest na década de 1970, é centrada exclusivamente no culto à Deusa e aceita apenas mulheres cis (referenciadas pela líder como "mulheres genéticas") como participantes. Trata-se de um grupo que aplica os conceitos do feminismo radical trans-excludente (Terf) ao movimento da Deusa e às práticas wiccanas.

O dianismo envolve rituais que celebram os ciclos da natureza e da vida das mulheres, honrando uma Deusa henoteísta que se manifesta com várias faces, representadas pelas diversas deusas das mitologias mundiais. Pela ligação com o feminismo radical, o grupo é conhecido por uma abordagem ativista, frequentemente incorporando questões de justiça social, direitos das mulheres e ecologia em suas práticas e crenças. Além disso, o lesbianismo é estimulado entre as participantes como uma forma de autossuficiência ativista contra o patriarcado.

Bruxaria natural

Também chamada de bruxaria tradicional – embora não seja uma religião "tradicional", mas um novo movimento religioso –, é uma forma moderna e não dogmática de wicca que muitas vezes renega o termo "wicca", visto ter sido formada majoritariamente por pessoas que não conseguiram iniciação formal por sacerdotes wiccanos reconhecidos. Distingue-se da wicca por sua flexibilidade e maior abertura à personalização e adaptação, muitas vezes abandonando as estruturas estabelecidas por Gardner, Alex Sanders e outros nomes da primeira onda da wicca mundial. Seus adeptos podem escolher e combinar elementos de várias tradições diferentes, tanto de dentro quanto de fora da wicca, incluindo práticas esotéricas, lendas locais, folclore e até elementos das religiões mundiais.

A prática da bruxaria natural geralmente inclui elementos comuns encontrados em outras formas de wicca, como a celebração das mudanças das estações, a veneração da Deusa e do Deus (ou de múltiplas divindades), a prática de feitiçaria e o respeito pela natureza. Todavia, a forma como esses elementos são interpretados e praticados pode variar amplamente entre os indivíduos. Alguns podem se concentrar mais na magia e no ocultismo, enquanto outros podem enfatizar o aspecto devocional ou celebrar a conexão com a natureza. Além disso, diferente das formas iniciáticas da wicca, a bruxaria natural geralmente não possui um foco tão significativo em dedicações de neófitos por sacerdotes iniciados. Usualmente, bruxas naturais se tornam bruxas por autoaclamação, com algumas se "autoiniciando", mas com várias sequer se preocupando com iniciação.

Stregheria

Trata-se da bruxaria moderna da Itália, embora não seja exclusiva apenas para descendentes de italianos. O termo "*stregheria*" é atestado como um sinônimo de "*stregoneria*" (lit. "bruxaria" em italiano) desde o século XVIII, em autores como Girolamo Tartarolli e Michele Ponza. Entretanto, a palavra só passou a descrever uma religião após o lançamento do livro "*Aradia*" de Charles Leland, no final do século XIX, tendo se consolidado com a wicca.

Stregheria abrange tanto feitiços e magia popular italiana quanto o conjunto de crenças espirituais a isso associadas. Seu credo central inclui a veneração de deidades pagãs itálicas, em especial Diana, Lúcifer e uma messias chamada Arádia, que na mitologia êmica seria a filha de Diana que teria encarnado durante a Inquisição para ensinar as mulheres a lutar contra a opressão da Igreja Católica por meio da bruxaria.

Além dos festivais sazonais e ritos de lua cheia, adotados diretamente da wicca, a stregheria possui uma celebração própria chamada *festa delle streghe* (lit. "festa das bruxas"), que inclui banquetes, danças e rituais mágicos. Assim como a wicca, as bruxas da stregheria também praticam adivinhação e magia de cura, fazendo rituais que visam harmonizá-las com as forças da natureza.

Heathenismo

Neopaganismo germânico, adotou o nome do inglês arcaico "*hæþen*" (lit. "bárbaro"), que era utilizado por cristãos da Europa Setentrional para se referir aos pagãos. O movimento busca reviver práticas pré-cristãs germânicas, nórdicas, saxãs, teutônicas e francas, celebrando deuses como Wotan, Thor e Freyja. Grupos que priorizam as Eddas e os nórdicos têm cada vez mais utilizado também o termo "*asatrú*" (lit. "lealdade aos æsir[20]"), intercambiado com o termo "*heathen*".

Os praticantes frequentemente se engajam em rituais que incluem oferendas, celebrações das estações do ano e práticas divinatórias. A religião valoriza conceitos como honra, lealdade familiar, identidade germânica, conexão com a natureza, ancestralidade nórdica e herança cultural. Embora seja uma reconstrução das crenças antigas, a religião é totalmente adaptada ao contexto contemporâneo urbano.

---

20. Principal grupo de deuses da mitologia nórdica.

Com a ascensão do fascismo global após o fim da União Soviética, grupos de extrema-direita têm se apropriado de símbolos centrais ao heathenismo para promover ideologias de supremacia branca. O martelo de Thor (Mjölnir) e a *valknut* (três triângulos entrelaçados) têm sido bastante utilizados por neonazistas, e a ênfase na ancestralidade germânica é distorcida para promover ideias de pureza racial. Ainda que parte da religião venha se esforçando para combater tais associações, alguns praticantes se identificam abertamente com o fascismo e começam a formar comunidades fechadas que reforçam tais visões.

Druidismo moderno

Movimento que busca reviver práticas e crenças dos antigos druidas, lideranças religiosas das culturas celtas da Idade do Ferro. O germe de um neodruidismo nasceu com o Romantismo do século XVIII, durante o ressurgimento do interesse pelas culturas e línguas celtas. Entretanto, a nova religião só se desenvolveu significativamente na segunda metade século XX, após o advento da wicca.

O druidismo moderno incorpora elementos de espiritualidade neopagã, misticismo e ecologia, enfatizando o respeito pela natureza, a celebração dos ciclos sazonais e a busca por sabedoria e conhecimento espiritual através da conexão com o mundo natural. Os diferentes grupos apresentam uma prática espiritual diversificada, não se restringindo a uma única doutrina ou crença.

Como muitos neopaganismos, é permitida uma ampla gama de interpretações e expressões individuais entre os participantes. É possível notar a existência desde grupos que enfatizam rituais e práticas reconstrucionistas até aqueles que incorporam elementos de outras tradições, criando uma abordagem contemporânea sincrética de espiritualidade celta.

Reconstrucionismo celta

Neopaganismo que busca reviver crenças e rituais celtas, com especial foco nos irlandeses, galeses, gauleses, gaélicos e bretões.

Enquanto o druidismo moderno é mais permissivo com interpretações pessoais baseadas na vivência, o reconstrucionismo celta tenta se fundamentar em fontes históricas, arqueológicas, linguísticas e mitológicas, enfatizando a importância da pesquisa acadêmica.

Apesar da preocupação com a historiografia, certa reificação é também notada nesse movimento, e deuses de diversas etnias são cultuados de forma orientalista sob a alcunha monolítica de "divindade celta". Citando alguns exemplos, podem ser encontrados ritos muito parecidos para deuses de etnias e períodos históricos muito distintos, como os gauleses Cernunnos, Bel e Épona, os irlandeses Bríg, Dagda, Lugh e Morrígan, e os galeses Ceridwen, Bran, Rhiannon e Blodeuwedd.

Os praticantes celebram festivais gaélicos tradicionais (*samhain*, *lúnasa*, *beltane*, *imbolc*), além dos equinócios e solstícios (*alban arthan*, *alban eilir*, *alban heruin*, *alban elfed*), muitas vezes incorporando a língua e a arte celtas como busca por conexão com a ancestralidade e a terra. Apesar do foco teológico na herança ancestral, o reconstrucionismo celta é menos instrumentalizado pela extrema-direita do que o heathenismo.

Kemetismo

Religião neopagã que busca reviver as práticas do Antigo Egito. O nome kemetismo vem de Kemet, a forma como o Egito se autorreferenciava na Antiguidade. O grupo se baseia na reconstrução das crenças e rituais egípcios, incluindo a veneração de deuses como Ré (Rá), Amun, Ísis, Osíris, Hórus, Bastet, Sekhmet, Anúbis e Hathor.

Os praticantes se engajam em ecoar os antigos costumes egípcios, celebrando festivais baseados no antigo calendário egípcio e buscando viver de acordo com o conceito de *ma'at*, que representa verdade, equilíbrio, ordem e justiça. As práticas rituais variam entre as diferentes associações keméticas, mas geralmente giram em torno de uma imagem votiva, como uma estátua, que é utilizada como meio de manifestar as forças espirituais no plano material, uma visão que reflete a mentalidade do Egito antigo, onde se acreditava que objetos comuns eram imbuídos de poder divino pelos sacerdotes.

Apesar do foco no Egito, o kemetismo não é uma religião étnica, sendo aberta para qualquer pessoa. Isso fica bastante claro no fato dos três maiores grupos keméticos sequer estarem situados no Egito: a Sociedade de Ísis, formada na Irlanda, a *Per djoser achet*, registrada na República Tcheca, e a Sociedade Americana de Kemetismo Ortodoxo, fundada nos Estados Unidos.

Religião romana-itálica

Também chamada apenas de *religio romana* (lit. "religião romana"), trata-se de um reconstrucionismo neopagão que busca reviver os cultos e normas morais da Itália pré-cristã. Seus grupos buscaram unificar alguns calendários e práticas existentes ao longo da história de Roma, mesclando elementos romanos e da Grécia antiga.

As primeiras tentativas de reviver os cultos romanos pagãos na Itália coincidem com a ascensão do Partido Nacional Fascista de Mussolini. Durante esse período, o germe do que depois seria chamado de religião romana-itálica buscou se aliar ao ditador, vendo nele uma oportunidade de promover suas crenças e práticas em um ambiente político que valorizava fortemente os símbolos da Roma antiga. A assinatura dos Acordos de Latrão em 1929 entre o Papa Pio XI e Mussolini, porém, desfez a aliança com os fascistas, pois estabeleceu o catolicismo como a religião oficial da Itália fascista. Como resultado, esotéricos politeístas como Roggero Musmeci Ferrari Bravo e Arturo Reghini ficaram desiludidos com o fascismo, já que Mussolini acabou fortalecendo o catolicismo em vez de apoiar o renascimento dos cultos romanos.

Atualmente a religião se encontra entre grupos dispersos na Itália, Espanha, Portugal, França e Romênia, além de possuir presença mínima nos Estados Unidos entre descendentes de latinos europeus.

Rodnoverismo

Neopaganismo que busca reviver tradições espirituais dos eslavos pré-cristãos, adotou o nome da expressão "*rodnoi vera*" (lit. "religião nativa"). O movimento é caracterizado por um politeísmo forte, venerando deuses como Perun, Veles, e Svarog, além de conexão com a natureza, importância da comunidade, identidade étnica, fascismo e celebração dos ciclos sazonais.

Apesar de reconstruir práticas rurais antigas, o rodnoverismo é adaptado ao contexto urbano contemporâneo. Até pela abrangência geográfica e étnica dos eslavos, existe muita diversidade de interpretações entre os diferentes grupos. Entretanto, certo consenso em criticar modelos democráticos de sociedade é observado, que vão do anarcocapitalismo ao fascismo. Os rodnoverianos defendem o retorno das *vecha* – assembleias populares que agiam como forma de autogoverno (*samoderzhavie*) entre os eslavos medievais –, ou a centralização total das decisões de Estado na figura de um único sábio, o líder fascista.

O rodnoverismo tem sido fortemente cooptado pela extrema-direita, adotando posições militaristas e promovendo campanhas anticristãs violentas. Além disso, o grupo tende a ser fundamentalmente focado no conservadorismo, populismo, antissemitismo, chauvinismo, patriarcado e na "família tradicional", sendo usualmente descrito pelo termo guarda-chuva *narodnichestvo* (lit. "populismo nacionalista"). Somente eslavos podem participar da religião.

Romuva

Religião neopagã que busca reviver práticas religiosas tradicionais dos povos bálticos da Lituânia, viveu a maior parte de sua existência na clandestinidade, visto ter sido classificada como grupo nacionalista perigoso pela União Soviética, já que um de seus principais símbolos – a bandeira romuva – é derivado da suástica. A palavra "*romuva*" foi adotada pelo movimento por ter sido utilizada para se referir antigamente aos templos onde eram realizados os rituais e cerimônias religiosas da Lituânia pré-cristã.

A romuva enfatiza a sacralidade da natureza, a reverência aos ancestrais e à descendência indo-ariana, o nacionalismo, a celebração de festivais que marcam as mudanças das estações, os ciclos agrícolas e eventos astronômicos como solstícios e equinócios. Além disso, trata-se de uma religião politeísta que venera deuses bálticos como Perkūnas, Gabija, Tellavelis, Saulé e Žvorūna. Seus rituais frequentemente incluem cantos, danças, oferendas e cerimônias ao ar livre, além de mantras e símbolos mágicos.

O grupo busca bastante inspiração do hinduísmo, pela alegação de que os balcânicos descendem de arianos do norte da Índia. A própria utilização da suástica pelo grupo tende a ser justificada pelo hinduísmo. O conceito de *darna*, que significa harmonia e coerência na romuva, é inspirado no *dharma* hindu. Além disso, os ritos matrimoniais da romuva são muito semelhantes aos casamentos védicos hindus, com mantras, cânticos e voltas ao redor do fogo.

Tradição feri

Fundada na Califórnia na década de 1950 pelo casal Victor e Cora Anderson após eles terem lido a obra de Gardner sobre bruxaria, a tradição feri incorpora elementos de várias fontes, incluindo a wicca, o vodu, o folclore havaiano e práticas nativo-americanas.

Da wicca, o casal Anderson incorporou o uso de magia, a celebração de festivais sazonais, o foco na iniciação e o trabalho com deidades e espíritos da natureza. Como Victor Anderson tinha conexão com o Havaí, ele incluiu na religião uma ênfase na conexão com a terra e o mar, além do respeito pelos espíritos ancestrais. Os ritos de cura praticados na feri são em grande medida baseados em rituais de vodu. E do xamanismo norte-americano a tradição se apropriou da ideia de voo da alma e o trabalho com animais de poder.

A tradição feri enfatiza uma espiritualidade mística pessoal, focando-se na magia erótica e na expressão artística. O grupo é particularmente conhecido por seu foco na autoexploração e desenvolvimento pessoal, incentivando os praticantes a descobrirem sua verdadeira vontade e a expressarem sua individualidade única. Além disso, é um movimento neopagão bastante aberto para a população LGBTQIA+.

Radical faeries

Fundado pelos ativistas *gays* Harry Hay, Miotch Walker, Don Hilhefner e John Burnside, o movimento radical faeries (lit. "fadas radicais", em alusão ao termo "fada" ser utilizado pejorativamente para se referir a *gays* efeminados nos Estados Unidos) combina elementos de neopaganismo, feminismo, anarquismo e ambientalismo em uma prática espiritual que celebra a diversidade sexual e de gênero.

Os radical faeries se reúnem em retiros em áreas rurais ermas, chamados emicamente de "santuários", onde realizam rituais, compartilham histórias e promovem magia de cura e autoconhecimento. Sua abordagem é não dogmática e experimental, encorajando os participantes a explorar a própria relação com a natureza de maneira que ressoe com suas experiências e identidades pessoais. Como tal, eles não possuem uma doutrina central, com alguns praticantes incorporando elementos politeístas em suas espiritualidades pessoais, enquanto outros adotam uma visão mais animista.

O movimento busca criar um espaço sagrado para pessoas LGBTQIA+ viverem a vida de uma maneira que muitas vezes é marginalizada em outras tradições. Eles têm um forte compromisso comunitário, com ênfase na ajuda mútua, no ativismo e na construção de redes de apoio para pessoas LGBTQIA+.

Irmandade da fênix

Fundada em 2004 por sete homens *gays* provenientes de diversas tradições espirituais, a irmandade da fênix é uma tradição neopagã ecumênica que mistura magia cerimonial, neoxamanismo e bruxaria tradicional. A organização valoriza a conexão com os ciclos da natureza, o culto a deuses e ancestrais, com um foco na imanência. Apesar de possuir uma doutrina flexível, o grupo não abre mão de condenar publicamente qualquer postura racista, sexista e xenofóbica.

O panteão da irmandade da fênix é composto por oito deuses *queer*. A Juventude Divina traz o encanto aos corações e mentes, permitindo vivenciar cada experiência de peito aberto. O Explorador é o deus da coragem. O Amante deifica o amor romântico, celebrado em especial pelos LGBTQIA+ que perderam as esperanças de encontrar uma pessoa. O Curador é o deus do amor fraterno e da cura. O Guerreiro é o deus que desafia a injustiça e previne os abusos sofridos pela sociedade homofóbica. O Andrógino é uma divindade não binária que oferece equilíbrio e libertação em um mundo que quer forçar a dualidade. O Xamã é a deificação do poder *queer* que foi perdido pelo cristianismo. E o Ancião é o deus do pensamento, da sabedoria e da calma.

O objetivo inicial do grupo era criar uma comunidade para homens que amam homens. Através de uma reforma iniciada pelo templo de Seattle, entretanto, a tradição foi aberta a todos os adultos LGBTQIA+. Logo, desde 2017, a teologia da irmandade tem sido modificada para se adequar a um modelo mais inclusivo, para abraçar uma gama mais ampla de identidades e vivências dentro da comunidade LGBTQIA+.

Igreja de São Príapo

Fundada na década de 1980 em Montreal, trata-se de uma mistura de religião, arte performática e crítica social sobre a homossexualidade e a espiritualidade masculina. Dedica-se ao culto do pênis, representado por Príapo, deus grego conhecido por seu enorme pênis sempre ereto, que é celebrado como um santo entre os adeptos da igreja.

O grupo combina elementos do neopaganismo e espiritualidade *queer*, enfatizando a sacralidade e a positividade do genital masculino e da homossexualidade. Seus rituais e práticas incluem a veneração do pênis como fonte de prazer, beleza e vida, além de sexo *gay* ritualístico como forma de adoração e expressão espiritual. A centralidade na adoração do pênis é justificada como uma forma de homens homossexuais vencerem o estigma de amarem o sexo de outros homens.

Por ter apenas homens *gays* como público-alvo, opera em um espaço marginal dentro do espectro das religiões neopagãs, tendo comunidades pequenas e dispersas em Montreal, Toronto, Nova York, São Francisco e Los Angeles. Diferente de outras vertentes de neopaganismo focadas na população *gay*, a Igreja de São Príapo tende a limitar a participação de mulheres cis e homens trans por não possuírem pênis.

Neoxamanismos

Vertente caracterizada por um intercâmbio religioso e cultural onde se destaca o apelo a um tradicionalismo perdido dos indígenas, afinado à ideia de “bom selvagem” de Rousseau (1989). De acordo com Galinier (2013), os neoxamanismos podem ser classificados como (1) *exoxamanismos*, formados por pessoas que não possuem etnia xamânica, e (2) *endoxamanismos*, uma tentativa de descendentes de indígenas (neoíndios) de recriarem sua tradição espiritual antes da invasão colonial e do genocídio indígena promovido pela Europa. Usualmente os exoxamanismos são mais colonialistas, enquanto os endoxamanismos tendem a ser mais decoloniais.

Segundo Leite (2016, p. 204), o neoxamanismo é notável por seu processo de esvaziamento de símbolos indígenas e da própria noção de xamanismo, ao mesmo tempo em que converge a uma condensação de símbolos novaeristas, estruturando uma nova matriz de sentido. De Rose (2010) identifica que mesmo no caso dos endoxamanismos, as etnias indígenas, ao tentar reviver suas tradições perdidas, acabam preenchendo as lacunas com elementos ocidentais. Isso é causado, segundo a autora, por conta de um trânsito turístico dos buscadores espirituais em seus territórios, o que acaba levando elementos espirituais alienígenas às culturas dos povos originais.

Segundo Hanegraaff (1996, p. 53), um elemento interessante dos neoxamanismos é que eles tendem a superestimar a visita do xamã ao mundo espiritual, enquanto subestimam ou ignoram completamente o elemento complementar dos espíritos visitando o mundo humano ao possuir o corpo do xamã. Isso pode ser visto como parte de uma tendência capitalista mais ampla de enfatizar o indivíduo e o desenvolvimento pessoal em contraste com as práticas comunitárias e orientadas para o serviço da comunidade, como ocorre nas culturas indígenas originais. Nos neoxamanismos, o xamã leva quase todo o crédito do trabalho espiritual efetuado.

Além disso, Galinier (2013, p. 109) discute que os neoxamanismos, em especial os do tipo exoxamanismo, envolvem a fetichização das culturas dos povos originários em uma forma estática e idealizada, descontextualizando a tradição ao realocá-la sob a perspectiva capitalista. Essa abordagem elimina aspectos importantes da tradição que foi apropriada, como a resolução de conflitos intracomunitários e a gestão da violência, reduzindo-a a uma terapia individual que regula apenas as relações entre o corpo e o cosmo.

Leite (2016, p. 207) complementa que os neoxamanismos também recorrem comumente à mercantilização das práticas indígenas. Isso inclui a transformação de buscadores espirituais não indígenas em "xamãs", que depois competem com as lideranças religiosas tradicionais e promovem adaptações performáticas dos rituais. Em outras palavras, o neoxamanismo é uma forma clássica de apropriação cultural, mantendo tanto os pré-requisitos de orientalismo quanto de transformação da cultura apropriada em um bem de consumo do qual a cultura original não é a principal beneficiária.

Por fim, Hanegraaff (1996, p. 79) atenta que, no contexto mais geral dos novos movimentos religiosos, as religiões neopagãs e os neoxamanismos são bastante similares. Enquanto os neopaganismos querem recriar as religiões pré-cristãs europeias, os neoxamanismos querem fazer o mesmo com as religiões pré-cristãs das Américas. Dessa forma, os neoxamanismos também tendem a ser reconstruções ou reinterpretações das práticas xamânicas tradicionais, adaptadas para se adequar ao contexto cultural e espiritual contemporâneo.

Xamanismo essencial

Desenvolvido pelo antropólogo Michael Harner na década de 1970 com base em uma viagem que ele fez na década de 1950 ao Equador para estudar os povos shuar, trata-se de uma síntese de práticas xamânicas de diversas culturas indígenas ao redor do mundo, despojada de contextos culturais e étnicos específicos. Xamanismo essencial (*core shamanism*) é uma abordagem universalista e orientalista das culturas indígenas, que são tratadas monoliticamente como sendo a mesma coisa, focando em técnicas de cura e crescimento pessoal que só têm apelo a um público ocidental.

O movimento enfatiza práticas como o voo xamânico e indução de estados alterados de consciência, geralmente através da percussão rítmica de tambores. Além disso, o antropólogo defende que o xamanismo essencial é acessível a todos os indivíduos, independente deles serem ou não descendentes de indígenas, o que se torna bastante conveniente aos brancos estadunidenses que se interessam por esse tipo de apropriação cultural.

De modo geral, Harner é criticado tanto por xamãs tradicionais quanto por outros antropólogos por sua abordagem descontextualizada. Ele é acusado de ter viajado para a Amazônia equatoriana, apropriar-se dos bens religiosos dos povos nativos e misturar suas descobertas com elementos de culturas nativas da América do Norte, Ásia e África em busca dessa suposta universalidade do xamanismo.

Tensegridade

Também conhecida como magia passes, é um novo movimento religioso criado por Carlos Castañeda em 1995. Castañeda ganhou fama por seus livros que detalham seu suposto aprendizado com um xamã yaqui chamado Don Juan Matus no México, e a tensegridade seria a religião baseada nesses relatos. No entanto, a autenticidade e a precisão das fontes de Castañeda têm sido amplamente questionadas, com muitos críticos argumentando que suas obras são mais ficcionais do que factuais.

Essa forma de neoxamanismo apresenta uma série de movimentos corporais, posturas e exercícios de respiração que se destinam a promover o bem-estar físico e espiritual, fazendo parte de um sistema mais amplo que inclui crenças em realidades alternativas, a importância do conhecimento esotérico e a busca pela expansão da consciência. A busca por bem-estar físico e o conhecimento esotérico não são elementos comuns às culturas nativas da América Central. Nesse sentido, ao contrário do que se alega emicamente, a tensegridade é muito mais uma criação moderna orientalista do que uma tradição xamânica autêntica.

Xamanismo plástico

Também conhecido como xamanismo urbano, é um termo pejorativo para se referir a pessoas que decidem incorporar práticas indígenas em suas vidas espirituais, apresentando-se como "xamãs" por autoaclamação. O termo "xamã plástico" surgiu nos movimentos políticos indígenas dos Estados Unidos como uma crítica à apropriação cultural de suas espiritualidades, que no espírito do xamanismo essencial de Harner são destituídas de suas etnias e culturas para serem destiladas e vendidas como um substrato único, o xamanismo no singular, passível de consumo por pessoas brancas.

O termo "plástico" sugere uma natureza artificial e maleável, indicando que essas práticas são moldadas para atender às expectativas e demandas de um público não indígena do *cultic milieu* que quer consumir bens espirituais indígenas. Como tal, frequentemente "xamãs plásticos" agem como pessoas que desejam lucrar com as práticas indígenas, sem um compromisso genuíno com a profundidade e integridade das tradições que declaram representar.

A principal crítica que os xamãs plásticos recebem é de que sua forma comercializada de xamanismo não é autêntica, e que a apropriação cultural apaga a conexão com as fontes originais.

Apesar disso, é uma forma bastante popular de neoxamanismo, visto permitir que pessoas brancas de países como Estados Unidos, Austrália e Canadá se apropriem sem culpa das práticas espirituais de indígenas e aborígenes. Em menor número, também são observados xamãs plásticos na Europa e países da América Latina.

Santo daime

Novo movimento religioso brasileiro que integra elementos do cristianismo, tradições indígenas amazônicas e espiritismo. Originário do Acre da década de 1930, foi fundado pelo afro-brasileiro Raimundo Irineu Serra. Do cristianismo, o santo daime pega emprestada a reverência a figuras centrais como Jesus, Maria e vários santos, que são frequentemente invocados. Além disso, símbolos como a cruz e velas também estão presentes, além dos conceitos teológicos da Santíssima Trindade, salvação, compaixão, humildade, perdão, caridade e amor divino. Do espiritismo, a doutrina daimista toma emprestada a comunicação com espíritos, a crença em reencarnação, evolução espiritual e os ritos de cura.

Essa religião é mais bem conhecida pelo uso sacramental da *aya'waska*, uma bebida feita a partir da combinação de duas plantas amazônicas: o cipó de mariri (*Banisteriopsis caapi*) e as folhas de chacrona (*Psychotria viridis*). O mariri contém alcaloides inibidores da monoamina oxidase, o que retarda a rápida metabolização da dimetiltriptamina presente na chacrona, causando um efeito enteogênico emicamente chamado de "miração".

O santo daime incorpora rituais que envolvem cânticos de hinos, danças e meditações, visando à conexão espiritual, a cura e a revelação. A prática se expandiu além das fronteiras brasileiras, atraindo seguidores do *cultic milieu* na América do Norte, Europa, Austrália, Nova Zelândia e Japão, além dos países sul-americanos que já possuíam tradição de utilização da *aya'waska*, como Peru e Colômbia. No entanto, o uso da *aya'waska*, embora permitido no Brasil em contextos religiosos, tem gerado debates legais nos outros países para os quais a religião foi exportada.

Barquinha

Movimento derivado do santo daime, foi fundado por Daniel Pereira de Mattos em 1945 após ele ter tido uma experiência visionária. O nome do novo grupo vem dessa miração, em que de Mattos diz ter visto uma pequena embarcação que simboliza a navegação espiritual e a jornada de transformação e iluminação. Assim como o santo daime, a barquinha se centra no uso sacramental da *aya'waska*, na cura espiritual e também incorpora elementos do catolicismo popular e do espiritismo, além de tradições indígenas. Entretanto, enquanto o santo daime possui uma influência maior cristã, a barquinha incorpora mais práticas do espiritismo.

A estética dos rituais e os símbolos utilizados diferem de uma religião para a outra. Em alusão à sua origem simbólica, os praticantes da barquinha utilizam mais elementos relacionados ao mar e à navegação. Além disso, os trabalhos espirituais do santo daime tendem a ser mais estruturados do que os da barquinha, que possui uma abordagem mais flexível e menos dogmática.

União do vegetal

Referenciada por vezes pela sigla UDV, a união do vegetal é um novo movimento religioso brasileiro também centrado no consumo da *aya'waska*, chamada nesse grupo de "*hoasca*". Fundada no Amazonas em 1961 por José Gabriel da Costa, combina elementos do cristianismo, espiritualismo e saberes indígenas. Apesar de compartilhar o uso sacramental da *aya'waska*, trata-se de um movimento religioso independente do santo daime, com estruturas organizacionais, doutrinas e práticas próprias.

A união do vegetal prioriza a busca por evolução espiritual e moral, promovendo valores como harmonia, paz e respeito ao meio ambiente. Seus rituais incluem o consumo da *aya'waska* e seguem um código de ética e conduta bastante rígidos, diferindo da estrutura menos formalizada do santo daime. Além disso, a bebida é vista como um instrumento de introspecção e elevação moral, em oposição à interpretação das mirações daimistas como fonte de revelação divina e conexão espiritual.

Os praticantes se destacam por colaborar com pesquisas científicas sobre os efeitos farmacológicos da *aya'waska*, além de iniciativas por preservação ambiental. A religião promove a produção sustentável das plantas envolvidas na bebida, incentivando o cultivo responsável e a preservação da floresta amazônica, de onde são nativas. Além disso, o grupo tem estabelecido parcerias com instituições de pesquisa no Brasil e no exterior em várias áreas, como neurociências, farmácia, química, psiquiatria, antropologia e ciência da religião.

Jurema

Religião baseada nas tradições espirituais de vários povos indígenas do nordeste do Brasil (p. ex., pankararu, kariri, tumbalalá, fulni-ô, potiguara, atikum), utilizando também elementos africanos e do catolicismo popular. Embora emicamente seja apresentada como uma tradição espiritual da época do Brasil pré-colonial, os sincretismos existentes entre os saberes indígenas e as religiões de matriz africana, além da própria incorporação de elementos do cristianismo, demonstram que se trata de um novo movimento religioso.

Central para a prática da jurema é o uso sagrado da bebida feita da casca da jurema-preta (*Mimosa tenuiflora*), que possui propriedades enteogênicas. A religião envolve rituais com cantos, danças e a incorporação de entidades espirituais chamadas de "mestres da jurema", que agem como guias e protetores dos adeptos da religião, oferecendo conselhos, cura e orientação.

Das religiões afro-brasileiras, a jurema absorveu a noção de hierarquia de entidades, a veneração dos ancestrais, a utilização de atabaques e a incorporação por médiuns para que os outros participantes possam fazer consultas e pedir conselhos. Do catolicismo popular, ela tomou emprestada a utilização de imagens de santos católicos, que são amalgamados a entidades espirituais indígenas, a queima de velas como prática devocional, a noção de pecado, a utilização da água-benta e de cruzes, e o calendário litúrgico católico, cujas datas importantes acabam coincidindo com os dias de algumas festividades e celebrações da jurema.

Catimbó

Mistura plural de rituais indígenas do nordeste brasileiro com catolicismo popular e religião africana, fica no limiar entre um novo movimento religioso do tipo neoxamanismo e religiosidade da diáspora africana. Trata-se de um conjunto bastante heterogêneo, com diversas famílias e linguagens com elementos comuns que as interligam. As famílias mais antigas mantêm mais elementos indígenas, como o uso sacramental da jurema-preta (*Mimosa tenuiflora*) e do tabaco (*Nicotiana rustica*).

No sertão nordestino, o catimbó é mais marcado pela presença católica, com práticas realizadas com crucifixos, velas e mesas com santos. Na região litorânea, onde a influência africana foi mais significativa, observam-se práticas como trabalho e incorporação de espíritos – em especial caboclos e pretos-velhos – e a utilização de atabaques para criar o ambiente propício para a comunicação espiritual.

Toré

Novo movimento religioso que pretende recriar a espiritualidade de diversos povos indígenas no nordeste do Brasil, que passam a ser referidos emicamente como o "novo pajé", no singular. Seus rituais combinam dança, canto e percussão, servindo como uma forma de comunicação com o mundo espiritual e como expressão de resistência cultural e identidade étnica.

Durante a cerimônia, os participantes entram em um estado de transe, muitas vezes induzido pelo uso da jurema-preta (*Mimosa tenuiflora*), permitindo-lhes interagir com espíritos e entidades. No geral, o toré tende a se diferenciar de outras tradições que utilizam incorporação ao dizer que os espíritos contatados nas cerimônias são de xamãs que ainda estão vivos, mas que moram em zonas remotas nas quais o homem branco ainda não invadiu. Nesse sentido, o ritual seria uma conexão não com espíritos mortos, mas com pessoas encarnadas e encantados vivos que proporcionariam um momento de reafirmação da coesão comunitária, transmitindo conhecimentos tradicionais e celebração da vida e cultura indígena.

O toré não é apenas uma prática religiosa, mas um ato político e social, refletindo a luta contínua dos povos indígenas pela preservação de suas terras, direitos, identidade e tradições. Dentre as crenças centrais do toré, é notada a noção de que pessoas brancas não entrarão no paraíso na vida após a morte. Os espíritos das pessoas brancas são descritos como intrinsecamente maus, e um círculo feito de lanças apontando para fora da área de celebração é montado para proteger os integrantes da invasão nefasta de almas brancas durante o ritual, que são tratadas como demônios. Além disso, a maioria dos grupos não aceita participantes sem descendência de povos indígenas.

Peiotismo

Também conhecida como igreja nativo-americana, é a forma de endoxamanismo com o maior número de aderentes nos Estados Unidos e Canadá, integrando práticas e crenças indígenas com elementos do cristianismo. O movimento foi fundado no território de Oklahoma no final do século XIX, após o peiote (*Lophophora williamsii*) ter sido introduzido nas Grandes Planícies vindo do México e popularizado por Quanah Parker, uma liderança comanche. Já os elementos cristãos foram incorporados por Kakk'ántsa'ah Niish, uma liderança caddo.

O movimento é interessante do ponto de vista da relação entre cristianismo e povos originários, porque muitos indígenas norte-americanos têm desconfiança em relação ao cristianismo, em grande parte por causa da história de interação com missionários evangélicos que tentaram erradicar completamente a herança e a cultura nativa. No peiotismo, porém, alguns membros das comunidades indígenas encontram um caminho espiritual sincrético, combinando suas próprias tradições com uma forma de cristianismo mais favorável às suas raízes e costumes.

Mesmo após a guerra às drogas de Nixon, os adeptos do movimento conseguiram na justiça a autorização para a utilização do peiote em contextos religiosos, visto que a maior parte dos praticantes desse novo movimento religioso é indígena. Outros novos movimentos religiosos de maioria branca tentaram o mesmo caminho jurídico para liberar o consumo de enteógenos, mas lhes foi negada a petição.

13 avós do mundo

Grupo formado em 2004 pela Center for Sacred Studies (lit. "Centro de Estudos Sagrados"), ONG estadunidense fundada por mulheres brancas dedicada à preservação de tradições indígenas por um viés perenialista, buscando "unificar" diferentes xamanismos em prol de objetivos comuns de cura, paz e sustentabilidade.

As "avós do mundo" foram selecionadas pelas donas da ONG em um esforço de ampliar o reconhecimento e a valorização das tradições espirituais indígenas, promovendo um diálogo intercultural. O grupo foi formado por treze mulheres indígenas idosas, líderes espirituais tradicionais de várias partes do mundo, mas com prevalência de mulheres de etnias estadunidenses. O conselho é destacado por sua inserção em redes internacionais graças à ONG, onde aborda questões ambientais e de direitos humanos.

Embora as integrantes sejam xamãs tradicionais, o conselho das 13 avós atua como uma aliança internacional, compartilhando ensinamentos e realizando cerimônias xamânicas para públicos não indígenas, promovendo a cura física e espiritual e tentando fomentar a consciência planetária. A busca por consciência planetária e a predileção pelo número 13 são coisas alienígenas às culturas indígenas das quais as idosas vieram. Além disso, a presença majoritária de mulheres nativas de povos dos Estados Unidos enviesa a proposta de um diálogo intercultural diversificado. Com isso, o grupo tem sido comumente classificado como mais uma forma de neoxamanismo cosmopolita.

Xamanismo neomexicano

Forma de neoxamanismo que integra elementos das práticas indígenas dos povos originários do México com influências modernas e globais, misturando-as a elementos dos xamanismos nativos dos Estados Unidos e Canadá. Diferente do xamanismo tradicional, que está profundamente enraizado em contextos culturais e étnicos específicos, o xamanismo neomexicano tende a ser mais acessível e adaptável aos buscadores brancos.

Como muitos outros neoxamanismos, o xamanismo neomexicano enfatiza a autoexploração, a cura holística e a conexão com a natureza, ao mesmo tempo em que se abre para a incorporação de práticas de outras tradições estrangeiras aos povos originários do México. Entretanto, apresenta uma preferência pelas linhagens ancestrais mexicanas, em especial maias e astecas, tentando resgatar tradições que foram suprimidas ou alteradas ao longo do tempo pela chegada do colonialismo cristão.

Xamanismo neoandino

Forma de neoxamanismo que integra elementos das práticas indígenas dos povos originários da América do Sul, em especial do planalto andino, com elementos dos xamanismos da península de Yucatán, no México, dos xamanismos dos nativos estadunidenses e elementos do esoterismo europeu. É caracterizado por sua natureza urbana.

Assim como o xamanismo neomexicano, também é centrado em autoconhecimento, desenvolvimento pessoal, curas alternativas e integração com dimensões "holísticas" mais amplas. Apesar de se propor como um reconstrucionismo da religião quéchua (inca), suas práticas são muitas vezes descontextualizadas de suas origens e culturas, sendo adaptadas para atender necessidades e expectativas de um público branco urbano que faz turismo religioso em busca de conexão com uma sabedoria ancestral.

Caminho vermelho

Novo movimento religioso indígena também chamado de tapé marã'ey, celebrado em especial por guaranis sul-americanos. Fundamenta-se na ideia de uma conexão profunda com o espírito da vida, Nhanderu. O grupo enfatiza a importância da evolução espiritual através da vivência no planeta Terra, o qual é considerado sagrado e visto como a mãe (Nhandecy).

Embora muitos de seus aderentes sejam guaranis e vejam o caminho vermelho como algo tradicional de sua cultura, as principais práticas observadas pelo grupo não são nativas da América do Sul, demonstrando a característica de um novo movimento religioso. A tenda do suor (*temazcal*), a busca de visão e a dança do sol são práticas importadas da América do Norte. Além disso, o uso sacramental da *aya'waska*, ainda que nativo do Brasil, também é alienígena aos guaranis, visto que as plantas das quais a bebida é feita não são nativas dos territórios dessa etnia.

Foco de luz

Grupo de neoxamanismo criado por Roseana Gil na década de 1990, em Belém do Pará, mistura pajelança cabocla com elementos orientalistas e novaeristas. Embora Gil fosse descendente de tupinambás, trata-se de uma forma de xamanismo urbano, tendo como público principal os buscadores espirituais urbanos do *cultic milieu* paraense. Os rituais são centrados na busca por conexão com a natureza, cura e crescimento pessoal.

Gil incluiu elementos do xamanismo tupinambá e das culturas ribeirinhas da ilha de Colares, onde morou grande parte da vida, tanto quanto conhecimentos da nova era que adquiriu após ter passado dois anos em Belo Horizonte, onde fez cursos de esoterismo. Além disso, o grupo mistura elementos do espiritismo e da umbanda, de forma a criar um movimento sincrético e perenialista, no espírito do xamanismo essencial de Harner.

Reiki xamânico

Uma mistura de cura energética japonesa com elementos do xamanismo essencial, essa abordagem busca harmonizar a energia vital (*ki*) com práticas de conexão com a natureza, contato com espíritos guias e viagens ao mundo espiritual. No *reiki* xamânico, os praticantes utilizam os símbolos e técnicas tradicionais do *reiki*, como a imposição de mãos para transferir energia, enquanto incorporam o uso de tambores, cantos e a invocação de animais de poder e guias espirituais.

Essa mistura visa promover a cura em um nível mais profundo que o proposto pelo *reiki* tradicional, restaurando o equilíbrio também com o meio ambiente. Não existe um criador formal do *reiki* xamânico, sendo muito mais uma fusão orgânica, feita por várias pessoas, de práticas e conceitos de diferentes tradições espirituais que estavam presentes no *cultic milieu*.

Religiões da diáspora africana

Religiões surgidas do tráfico internacional de escravos promovido pela Europa entre os séculos XV e XIX. A maioria desses grupos só conseguiu se desenvolver plenamente enquanto religião com a independência das antigas colônias, quando leis protecionistas do cristianismo colonialista caíram nas Américas. Além disso, segundo Clarke (2005, p. vi), trata-se de movimentos surgidos em contextos culturais distintos de suas raízes, levando a novas formas que não aderem estritamente às práticas das religiões tradicionais da África. Sua formação e evolução em contextos diaspóricos integraram elementos africanos, do cristianismo colonialista e de práticas indígenas americanas, tornando-as únicas e bastante diferentes das religiões nativas africanas.

Como explica Giumbelli (2005, pp. 368-370), as religiões tradicionais africanas estão enraizadas em etnias, culturas e geografias específicas. As religiões da diáspora africana, em contrapartida, evoluíram e se adaptaram em contextos em que os africanos foram deslocados à força, tendo seus nomes, culturas e identidades negados pelos colonizadores. Isso significa que crenças e práticas de diferentes etnias se fundiram, pois uma vez que a travessia transatlântica dos pretos ocorria, suas diferenças culturais e linguísticas se tornavam irrelevantes. Todos eram tratados como escravos, selvagens e inferiores pelos europeus.

Outro aspecto interessante das religiões da diáspora africana é seu retorno à África nas últimas décadas. De acordo com Adogame (2014, p. 247), apesar da expansão do cristianismo e do islã no continente, as religiões tradicionais continuam a ter influência significativa na espiritualidade de muitos africanos no século XXI. Essas crenças incluem a crença na existência de forças sobrenaturais, a celebração aos ancestrais e a popularidade de um panteão diversificado de divindades. A resiliência das religiões tradicionais diante do colonialismo religioso, além disso, é observada em seu dinamismo, dando origem ao que o autor chama de movimentos religiosos neotradicionais, caracterizados pela busca de revitalização das religiões nativas, mas adaptadas ao novo contexto da África e pegando emprestado elementos das religiões diaspóricas.

Uma vez que a abolição da escravidão se consolidou em toda a América e as colônias atingiram a independência dos exploradores europeus, algumas religiões da diáspora passaram a adotar também essa postura neotradicional. Em outras palavras, tentando reviver a identidade negada dos descendentes dos escravizados, esses grupos passaram a reinterpretar os fragmentos sobreviventes de tradição africana que se mantiveram, criando expressões religiosas que são novas, mas que ao mesmo tempo querem se apresentar como velhas, apelando ao passado africano pré-colonialismo cristão (Giumbelli, 2005), no espírito de tradições inventadas (cf. Hobsbawm, 1983).

Embora no Brasil as religiões da diáspora africana, como o candomblé e a umbanda, geralmente não sejam vistas como novos movimentos religiosos pelos cientistas da religião, do ponto de vista formal e com base nos critérios apresentados na introdução deste livro, não há motivo para não classificá-las dessa forma. Essas religiões incorporaram elementos de diversas tradições e evoluíram para responder a novas realidades sociais e culturais, características comuns a qualquer nova religiosidade. Além disso, é relevante notar que, fora do Brasil, é comum que acadêmicos dedicados ao estudo de novos movimentos religiosos incluam as religiões da diáspora africana nesse campo de pesquisa.

Candomblé

Religião afro-brasileira do período da escravidão, desenvolveu-se principalmente no século XIX, período de intensificação do tráfico de escravos por Portugal. O candomblé foi utilizado como uma forma de resistência cultural da identidade dos pretos, com suas diferentes vertentes se devendo principalmente à diversidade de origens étnicas dos traficados.

Candomblecistas acreditam em um deus supremo e diversas deidades intermediárias chamadas de orixás, voduns ou inquices, dependendo da vertente. O deus supremo é considerado o criador de tudo, mas distante e inacessível. Dessa forma, o foco dos cultos recai sobre as divindades intermediárias, que possuem características humanas e são associadas a elementos da natureza, cores, alimentos e dias da semana. Também é central à religião a crença no axé, força vital encontrada nos objetos e seres vivos.

Os rituais são realizados em terreiros, espaços sagrados autônomos que possuem várias salas, incluindo um altar para as divindades, um espaço para cerimônias e acomodações para sacerdotes. O sacerdócio é hierárquico com uma mãe de santo ou pai de santo liderando. As cerimônias públicas incluem oferendas para as divindades e partilha de alimentos com a comunidade. Além disso, o candomblé enfatiza a relação com os mortos, realizando rituais para transformar os falecidos em espíritos ancestrais. A possessão também é central na religião, com músicas percussivas e danças desempenhando papel fundamental no processo.

Umbanda

Religião afro-brasileira que se originou no início do século XX, com um mito fundante usualmente ligado à cidade de São Gonçalo (RJ), a partir do sincretismo entre o candomblé, o espiritismo e o catolicismo. Embora adote o nome do idioma quimbundo, a umbanda é considerada um novo movimento religioso genuinamente brasileiro.

Influenciados pelo catolicismo, umbandistas acreditam em um deus único que se manifesta em três: Olodumaré, Olorum e Oxalá. A religião também cultua os orixás, divindades de origem africana que se relacionam com os elementos da natureza, além de entidades de trabalho, como caboclos, pretos-velhos, crianças, exus e pombajiras[21], que seriam espíritos desencarnados. Esses espíritos são organizados em linhas e falanges sob a direção de um dos orixás.

Umbandistas valorizam a igualdade e a fraternidade, e seus grupos são marcados pela prática da caridade, rituais de limpeza espiritual (descarrego) e pela comunicação com as entidades espirituais supramencionadas através de médiuns em sessões conhecidas como "giras". Embora tenha sido perseguida e criminalizada na primeira metade do século XX, a umbanda foi reconhecida em 2016 como patrimônio imaterial do Rio de Janeiro.

Santeria

Religião afro-cubana que se desenvolveu no final do século XIX. Originada do sincretismo entre a religião tradicional iorubá, catolicismo e espiritismo, trata-se de uma religião politeísta centrada no culto a divindades chamadas orichas, que possuem correspondências com santos católicos e possuem conexão pessoal com cada praticante, influenciando sua personalidade. Os orichas são venerados em templos chamados *casas*, geridos por sacerdotes (*santeros*). A religião enfatiza a prática do "toque de santo", em que dança, canto e percussão são utilizados para induzir à possessão pelo oricha, além de práticas de cura e de divinação, como o ifá.

Como manifestação cultural dos pretos escravizados, a santeria foi marginalizada pela elite euro-cubana, só ganhando reconhecimento legal após a independência de Cuba, em 1898, quando se difunde na cultura popular cubana mesmo entre pessoas não

21. Embora o abrasileiramento "pomba gira" também seja bastante difundido, a grafia correta é pombajira com J, em conformidade à etmologia da palavra, que vem do quimbundo *pambu ia-njila* (lit. "encruzilhada").

adeptas da religião. Apesar disso, continuou a ser perseguida pela Igreja Católica em Cuba até a Revolução Cubana, atualmente sendo alvo de ataques do pentecostalismo.

Palo

Religião afro-cubana desenvolvida na virada do século XIX para o século XX através do sincretismo entre a religião tradicional dos bacongos, o catolicismo e o espiritismo. Os praticantes, chamados *paleros*, organizam-se em grupos autônomos liderados por figuras conhecidas como pai (*tata*) ou mãe (*yayi*). A religião enfatiza a veneração aos espíritos dos mortos, conhecidos coletivamente como *kalunga*, e a um deus criador distante.

Central para os rituais do palo é a prenda (*nganga*), um receptáculo que pode ser um caldeirão de ferro, um pote de barro ou uma cabaça contendo uma variedade de objetos, incluindo bastões e restos humanos (*nfumbe*). Acredita-se que o espírito da pessoa morta habita a prenda, servindo ao *palero* que o mantém. A prenda então é usada para curar ou causar dano, sendo "alimentada" com sangue de animais sacrificados e outras oferendas. A interpretação da vontade e dos conselhos da prenda é feita por divinação.

Vodu

Religião nacional do Haiti, é uma amálgama de tradições fons e bacongos, com influências do catolicismo e da maçonaria. A religião se formou no Haiti por volta do século XVIII e não possui uma autoridade central ou um corpo doutrinário desenvolvido, com práticas e crenças que variam regionalmente e entre diferentes congregações. Entretanto, graças ao sucesso da Revolução Haitiana, espalhou-se para outros lugares como um ideal religioso de libertação de todo escravo. Como tal, hoje temos também o vodu estadunidense, o vodu cubano e o vodu dominicano, para citar os mais conhecidos.

Voduístas acreditam na existência de Bondye (do francês "*bom Dieu*", lit. "bom Deus"), deus supremo e fonte última de poder, o mantenedor da ordem universal, mas que é distante e não se envolve diretamente nos assuntos humanos. Em vez disso, sua interação com a humanidade é intermediada pelos loás, espíritos que oferecem ajuda, proteção e conselhos em troca de rituais. Cada loá tem personalidade distinta, é associado a cores específicas, dias da semana e objetos, e pode ser invocado ou servido por meio de rituais que incluem canto, dança, possessão e sacrifício animal.

Emicamente o vodu é associado à Revolução Haitiana, embora haja debate sobre a extensão factual dessa influência. Segundo o mito, um ritual voduísta em Bois-Caïman em 14 de agosto de 1791 marcou o início da Revolução, com os participantes jurando derrubar os escravocratas. Líderes revolucionários como Boukman e François Mackandal eram considerados poderosos sacerdotes (*oungans*). Após a independência do Haiti em 1804, a estrutura do país mudou para uma sociedade de pequenos agricultores subsistentes, favorecendo a preservação do vodu. Além disso, a Igreja Católica preferiu ficar do lado dos escravizadores, cortando laços com o Haiti, o que permitiu que o vodu se tornasse a religião predominante.

Rastafári

Também conhecido como rastafarianismo ou rastologia, é um novo movimento religioso jamaicano profundamente influenciado pelo cristianismo milenarista do século XX. O rasfatári foi criado na década de 1930 baseado na filosofia de Marcus Garvey, ativista político pan-africanista que defendia o nacionalismo negro e a volta dos afrodescendentes para a África, sua terra ancestral.

Central para a fé é a veneração a Haile Selassie, imperador da Etiópia, visto como a segunda vinda de Jesus. A religião critica o Ocidente, referido emicamente como "Babilônia", e aspira à Zion, frequentemente associada ao retorno à África. Outra característica interessante é que Jesus e toda personalidade bíblica são descritos como pretos. Os rastafáris acreditam que por influência do diabo, que seria branco, a iconografia de Deus foi mudada, para fazer com que os escravos passassem a venerar os escravizadores como deuses.

As práticas rastafáris não enfatizam estruturas hierárquicas nem possuem sacerdócio profissional. Um rito central é o aterramento (*grounding*), que envolve toques de tambor, *reggae*, hinos, recitação de poesia e o uso de maconha (*ganja*). Além disso, é comum haver encontros para discussão coletiva (*reasoning*) sobre os princípios da religião e sua relevância, que incluem abertura e fechamento com orações, súplicas a Deus e pedidos de destruição da "Babilônia". A maconha tende a ser vista como um sacramento, e a dieta rastafári é baseada nas leis dietéticas do Levítico, tendendo a ser vegetariana.

Quimbanda

Religião afro-brasileira de origem bantu caracterizada por uma abordagem espiritual não maniqueísta. Diferente da umbanda, cujo cerne está no culto aos orixás, os rituais quimbandistas são focados no "povo da rua", divindades masculinas (exus) e femininas (pombajiras) vistas como mensageiras e guardiãs, atuando em locais marginais como matagais, cemitérios e encruzilhadas.

A quimbanda diferiu da umbanda desde o início do século XX. Enquanto a umbanda adotou aspectos do espiritismo e do catolicismo para tentar maior inserção social, os quimbandistas resistiram às influências católicas e quiseram manter os elementos que os católicos chamavam de "magia negra", considerados emicamente como mais próximos da religião original dos escravizados. Por conta disso, trata-se de um movimento historicamente marginalizado. A partir da década de 1970, contudo, com a reafricanização promovida pelo movimento negro brasileiro, a quimbanda começou a ganhar mais visibilidade no cenário geral das religiões do Brasil.

Encantaria

Manifestação religiosa afro-ameríndia descrita desde o século XIX, com forte presença no Piauí, Bahia, Maranhão e Pará. Ela se distingue de outras religiões afro-brasileiras, como a umbanda e o candomblé, pela natureza particular de suas entidades espirituais, os "encantados", que ao invés de serem espíritos mortos seriam indivíduos que desapareceram misteriosamente ou se transformaram, assumindo outras formas, como de animais, plantas e até seres da mitologia indígena.

É praticada em diversos contextos religiosos afro-brasileiros, incluindo a pajelança, o terecô, o babaçuê e o tambor de mina. Os encantados são organizados em famílias, possuem nomes e sobrenomes e muitas vezes relatam suas histórias de vida terrena. Seus rituais recorrem a danças e cânticos para invocar os espíritos em transe mediúnico, com uma prática integrada a elementos do catolicismo popular, como a associação a santos, conceitos teológicos e o uso de imagens católicas em altares e espaços de cultos. Além disso, a encantaria considerar os locais sagrados pelo catolicismo como locais sagrados seus.

Tambor de Mina

Religião afro-brasileira praticada no Maranhão e região amazônica, adotou o nome da palavra "negro-mina", utilizada para designar os escravos provenientes da região de Elmina, na costa de Gana. A religião mescla o culto a voduns, orixás e encantados com festas populares maranhenses, como o bumba-meu-boi e o tambor de crioula. As mulheres desempenham o papel central no culto, enquanto homens geralmente são responsáveis pela música e atividades secundárias.

A prática envolve a possessão, mas de forma mais discreta do que em outras religiões afro-brasileiras, onde o transe pode ser ritualizado de forma mais dramática. Muitas vezes o que marca a possessão é o médium receber um símbolo discreto, como uma toalha ou um lenço, para ser amarrado em alguma parte do corpo para sinalizar que ele está sob influência de uma entidade.

Winti

Religião afro-surinamesa que sintetiza práticas dos acãs, fons e bacongos, caracterizada pela crença em seres sobrenaturais que possuem os seres humanos para revelar o passado, o presente e o futuro, além de causar ou curar doenças. Era legal durante a escravidão, tornou-se ilegal após a abolição, quando todos os pretos foram forçados a se converter ao cristianismo, e foi novamente descriminalizada em 1971.

A crença central gira em torno o culto a Anana Kedyaman Keduanpon, deus supremo, e um panteão de outros deuses conhecidos como wintis. Além disso, a religião também acredita nos *ampukus*, espíritos da floresta e da água que podem possuir as pessoas e se manifestar como os wintis. Além disso, cada pessoa possui um *dyodyo*, espécie de pai espiritual que é atribuído a um ser humano desde o seu nascimento e é o responsável por transmitir a alma (*kra*) para a criança.

Xangô

Religião afro-caribenha desenvolvida na passagem do século XVIII para o século XIX em Trinidad e Tobago, incorpora elementos do catolicismo, protestantismo batista, hinduísmo, islã (especialmente sufismo), budismo, judaísmo (especialmente qabbala), fé Bahá'i, mitologias ameríndias e elementos da religião tradicional ioruba. Seus seguidores são chamados de xangôs batistas, refletindo a fusão entre o culto aos orixás e o batismo cristão.

Eles acreditam em Oludumaré, ser supremo que criou tanto o mundo dos vivos quanto o mundo espiritual, e nos orixás, deuses mensageiros de Oludumaré que se comunicam com os humanos através da possessão. Os xangôs batistas classificam os orixás em várias classes, dentre elas a de deuses "frios" (calmos) e "quentes" (temperamentais), espíritos de grandes ancestrais que se tornaram deuses, e espíritos associados à natureza. Além disso, Exu tende a ser visto como o orixá mais poderoso, do qual emanam todos os outros.

A prática religiosa é centrada na mobilização do axé, uma força poderosa que conecta tudo na natureza. Para tal, os xangôs batistas fazem serviços de adoração musical, em que cantos coletivos e tambores acompanham a possessão espiritual. A música ritual envolve cantos em chamada e resposta, acompanhados por um trio de tambores derivados dos tambores bembé iorubas, com cada tambor designando um papel específico na cerimônia. Além disso, a religião efetua sacrifícios animais.

Religião dos ararás

Religião afro-cubana derivada da religião dos jeje-fons do antigo reino de Daomé, praticada por um grupo étnico minoritário afro-cubano, os ararás. Historicamente os ararás têm sido defensores fervorosos de sua herança cultural ser mantida separada das outras tradições africanas que foram levadas a Cuba. O motivo disso é porque eles descendem de pessoas vendidas aos europeus como escravos pelo antigo império de Oió, dos iorubás. Apesar disso, os *luases*, as divindades dos ararás, acabaram sendo amalgamadas com os orixás com o tempo, ainda que isso seja negado emicamente. Influências do Congo também foram documentadas pelos estudiosos cubanos.

As principais diferenças entre a religião dos ararás e as outras religiões afro-cubanas é suas danças cerimoniais únicas e as características específicas de seus tambores, que possui *design* diferenciado e cujos padrões rítmicos são específicos. Essa especificidade da percussão dos ararás influenciou significativamente a música popular cubana, florescendo em especial em Matanzas e Santiago de Cuba. *Cabildos* (lit. "organizações comunitárias para afrodescendentes"), associações étnicas e casas-templo são os principais agentes de preservação da história e religião dos ararás, além de projetos como o AfroAtenas.

Montamentu

Religião afro-caribenha de Curaçao, oriunda principalmente das tradições africanas trazidas pelos escravizados combinadas com elementos do catolicismo e crenças indígenas locais. Embora seja originária do século XVIII, o montamentu atual é fruto da grande imigração da República Dominicana durante a década de 1950, tendo adquirido muitos elementos do vodu.

A música desempenha um papel central nos rituais do montamentu, frequentemente acompanhada por tambores *tambu* ou por gravações. Os ritos são celebrados em espaços sagrados chamados de *damas*, onde os participantes entram em transe para se comunicar com o mundo espiritual. A religião também enfatiza a conexão com os ancestrais e estimula a utilização de ervas e práticas tradicionais de cura.

Obaí

Também escrito como obeá, é um conjunto de rituais de cura e feitiçaria, originários das religiões tradicionais do oeste da África, em especial dos axantes e dos negros-minas, mas que sofreram crioulização nas colônias britânicas do Caribe entre os séculos XVI e XIX. Seus rituais envolvem praticantes que oferecem atendimentos de feitiçaria a clientes, seja para alcançar cura ou justiça.

Como a condenação legal da Inglaterra contra as religiões africanas em suas colônias foi muito mais dura do que a dos outros países imperialistas, o obaí não se desenvolveu plenamente enquanto uma religião, como no caso de outras tradições afro-americanas. Ao invés disso, ele emergiu como um sistema de rituais e procedimentos práticos, sendo hoje muitas vezes mesclado a outras religiões afro-americanas, como o palo.

Religiões cientificistas

Religiões cientificistas são um tipo de novo movimento religioso que tenta combinar elementos espirituais com uma aparente fundamentação científica. Segundo Benthall (2008), muitas vezes tais grupos desejam fomentar uma aparência de que são mais "científicos" do que religiosos, podendo adotar várias terminologias e conceitos científicos. Tal incorporação, porém, se dá através da lógica das "mitologias de ciência" (Hanegraaff, 1996). Em outras palavras, os termos e conceitos adotados são ressignificados, recebendo interpretações espiritualistas que ultrapassam o paradigma científico normal, tornando-se, assim, no máximo pseudociências.

Segundo Giumbelli (2005, p. 369), algumas novas religiões tentam estabelecer uma relação mais direta com a ciência, como é o caso da igreja da unificação, da cientologia e do espiritismo. Isso se dá, em grande medida, porque o Iluminismo mudou o agente social legitimador da verdade, retirando da teologia esse papel e transferindo-o para a ciência (Hanegraaff, 1996). Como tal, são notadas religiões modernas que tentam apresentar seus dogmas centrais como uma forma de ciência ou que buscam na ciência legitimidade para suas crenças. Mesmo práticas bastante esotéricas, como o caso do tarô, podem ser abordadas por um viés cientificista, fazendo uma oposição de "leitura de tarô racional" contra "leitura de tarô intuitiva", conforme atestado no Rio de Janeiro por Giumbelli (2005, p. 370).

Duas áreas acadêmicas comumente incorporadas no espírito das "mitologias da ciência" pelas religiões cientificistas são a biologia e a psicologia (Hamilton, 2005, p. 174). Entretanto, outras disciplinas, como física espacial, astronomia, informática e a própria ciência da religião eliadiana também são observadas (Guerriero, 2006; Martins, 2015; Pessoa Jr., 2011). Também é notado que muitas religiões cientificistas possuem grande ênfase em práticas de cura espiritual, dialogando com terapias alternativas e os cuidados paliativos, com algumas chegando a desenvolver sistemas médicos próprios, como observado no caso da medicina antroposófica, da naturologia e da psicologia transpessoal.

Espiritismo

Formalmente estabelecido com a publicação de *O livro dos espíritos* em 1857 por Hippolyte Léon Denizard Rivail (Allan Kardec), foi criado com a intenção de ser uma ciência que estuda a natureza, origem e destino dos espíritos, além de sua relação com o mundo material. Mesmo hoje ainda muitos espíritas não o veem como algo religioso, mas sim como uma filosofia ou ciência.

Os espíritas acreditam que a alma sobrevive após a morte e passa por uma série de reencarnações para evoluir espiritualmente.

Essa evolução é guiada pelo carma, lei de causa e efeito em que as ações de uma vida passada influenciam as condições das vidas futuras. A comunicação com os espíritos é sua prática mais visível, seguida das curas espirituais. Além disso, a doutrina enfatiza a importância da caridade e do auxílio ao próximo. As sessões espíritas, geralmente conduzidas por médiuns, podem incluir imposição de mãos (passe), escrita automática (psicografia), fala meniúnica (psicofonia), curas espirituais e estudos doutrinários.

No Brasil, o espiritismo se transformou em uma religião plena, diferente de sua concepção original na França. Essa transformação se deve à adaptação da doutrina ao catolicismo e ao papel de Chico Xavier enquanto liderança carismática. Nos últimos anos, com o refortalecimento do fascismo brasileiro, o espiritismo tem se inclinado também à extrema-direita, com um de seus médiuns mais populares, Divaldo Franco, tendo declarado que os mentores espirituais consideram Bolsonaro o melhor presidente da história do Brasil.

Espiritualismo

Crença religiosa que enfatiza o espírito ou a alma, baseado na crença de que os espíritos dos mortos têm a capacidade e vontade de se comunicar com os vivos. Embora versões mais antigas sejam atestadas na história das religiões, o espiritualismo enquanto um novo movimento religioso está associado à década de 1840 nos Estados Unidos, em específico à proliferação de pessoas alegando serem médiuns ou sensitivos, com a capacidade de se comunicarem com os mortos.

Os espiritualistas buscam por purificação mental, emocional e física, frequentemente acompanhada por terapias alternativas e práticas dietéticas e abstinências próprias, como a dieta vegana, a dieta orgânica e o não consumo de glúten, álcool, lactose, açúcar e alimentos não saudáveis. Os espiritualistas também são fortemente perenialistas, tendendo a não se classificarem como religiosos, pois acreditam que a estrutura "religião" limita sua liberdade de busca espiritual. Assim, em vez de promoverem dogmas rígidos, muitos espiritualistas adotam uma postura aberta e exploratória em relação à religião, incorporando elementos de diferentes tradições.

Historicamente, muitos espiritualistas têm se esforçado para estabelecer um diálogo com a ciência, buscando legitimar suas crenças e práticas por meio de uma abordagem racional. Isso incluiu pesquisar a mediunidade, aparições de espíritos e materializações em ambientes controlados. Personalidades como William Crookes e Oliver Lodge, p. ex., dedicaram parte de suas carreiras a investigar fenômenos espiritualistas sob uma óptica científica. Entretanto, como é muito difícil conciliar o paradigma científico com a crença em espíritos, há uma forte tendência de os espiritualistas adotarem formas "alternativas" de ciência, procurando novos paradigmas, muitas vezes pseudocientíficos.

Teosofia

Fundada em 1875 nos Estados Unidos por Helena Blavatsky e Henry S. Olcott, apresenta uma abordagem que busca sintetizar o conhecimento espiritual e científico, mantendo-se supostamente "secular" em sua natureza. Basicamente a teosofia tentou harmonizar os conceitos espirituais da Ásia com as descobertas da ciência, tentando abordar a espiritualidade com um rigor e metodologia que se assemelham à abordagem científica. Os teósofos desejam estabelecer um sistema de crenças que seja intelectualmente rigoroso e que resista à análise crítica, ao contrário de simplesmente aceitar dogmas.

A teosofia sempre se interessou profundamente pelo estudo do ocultismo e de fenômenos paranormais, que eles acreditavam que poderiam ser compreendidos dentro de um quadro que elimina as fronteiras entre espiritualidade e ciência. A fundadora da organização, Blavatsky, buscava entender fenômenos como telepatia, clarividência e outros tipos de habilidades psíquicas através de uma compreensão esotérica que dialogasse com os conceitos científicos da época. Além disso, a doutrina teosófica é uma combinação de misticismo hindu e budista com o ocultismo europeu. Isso fez com que os teósofos apresentassem uma visão evolutiva do desenvolvimento humano que incorpora teorias da biologia mesclada com noções de *dharma* e reencarnação.

O grupo teve grande influência no cenário mais geral dos novos movimentos religiosos, tendo sido pioneiro em tornar religiões asiáticas, em especial o hinduísmo e o budismo, acessíveis para europeus e norte-americanos. Para isso, a teosofia utilizou muito das primeiras traduções de textos religiosos indianos, que estavam sendo feitas quando do surgimento da ciência da religião, embora tenha mantido tais tradições confinadas a um pequeno círculo. Como tal, suas lideranças utilizaram mitos de fundação de que teriam recebido ensinamentos de mestres diretamente na Índia e no Tibete, legitimando-se frente aos outros praticantes.

Antroposofia

Fundada em 1912 por Rudolf Steiner, é um cisma da teosofia que também se baseia na premissa de que existe um mundo espiritual objetivo e acessível à percepção humana e ao pensamento científico através do desenvolvimento interior. Sua base central é o conceito de que o ser humano é um ser espiritual com capacidades de cognição intuitiva, que podem ser desenvolvidas para perceber realidades espirituais. Ela se diferencia da teosofia principalmente pela sua ênfase em Jesus Cristo e pela aplicação prática de seus conhecimentos em áreas como educação, agricultura e medicina.

Embora adote muitos princípios e métodos científicos, a antroposofia se estende para além dos limites da ciência normal, propondo que a compreensão do mundo físico é coimplementada pela percepção espiritual. Essa abordagem contrasta com o método científico convencional, que se baseia na observação e na experimentação dentro de um quadro naturalista. As práticas antroposóficas incluem meditação e exercícios para fortalecer a clareza mental e a percepção sensorial espiritual.

Cientologia

Fundada pelo escritor de ficção científica L. Ron Hubbard em 1950 nos Estados Unidos, propõe uma abordagem sistemática para o autoconhecimento e a autorrealização. Apesar do nome, a cientologia não é uma ciência, mas sim um movimento religioso baseado nos ensinamentos de Hubbard que combina elementos de psicoterapia, autoajuda e espiritualidade. Além disso, fica no limiar entre uma religião cientificista e uma religião de óvnis. A organização possui uma estrutura hierárquica complexa e rígida, focando-se muito mais na experiência subjetiva e transformação pessoal do que na investigação objetiva e empírica.

A relação da cientologia com a ciência é controversa. Enquanto seu fundador afirmava basear suas práticas em métodos científicos, a comunidade científica em geral não reconhece a cientologia como algo acadêmico. Sua abordagem envolve crenças em espíritos imortais (*thetans*) e memórias de vidas passadas, o que foge ao paradigma científico normal. Além disso, o rito de "auditoria", embora apresentado emicamente como uma técnica de autoaperfeiçoamento, não possui base científica estabelecida, sendo visto com ceticismo por profissionais da saúde mental.

A cientologia tem se envolvido em diversas controvérsias, especialmente relacionadas à fraude financeira. Muitas dessas alegações surgem da estrutura da organização, que requer que seus membros paguem valores altos por cursos e sessões de auditoria, levando a críticas de que ela opera mais como um empreendimento comercial do que como uma instituição religiosa. Há relatos de ex-membros e investigações jornalísticas que sugerem práticas coercitivas para doações financeiras, além de casos de evasão fiscal e lavagem de dinheiro.

Em relação ao posicionamento político, a cientologia se apresenta oficialmente como apolítica. Entretanto, suas lideranças têm se envolvido em *lobbies* para influenciar políticas públicas em assuntos que afetam seus interesses econômicos, em especial no que diz respeito à sua própria isenção tributária e a regulamentação da saúde mental, o que poderia tornar seu principal ritual, a "auditoria", algo ilegal nos Estados Unidos.

Espiritualidade quântica

Não se trata de um grupo específico, no sentido de uma única tradição religiosa, mas um fenômeno cultural que integra conceitos da física quântica com elementos de espiritualidade e misticismo que aparece em várias novas religiões. A espiritualidade quântica encontra terreno fértil na popularização da física quântica, misturando ciência, religião e elementos da cultura popular, estando especialmente alinhado à ideologia capitalista, que é individualista. Essa abordagem considera que a consciência humana e os fenômenos quânticos estão intimamente conectados, apresentando várias teses frequentemente rejeitadas pela ciência normal, como a influência do observador nos resultados quânticos (pensamento influenciando a realidade) e a possibilidade de comunicação quântica instantânea (telepatia).

A espiritualidade quântica faz uma defesa de que o observador não está separado do objeto observado, sugerindo que a realidade é influenciada e até mesmo criada pela mente humana. Essa visão é uma distorção por uma interpretação popular da física quântica, atribuindo um papel especial à consciência e à força do pensamento. Tais ideias são associadas a fenômenos como telepatia e experiências místicas, sendo explicadas como manifestações da não localidade quântica, uma ideia que vai contra os princípios da teoria da relatividade, que não permite a transmissão instantânea de informação. Outra característica marcante é a ligação entre espiritualidade e natureza, seguindo uma longa tradição conhecida como naturalismo animista. A espiritualidade quântica considera que a natureza é imbuída de uma espécie de alma semelhante à alma humana, uma perspectiva que tem raízes em tradições antigas, mas que foi resgatada na Europa pela Renascença.

A respeito de suas inclinações ideológicas, é bastante evidente a comercialização do misticismo quântico. Isso se manifesta na venda de livros, seminários, cursos e oficinas que prometem ensinar como aplicar os princípios quânticos para alcançar saúde, riqueza, felicidade e sucesso pessoal. Além disso, determinados produtos recebem o adjetivo "quântico" para serem comercializados, como em "dieta quântica", "suco quântico", "cristal quântico", "roupa quântica" etc. Além disso, a espiritualidade quântica, transformada em bem de consumo, utiliza filmes, documentários e a mídia para fazer propaganda, popularizando ideias entre a população mais ampla, que passa a consumir seus produtos no *cultic milieu*.

Movimento do novo pensamento

Novo movimento religioso que surgiu nos Estados Unidos no final do século XIX, enfatiza a crença no poder da mente, enfatizando que a realidade material pode ser influenciada pela força do pensamento e pela fé. Uma das figuras mais influentes do desenvolvimento inicial do movimento do novo pensamento foi Phineas Parkhurst Quimby, terapeuta alternativo que dizia que a doença é resultado de crenças erradas e que a cura pode ser alcançada através de uma mudança de pensamento. Quimby foi importante no estabelecimento do dogma central de que pensamentos positivos podem levar a uma vida positiva.

Durante a primeira metade do século XX, o movimento tentou incorporar descobertas científicas em suas crenças e práticas, buscando legitimar suas ideias através de uma linguagem científica. No entanto, suas práticas frequentemente divergem dos princípios empíricos e metodológicos da ciência normal, especialmente sua ênfase na cura pela fé e no poder do pensamento para influenciar a realidade física. Apesar disso, o movimento do novo pensamento teve um impacto significativo na cultura popular e no *cultic milieu*, levando à geração de outras práticas espirituais. Ele influenciou, por exemplo, o desenvolvimento de outros novos movimentos religiosos, como a ciência cristã e o movimento do potencial humano, e suas ideias sobre o poder do pensamento positivo continuam a ser populares em muitas formas de autoajuda contemporâneas.

Igreja da Ciência Divina

Cisma do movimento do novo pensamento, foi formalizado em São Francisco em 1888 por Malinda Cramer, com contribuições decisivas posteriores de Nona L. Brooks, Fannie Brooks James, Alethea Brooks Small e Kate Bingham. Possui uma visão imanente, na qual Deus está presente em todos os lugares e é o tudo de tudo. Deus é definido como um espírito puro, bom, absoluto, imutável, eterno, manifestando-se em toda a criação, mas também transcendendo a criação. Nesse sentido, o grupo utiliza teorias da Gestalt, de que o todo é maior do que a mera soma de suas partes.

Como outras religiões derivadas do movimento do novo pensamento, a Igreja da Ciência Divina considera a cura muito importante e emula o trabalho de Jesus, que no novo testamento cura as pessoas. Apesar do apelo no próprio nome do grupo, a relação com a ciência é indireta e simbólica. O grupo adota uma abordagem espiritual e metafísica que difere significativamente dos métodos e objetivos da ciência normal. Nesse sentido, a igreja considera como "científico" um sistema de crenças e práticas que não se alinham com a definição de ciência no contexto acadêmico.

Unity

Originalmente uma variante do transcendentalismo baseada no cristianismo e no entendimento de que a Bíblia é uma representação simbólica da jornada espiritual, acabou se tornando parte do movimento do novo pensamento. Foi fundada em 1914 pelo casal Myrtle e Charles Filmore no Missouri, oferecendo um cristianismo prático e positivo, apresentando-se como uma religião que estuda as conexões entre ciência e religião. A unity ensina que Deus é uma energia presente em todos os lugares, acessível a qualquer um, e Jesus é visto como uma figura divina e um exemplo de como viver a partir da natureza espiritual inata. O grupo acredita que todo ser humano é uma expressão individual e eterna de Deus, com uma natureza essencialmente boa.

A unity foi influenciada por várias correntes de pensamento que buscavam harmonizar ciência e religião. Embora tenham fundado oficialmente a igreja em 1914, desde 1889 o casal já publicava estudos não acadêmicos de várias tradições buscando supostas conexões entre ciência e religião. Além disso, com o advento da espiritualidade quântica, o grupo passou a também pregar sobre o poder do pensamento e a lei da atração como sendo algo baseado na ciência. Diferente da Igreja de Cristo Cientista, que falaremos sobre ela mais adiante, a unity não proíbe seus adeptos a buscarem tratamentos médicos convencionais. Apesar do seu grande foco na cura espiritual, o grupo prega que a cura espiritual deve ser uma abordagem complementar, e não substitutiva da medicina científica.

Movimento da ciência religiosa

Estabelecido em 1926 por Ernest Holmes, trata-se de uma expressão do movimento do novo pensamento que busca correlacionar as leis da ciência, as teorias da filosofia e as revelações da religião cristã, aplicando-as às necessidades humanas. Originalmente Holmes não pretendia que o grupo fosse um movimento religioso, mas uma instituição de ensino. Com o tempo, porém, a ciência religiosa evoluiu para incluir características típicas de organizações religiosas, com a formação de comunidades, estabelecimento de igrejas e ordenação de ministros.

Os ensinamentos da ciência religiosa incorporam filosofias idealistas e panenteístas, ensinando que todos os seres são expressões e parte da inteligência infinita, Deus. Como Deus é tudo o que existe, seu poder pode ser usado por todos os seres humanos na medida em que reconhecem e se alinham com sua presença. Isso significa que, para o grupo, Deus não é uma pessoa, mas uma presença universal que opera através de nossa própria consciência. Como outros grupos derivados do movimento do novo pensamento, a ciência religiosa enfatiza o suposto poder do pensamento de mudar a realidade.

Movimento do potencial humano

Corrente de pensamento que começou a ganhar destaque em especial após a fundação do Instituto Esalen em 1962, na Califórnia, destaca-se pela crença de que cada pessoa possui capacidades inatas que são suprimidas ao longo da vida, mas que, se forem desenvolvidas, permitem alcançar níveis elevados de realização pessoal, autoexpressão e sucesso material. Suas práticas possuem uma abordagem holística, que busca integrar diferentes aspectos do ser humano, desde os físicos aos mais abstratos, incentivando práticas como meditação, terapias alternativas e autoajuda. Além disso, o grupo valoriza o resgate da espontaneidade, que considera ser tolhida na vida social moderna alienante desde a escola.

O movimento do potencial humano se beneficiou do crescente interesse popular pela psicologia, particularmente se apropriando de teorias da psicologia humanista e desenvolvendo uma linha própria chamada de "psicologia transpessoal", que enfatiza a saúde psicoespiritual e o crescimento pessoal. A busca do movimento por legitimidade levou à incorporação de métodos de pesquisa mais estruturados, estudos empíricos e a colaboração com profissionais da saúde mental. Entretanto, o grupo sempre enfrentou críticas pela falta de rigor científico em algumas de suas práticas e teorias, em especial no que diz respeito à esfera das experiências "transpessoais".

Trans-humanismo

Movimento focado no melhoramento tecnológico dos seres humanos, de modo a transcender os limites fisiológicos, incluindo a velhice, atingindo eventualmente a imortalidade física. Adeptos do trans-humanismo dificilmente se consideram religiosos, empregando avanços nas ciências médicas e princípios seculares racionais. Entretanto, o movimento se aproxima de buscas similares ocorridas no âmbito histórico do daoísmo e da alquimia europeia. A ideia de transcendência e a busca por um estado de ser pós-humano possuem paralelos com conceitos religiosos de iluminação e ascensão.

Além disso, algumas correntes trans-humanistas abordam questões existenciais sobre o significado da vida, consciência, identidade e natureza humana que são tradicionalmente exploradas por religiões.

No centro do trans-humanismo jaz a crença na transcendência humana através da tecnologia, e a procura por isso é análoga a uma busca espiritual. Ainda que de uma forma cientificista, o trans-humanismo também possui fé, embora depositada na ciência ao invés de em uma divindade ou forças sobrenaturais. Para eles, a ciência eventualmente solucionará todos os desafios humanos. Isso faz com que o trans-humanismo marque um desvio significativo das práticas religiosas convencionais, mas mantendo um sistema semelhante de crenças e práticas que visam alcançar um estado transcendente. A visão futurista de uma humanidade que superará suas limitações física e mentais, alcançando um novo estágio de evolução, é também análoga a promessas de renascimento e libertação presentes nas religiões tradicionais.

Urantianismo

Novo movimento religioso que combina religião e ciência baseado no Livro de Urântia, publicado pela primeira vez em 1955 nos Estados Unidos. Entretanto, a Fundação Urântia existe desde antes do lançamento do livro, tendo sido criada em 1950 em Illinois. O grupo tenta apresentar uma visão de mundo que é compatível com o conhecimento científico, ainda que com muitos de seus ensinamentos desviando consideravelmente da ciência normal.

O livro da tradição aborda temas como a origem e o significado da vida, o lugar da humanidade no universo e a história do planeta Terra, chamado emicamente de “Urântia”. Sobre a história apresentada na obra, ela abrange desde elementos científicos, como a criação do universo no *big bang* e as idades geológicas do planeta, até narrativas sobre a vida e os ensinamentos de Jesus. A parte sobre Jesus é notavelmente detalhada, apresentando sua infância, adolescência, vida familiar e ministério público, extrapolando consideravelmente os evangelhos.

O urantianismo enfrenta críticas por parte da comunidade científica principalmente por sua autoria misteriosa; os adeptos do movimento dizem que o texto foi revelado por seres celestiais. Além disso, algumas afirmações não se alinham com o paradigma científico normal. O livro apresenta uma visão do universo desatualizada e contraditória em relação à astronomia moderna, em especial no que diz respeito à idade do universo. A origem e a evolução da vida também são significativamente divergentes das teorias evolutivas atuais, como a noção de mudanças repentinas na evolução sem transições intermediárias. Muito da história do planeta é apresentada sem bases geológicas, historiográficas, arqueológicas ou paleontológicas. Por fim, o livro propõe conceitos físicos que não são reconhecidos pela física moderna, como a existência das partículas "ultímatons".

Igreja da Unificação

Fundada por Sun Myung Moon na Coreia do Sul em 1954, é conhecida por cerimônias de casamentos em massa forçados entre desconhecidos, pelo seu anticomunismo militante e pela crença na restauração da humanidade para a pureza original antes da queda de Adão e Eva. O movimento foi criado como uma resposta à guerra da Coreia para difundir uma ideologia pró-capitalista cristã entre os sul-coreanos, para docilizá-los a aceitarem a ingerência militar e econômica dos Estados Unidos no país, para cristianizar a Coreia e para aumentar rapidamente a população, gerando novos soldados. Durante as décadas de 1960 e 1970, recebeu bastante apoio financeiro do governo dos Estados Unidos, visto o grupo fazer uma defesa teológica aberta pela dominação imperialista estadunidense.

Com dinheiro dos Estados Unidos, a igreja tem bastante recursos, investindo significativamente em instituições acadêmicas, congressos, fóruns internacionais e universidades para promover uma educação ideológica neoliberal, além de desenvolver técnicas de "reeducação" dos norte-coreanos que, porventura, entrem na Coreia do Sul, para que aprendam a viver em uma sociedade capitalista e neguem a cultura recebida da Coreia Popular. Isso faz com que, do ponto de vista teológico, a Igreja da Unificação não se oponha diretamente à ciência, dizendo que busca uma harmonia entre teologia e conhecimento científico. Entretanto, o que eles de fato fazem é propaganda política através da religião. A demonização do comunismo, em especial em sua forma marxista-leninista, que deu origem ao *juche*[22], e a busca por legitimar teologicamente os Estados Unidos como o bastião da "liberdade" e um baluarte contra o "fantasma vermelho" demonstra que o movimento possui agendas políticas no mínimo escusas. Por conta disso, a igreja sempre enfrentou críticas de cientistas. Além disso, a ênfase na autoridade espiritual de Moon, que é apresentado como um messias inquestionável pelo grupo ao ponto de seus seguidores por vezes se autorreferirem como "*moonies*", e as cerimônias de casamento forçado para restabelecer a "pureza" foram vistas por muitos como algo ligado ao fascismo.

Fundamentalismo cristão

Corrente contrailuminista surgida na virada do século XIX para o século XX entre a direita evangélica estadunidense e britânica, defende uma interpretação literal da Bíblia que vá aos seus "fundamentos", na qual eventos como o dilúvio e as pragas do Egito são considerados acontecimentos históricos reais, pois a Bíblia,

22. Forma de socialismo desenvolvido na Coreia Popular com base no marxismo-leninismo, enfatiza a autossuficiência, a independência e a soberania nacional, defendendo que os coreanos devem confiar em sua própria força ao invés de auxílios estrangeiros para construir uma nação próspera e autônoma. Kim Il-Sung adotou essa forma de ideologia política por conta dos embargos econômicos massivos e isolamento internacional contra a Coreia Popular. Apesar da retórica do *juche*, todavia, o país não se fecha para parcerias com nações que estejam dispostas a desafiar o imperialismo estadunidense e estabelecer relações com os coreanos, tanto que o Brasil possui relações diplomáticas e cooperação tecnológica com a Coreia Popular desde 2001, algo iniciado com Fernando Henrique Cardoso e que foi mantido mesmo durante o governo Bolsonaro (cf. Brasil, 2022).

como palavra de Deus, é infalível. Essa abordagem contrasta com o cristianismo moderno, que passou a interpretar os textos bíblicos de maneira mais simbólica ou metafórica.

Apesar de possuir uma veia bastante anticientífica, o fundamentalismo cristão, como algo surgido após o iluminismo, dialoga o tempo todo com a ciência, ora em oposição, ora em anuência. Frequentemente fundamentalistas cristãos tentam influenciar políticas públicas para a ciência para que reflitam seus valores e interpretações religiosas. Por exemplo, fundamentalistas cristãos têm sido ativos na oposição ao ensino da teoria da evolução nas escolas, defendendo em seu lugar o ensino do criacionismo ou do *design* inteligente como alternativas "científicas". Além disso, eles pressionam por políticas que limitem pesquisas em áreas como células-tronco embrionárias, direitos das mulheres e da população LGBTQIA+ e mudanças climáticas.

Igreja de Cristo Cientista

Também conhecida como ciência cristã, trata-se de uma variante do fundamentalismo cristão fundada em 1879 por Mary Baker Eddy, visando restituir o cristianismo primitivo e suas supostas práticas perdidas de cura. Sua teologia adota elementos do movimento do novo pensamento, reinterpretando conceitos-chave do cristianismo, como a trindade e a divindade de Jesus, vendo o mundo espiritual como a única realidade e considerando o mundo material como uma ilusão. Embora tenha tido grande crescimento no início do século XX, enfrenta declínio acentuado desde a virada do século XXI, com perda de canais de mídia, pessoal e dinheiro. A exceção se dá na África, único continente onde ainda apresenta aumento.

A igreja é conhecida por suas práticas e crenças únicas, especialmente a ênfase na eficácia da oração na cura de doenças e a recusa de seus fiéis em receber tratamento médico convencional. Os praticantes podem participar de cursos intensivos de duas semanas com um professor autorizado e aqueles que desejam se tornar praticantes credenciados devem primeiro ser aprovados em um curso primário oferecido pela instituição. A igreja também publica o jornal "*The Christian science monitor*" (lit. "observatório da ciência cristã"), fundado por Eddy em 1908.

O grupo é classificado como um novo movimento religioso cientificista porque a igreja invoca a ciência e se vê como uma religião para tempos científicos. Entretanto, paradoxalmente possui uma postura negacionista – em especial dos tratamentos médicos convencionais –, algo típico dos grupos que derivaram do fundamentalismo cristão.

Synanon

Novo movimento religioso criado por Charles E. Dederich na Califórnia em 1958, foi estabelecido originalmente como um programa de reabilitação para drogadictos chamado *tender loving care* (de difícil tradução, indica uma maneira de cuidar de alguém com muita gentileza, atenção e carinho), mas que mudou o nome após um membro ter misturado por engano as palavras "*symposium*" (lit. "simpósio") e "*seminar*" (lit. "seminário"). O enfoque na reabilitação fez com que o grupo tentasse se apresentar como científico para o grande público, embora suas práticas não fossem baseadas em métodos terapêuticos científicos. Em pouco tempo, evoluiu para um programa residencial de internação, adquirindo propriedades significativas e desenvolvendo um negócio lucrativo. Somente após começar a enfrentar problemas legais devido a práticas terapêuticas questionáveis, construções irregulares e questões fiscais que Dederich declarou a synanon como uma organização religiosa.

Sua principal prática era conhecida como "o jogo", uma terapia de grupo agressiva, baseada na crítica intensa entre pares. A entrada na comunidade exigia um forte compromisso, incluindo uma entrevista com Dederich e a desintoxicação abrupta das drogas, abordagem inadequada e até perigosa, dependendo da substância e da severidade da dependência. O programa tinha três fases que juntas durariam dois anos, preparando os membros para serem reintegrados à sociedade. Nos primeiros três meses, os membros eram isolados totalmente de amigos e familiares, com imposição de mudanças drásticas no estilo de vida, incluindo vasectomias e abortos forçados. A partir de 1968, porém, nenhum residente se graduou mais, pois Dederich passou a considerar que a reabilitação era um processo vitalício, baseado na premissa de que dependentes químicos nunca se recuperam completamente.

Dederich mantinha uma milícia que realizava atos de violência e intimidação para manter tanto os residentes sobre controle como também para punir ex-membros e opositores. Em 1978, após a NBC apresentar uma reportagem sobre as controvérsias da synanon, os executivos da emissora começaram a receber ameaças de morte, com um advogado tendo sido atacado com uma cobra venenosa que foi colocada em sua caixa de correio. Dederich foi processado e preso, o que acabou expondo documentos internos do grupo que revelavam práticas de pedofilia, escravidão, tortura, lavagem de dinheiro, sonegação e contabilidade fraudulenta, levando a múltiplas ações judiciais e a perda da isenção fiscal do grupo. Sem seu líder e com a reputação arruinada, a synanon foi formalmente dissolvida em 1991.

Sociedade da autorrealização

Organização religiosa fundada nos Estados Unidos por Paramahansa Yogananda (Mukunda Lal Ghosh), após o monge hindu se mudar ao país em 1920. Seus ensinamentos foram introduzidos durante um congresso internacional de líderes religiosos em Boston, com uma palestra intitulada “a ciência da religião” (lit. “*the science of religion*”, sem relação com a disciplina acadêmica), em que defendia que seus métodos espirituais eram empiricamente testáveis, o que continuou a disseminar na nova religião. O grupo promove técnicas que considera “científicas” para uma experiência direta de Deus. Muitos dos ensinamentos são uma mistura de hinduísmo com o orientalismo platônico estadunidense do início do século XX, adotando a figura de Jesus Cristo dentro dos ensinamentos indianos.

Sua prática mais visível é o *kriyā yóga*, visando a autorrealização e acelerar o despertar espiritual. O grupo defende que através do autoesforço é possível atingir a evolução da consciência mortal para a consciência de Deus. Como o novo movimento religioso foi fundado nos Estados Unidos, seu público é majoritariamente de origem protestante. Com isso, os ensinamentos tendem a defender que o equilíbrio entre o cristianismo e a ioga seria o fundamento comum de todas as religiões "verdadeiras". Como sua sede fica em Los Angeles, estado de Hollywood, muitas celebridades frequentaram o grupo, dos quais o mais famoso foi Elvis Presley.

Antes de seu retorno à Índia em 1935, e em vista de que dois outros novos movimentos religiosos estavam difundindo ensinamentos similares e acusando a sociedade da autorrealização de plágio, Yogananda entrou com um processo para que legalmente somente a sociedade pudesse continuar seu trabalho nos Estados Unidos. O grupo venceu a batalha judicial e passou a ser gerido por uma ordem monástica que coordena retiros, programas para jovens, serviços de templo e publicação de traduções ao inglês. Desde a morte de Yogananda, quatro monges já estiveram à frente do grupo.

Jedaísmo

Religião inspirada pela franquia *Guerra nas estrelas* de George Lucas, apareceu ao olhar público pela primeira vez no censo religioso do Reino Unido de 2001, quando milhares de pessoas responderam que essa era a sua religião como forma de piada. Entretanto, desde então várias organizações foram criadas para explorar e praticar o jedaísmo, o que fez com que um novo movimento religioso surgisse. O jedaísmo é um exemplo clássico de religião cientificista oriunda da ficção científica, visto que emergiu diretamente de um filme. Isso faz com que algumas pessoas vejam o jedaísmo como uma forma de metarreligião ou uma filosofia de vida baseada em ideias ficcionais.

Os seguidores do jedaísmo buscam emular as virtudes e a sabedoria apresentada pelos *jedis* dos filmes. Eles acreditam em uma força universal, "a força" retratada nos cinemas. Seus dogmas giram em torno da busca pela paz, justiça, compaixão e conhecimento, com um forte foco na autodisciplina, na meditação e no desenvolvimento pessoal. Seus rituais são basicamente formas de meditação para se conectar com "a força", mesclados a práticas de *mindfulness*, estudos sobre textos e ensinamentos *jedi* e treinamento físico para melhorar a disciplina e o autocontrole.

Ao contrário do cientificismo iluminista, que enfatiza o conhecimento empírico e racional como a única forma verdadeira de conhecimento, o jedaísmo tende a possuir uma abordagem mais contrailuminista, abraçando aspectos do misticismo. Isso coloca a religião em um contraste interessante, apresentando um paradoxo doutrinal. Embora o jedaísmo seja baseado em ficção científica, dificilmente seus adeptos estão preocupados com a ciência. Sua visão, que eles podem entender como sendo algo oriundo parcialmente da ciência, ultrapassa os limites acadêmicos, expandindo-se para o reino da fé e da experiência subjetiva.

Crianças índigos/cristais

Conceito pseudocientífico criado por Nancy Ann Tappe na década de 1970, influenciou significativamente o *cultic milieu*, em especial após a década de 1990, quando se popularizou entre as massas. A própria concepção de "crianças índigos" e "crianças cristais" pode ser entendida como algo religioso. Originalmente Tappe alegava que crianças índigos eram "interdimensionais". Embora se comportassem agressivamente e fossem desobedientes, elas seriam as pessoas ideais para liderar novos movimentos religiosos, pois teriam uma maior conexão com planos espirituais e maior aptidão para desenvolver habilidades psíquicas. Como resultado, foi observado que um número considerável de pais adeptos de novos movimentos religiosos nos Estados Unidos passou a descrever seus próprios filhos como crianças índigos, como projeção psicológica de seus desejos e expectativas.

A raiz da crença em crianças índigos e crianças cristais vem da rejeição religiosa de pais estadunidenses contra diagnósticos de TDAH (criança índigo) e autismo (criança cristal), mesclada com crenças sobre poderes espirituais infantis. Nesse sentido, trata-se de uma ressignificação do pânico moral sobre crianças, negação da psiquiatria e da neuropsicologia, alienação de que há algo de errado com os seus filhos e teorias de conspiração sobre a indústria farmacêutica. Em outras palavras, uma negação de deficiências reais pelos pais considerarem mais atraente que seus filhos não sejam rotulados como pessoas com necessidades especiais. Muitas crianças que foram identificadas como índigo ou cristal tiveram seus diagnósticos e tratamentos adequados atrasados, refletindo mais sobre esse estilo de paternidade do que sobre os supostos superpoderes psíquicos da criança em si.

Era de aquário

Ideia astrológica que se baseia em mitos sobre diferentes eras da humanidade, vistas tanto como períodos históricos quanto estágios do desenvolvimento humano (infância, adolescência, vida adulta, velhice). Esse conceito se baseia nas quatro *yugá* hindus, nos cinco éons astecas, no grande ciclo maia e nas idades da humanidade de Hesíodo, enfatizando que a fase atual seria marcada por conflitos. A era de aquário, contudo, seria uma esperança de retorno a uma nova era dourada da humanidade após os tempos atuais de guerra e decadência, uma visão otimista adotada pelas teorias teosóficas e da nova era. Aliás, a ideia de era de aquário foi tão importante aos novaeristas que em muitos casos o termo "era de aquário" acaba sendo sinônimo do próprio movimento da nova era.

O conceito de eras astrológicas emerge da precessão dos equinócios, um fenômeno astronômico que faz com que o ponto do equinócio vernal retroceda pelo zodíaco, indo para o signo anterior. Isso leva aproximadamente 2.160 anos para mudar de um signo zodiacal para outro, completando uma volta inteira em cerca de 26.000 anos. Atualmente estaríamos na era de peixes, portanto a precessão nos levaria à era de aquário. Contudo, a data exata para o início da era de aquário apresenta muitas discrepâncias. Além disso, algumas interpretações abandonam o discurso astronômico, vendo a entrada na nova era como uma transformação interna e espiritual, enquanto outras enfatizam reformas ecológicas e inovação social.

Como se baseia na utilização de conceitos astronômicos para fundamentar suas previsões e interpretações sobre as mudanças nas eras da humanidade, a crença na era de aquário pode ser classificada como um novo movimento religioso de apelo cientificista. A adoção de elementos da ciência astronômica reflete uma tentativa de misturar ciência com crenças espirituais astrológicas. Além disso, a era de aquário é caracterizada por uma evolução da consciência, muitas vezes associada a ideias de progresso, inovação e mudança, o que geralmente é entendido emicamente como o desenvolvimento de uma nova ciência espiritual e avanços significativos na humanidade.

Universidade da unidade

Localizada em Varadaiahpalem, distrito de Chittoor, em Andhra Pradesh, é parte da organização espiritual fundada por Kalki Bhagavan na Índia. Ao longo dos anos, a universidade da unidade passou por várias renomeações e evoluções, tendo sido conhecida como fundação para o despertar mundial, fundação da era dourada, dharma bhagavad, dharma kalki, organização da unidade e templo da unidade, antes de ser entregue ao filho de Bhagavan e sua nora em 2017, sendo renomeada para ekam, embora esse novo termo não tenha substituído totalmente o título anterior.

Apesar do nome "universidade", a associação não é uma instituição de ensino e nem promove ciência. Ao invés disso, o grupo é um templo que tem como missão criar uma transformação espiritual duradoura e aliviar o sofrimento humano ao despertar a humanidade para a unidade (*oneness*) e transformar o mundo. O templo promove práticas como a "bênção da unidade" (*deeksha*), uma técnica de transmissão de "energia" destinada a elevar o receptor a um estado de consciência superior, sem a necessidade de iniciação. Bhagavan acreditava que quando uma massa crítica de pessoas receber a "bênção da unidade", isso afetará o "DNA coletivo" da humanidade, resultando em uma iluminação coletiva.

Universidade Internacional da Paz

Mais conhecida pela abreviatura Unipaz, originalmente se chamava universidade holística internacional da paz, mas abandonou o termo "holística" nos últimos anos em uma tentativa de parecer menos novaerista. Foi fundada pelo psicólogo transpessoal Pierre Weil, tomando como exemplo a universidade holística de Paris, o projeto alvorada e o instituto de tecnologia alternativa em Brasília, que promoviam ideias de autossuficiência, espiritualidade e educação holística.

A prática mais visível da Unipaz são os seus congressos, que operam como uma grande feira mística para estudiosos de ciências alternativas. Tais congressos são derivados do Congresso Holístico Internacional de 1987, organizado em Brasília logo após a Declaração de Veneza pela Unesco. Na ocasião, Weil participou do evento, e foi convidado pelo próprio governador do Distrito Federal, José Aparecido, para liderar a Fundação Cidade da Paz (Funcipaz) em 1987, a qual se tornaria a Unipaz em 1988 sob sua direção. Esses congressos visam integrar ciência, arte, filosofia e espiritualidade, buscando novos métodos educacionais e servindo de plataforma para a troca de ideias alternativas através de oficinas, meditações e celebrações.

Embora se apresente como "universidade" e diga que promove "congressos", ambos termos oriundos da ciência, a Unipaz não é uma universidade no sentido tradicional, sem ser reconhecida pelo MEC como instituição de ensino superior. Seus congressos estão muito mais próximos da Mystic Fair e outras feiras esotéricas do que de um congresso acadêmico normal. Assim, embora ofereça cursos de formação e até algumas pós-graduações, a instituição não emite diplomas reconhecidos pelo Estado. Ao invés disso, ela estabelece parcerias com universidades particulares que emitem tais certificados em seu nome, em especial no caso de cursos de especialização *lato sensu*.

Religiões de óvnis

Tipo de novo movimento religioso que surge após o final da Segunda Guerra Mundial, quando avistamentos de objetos voadores não identificados (óvnis) passaram a ser descritos inicialmente como tecnologias espiãs do lado inimigo e posteriormente ressignificados como espaçonaves de seres de outros planetas (Martins, 2015). As religiões de óvnis constituem um fenômeno contemporâneo que integra crenças em óvnis e seres extraterrestres como elementos centrais de suas doutrinas e práticas religiosas. Essas religiões variam amplamente em crenças e práticas, mas geralmente compartilham a ideia de que a humanidade não está sozinha no universo e que seres extraterrestres interagem com a Terra de maneira significativa.

Embora muitos grupos que academicamente são classificados como religiões de óvnis não se apresentem emicamente como religiosos, é comum que os seres extraterrestres sejam elevados ao *status* de entidades sobrenaturais por seus participantes. Isso faz com que usualmente tais religiões apareçam ao olhar público não como religiões no sentido tradicional, mas operem como uma, tal como a categoria "religioide" de Benthall (2008, p. 1). As religiões de óvnis refletem um mix de misticismo, espiritualismo, teorias da conspiração e frequentemente incorporam elementos da ficção científica, com muitos grupos compartilhando crenças na ascensão da humanidade com a ajuda ou orientação dos extraterrestres que seriam equivalentes da salvação espiritual.

As religiões de óvnis muitas vezes reinterpretam textos religiosos tradicionais, mitologias e profecias para incluir ou enfatizar visitas extraterrestres como parte de suas narrativas sagradas. Além disso, como ressaltam Saler, Ziegler e Moore (2020), as histórias de óvnis foram conceituadas na cultura estadunidense como equivalentes modernos aos mitos religiosos. Assim como os mitos oferecem explicações para questões fundamentais sobre a vida, o universo e a existência humana, as histórias sobre óvnis e contatos com extraterrestres possuem função similar, fornecendo uma estrutura narrativa para as pessoas explorarem ideias sobre o desconhecido, o outro e o lugar da humanidade no universo. Conclusão similar também foi apresentada por Martins (2015, p. 346), quem declarou que o ícone alienígena é capaz de desempenhar funções subjetivas importantes, inclusive míticas, especialmente em contextos onde há um anseio espiritual não satisfeito pela ciência ou pela religião convencional. O discurso de pessoas que tiveram experiências com óvnis ou extraterrestres muitas vezes revela uma insatisfação com referenciais hegemônicos e um resgate das funções religiosas e espirituais, com a participação decisiva dos extraterrestres. Isso inclui a recuperação da dimensão sobrenatural em tempos tecnológicos, a garantia de salvação diante de crises planetárias, a revelação de verdades espirituais, entre outros.

Movimento Ashtar

Novo movimento religioso centrado em mensagens supostamente recebidas de Ashtar Sheran, uma entidade extraterrestre loira dos olhos azuis, caracterizada pela fusão de elementos ufológicos com conceitos esotéricos e espirituais. As mensagens de Ashtar, que começaram a ser difundidas na década de 1950 por pessoas que alegavam canalizar a entidade, falam sobre a elevação espiritual da humanidade e a transição para novas dimensões, ressaltando a importância do amor, da paz e da fraternidade universal.

Do ponto de vista religioso, o movimento Ashtar incorpora uma cosmologia escatológica que inclui a crença em uma hierarquia espiritual cósmica, na qual Ashtar serve como um comandante de uma frota de naves espaciais encarregadas de proteger a Terra e guiar sua população para uma nova era de iluminação espiritual. A ênfase no aspecto espiritual e no desenvolvimento moral e ético dos indivíduos é uma característica central do movimento, que promove uma visão de mundo baseada na interconexão de toda a vida e na responsabilidade coletiva pela Terra e seu futuro.

Projeto portal

Fundado em 1997 por Urandir Fernandes de Oliveira no Mato Grosso do Sul, o projeto portal é um novo movimento religioso que se destaca por atividades focadas no estudo de fenômenos paranormais e contato com seres extraterrestres, operando em parceria com o Dákila pesquisa, *think tank* esotérico fundado pela mesma pessoa. O grupo ganhou notoriedade principalmente pela promoção da figura do ET Bilu, um suposto extraterrestre que teria sido filmado pela Rede Record em 2010 e que foi divulgado pelo seu jornalismo sensacionalista. A organização defende a ideia de que o contato com seres de outras dimensões e planetas pode oferecer conhecimentos avançados à humanidade, promovendo um salto evolutivo para a sociedade.

A crença no ET Bilu e suas mensagens se inserem em um contexto mais amplo de religião de óvnis que mistura elementos da ciência convencional com conceitos esotéricos. Os dogmas centrais do grupo partem do pressuposto de que o ET Bilu teria instruído os seguidores do projeto portal sobre a importância de buscar conhecimento "fora da caixa", incentivando práticas e estudos que vão além dos limites da ciência tradicional. Essas mensagens incluem desde orientações para uma vida mais saudável até teorias complexas sobre a estrutura do universo, passando por recomendações para o desenvolvimento pessoal e espiritual dos participantes.

Ratanabá

Projeto também associado a Urandir Fernandes de Oliveira, originalmente visava à construção de uma cidade planejada sustentável, que seria um modelo de convivência harmoniosa, tanto do ponto de vista ambiental quanto social e tecnológico. Com o tempo, porém, foi sendo transformada em lenda de uma cidade perdida, no estilo de Xangrilá e El Dorado. Embora Ratanabá e o projeto portal compartilhem a figura central de Urandir e algumas de suas ideologias subjacentes, como a crença em extraterrestres, eles são projetos paralelos.

A ideia original por trás de Ratanabá incluía a adoção de tecnologias avançadas e práticas sustentáveis, refletindo uma visão utópica que se alinhava com os interesses de Urandir em promover uma transformação social profunda, baseada em conhecimentos que ele afirma serem provenientes de extraterrestres. O conceito de Ratanabá englobava a implementação de inovações em áreas como energia limpa, agricultura sustentável, arquitetura ecológica e sistema de gestão social que promovam o bem-estar e a igualdade. Além dos aspectos físicos e tecnológicos, Ratanabá carregava também uma forte dimensão espiritual e filosófica. O projeto refletia uma busca por um entendimento mais profundo da existência humana e do universo, propondo uma integração entre ciência, espiritualidade e consciência ambiental. Essa abordagem visava não apenas atender às necessidades materiais e tecnológicas da sociedade, mas também fomentar o desenvolvimento espiritual e a conexão entre os indivíduos e o cosmos.

Com o passar do tempo, Urandir foi modificando o discurso, e ao invés de apelar a um futuro glorioso de uma nova cidade, passou a dizer que Ratanabá se referia a uma cidade antiga perdida na região amazônica, fruto de uma civilização que teria vivido há 450 milhões de anos[23]. Dessa forma, houve um deslocamento no discurso para possivelmente se adaptar ao fascismo que foi se fortificando no Brasil a partir da década de 2010. Como o fascismo propõe a reconstrução de um passado glorioso, discursos pró-futuro não possuem tanto apelo simbólico nesse público. O maior indício de que talvez essa mudança tenha sido feita para se

23. Atenta-se que sequer existiam ambíbios no planeta há 450 milhões de anos, quanto menos civilizações.

adequar a um novo público brasileiro fascista pode ser identificado na visita oficial de Urandir ao então secretário da cultura Mario Frias, em 2022, para apresentar "provas" da existência da cidade perdida ao governo Bolsonaro.

Apometria

Prática oriunda do espiritismo desenvolvida na segunda metade do século XX pelo brasileiro José Lacerda de Azevedo, caracteriza-se pelo uso de técnicas que visam o desdobramento ou a projeção da consciência para facilitar a cura espiritual e a resolução de problemas psíquicos. Seus adeptos acreditam que assim seria possível intervir no plano energético, buscando o equilíbrio. Entretanto, caiu nas graças do movimento da nova era, onde foi reinterpretada como uma forma de cura alienígena. Assim, os espíritos guias que agiriam na apometria foram paulatinamente ampliados, passando a incluir não apenas almas desencarnadas, mas também mestres ascendidos e entidades extraterrestres.

Uma sessão costuma começar com uma preparação através de uma oração ou meditação para proteger e harmonizar o ambiente. A pessoa que atende define as intenções da sessão e invoca os alienígenas para auxiliarem o trabalho. Na sequência, os guias fazem o diagnóstico, identificando os desequilíbrios. O desdobramento da consciência então é feito com estalares de dedos, contagens regressivas e outros comandos similares, para que o consulente supostamente acesse outras dimensões. Isso permitiria que a equipe espiritual resolvesse as questões além do material. Com o trabalho finalizado, ocorre a reintegração da consciência, e o consulente é trazido de volta com comandos similares.

Raëlismo

Novo movimento religioso não teísta fundado na França em 1974 por Claude Vorilhon (Raël), baseia-se na crença de que extraterrestres criaram a vida na Terra através de engenharia genética. O grupo acredita que tais seres monitoram o desenvolvimento da humanidade, e que quando alcançarmos a paz mundial, eles retornarão para que nosso planeta se junte à federação intergaláctica. Além disso, personagens centrais das grandes religiões, como Buda, Jesus e Muhammed, são considerados seres híbridos de humanos e alienígenas.

O raëlismo destaca a importância do poliamor, da paz e da tolerância, promovendo uma visão utópica da humanidade, em que a ciência e a tecnologia desempenham papéis centrais na evolução e no potencial humano para alcançar uma vida harmoniosa e avançada. Além disso, valores centrais do capitalismo são defendidos, como liberdades individuais, liberdade de expressão e a utilização de clonagem, nanotecnologia e outros meios para melhorar a vida até alcançar a imortalidade aos que possam pagar. Nesse sentido, dialoga de perto com o trans-humanismo. Entretanto, sua postura antiguerra e defesa do desarmamento nuclear, com especial crítica aos Estados Unidos serem o único país do mundo a ter utilizado esse tipo de armamento na história da humanidade, faz com que o grupo seja alvo dos conservadores da América do Norte. O raëlismo é uma das principais inspirações da série de videogames *Assassin's Creed*.

Sociedade de Aetherius

Movimento dissidente da teosofia que combina a crença em óvnis, ioga e ideias hindus, budistas e cristãs. Possui uma hierarquia espiritual de mestres extraterrestres, contendo tanto crenças indianas (p. ex., carma e reencarnação) quanto cristãs (p. ex., espera pela vinda de um messias que chegará em um disco voador). Foi criada em 1955 por George King após ele alegadamente ter recebido mensagens telepáticas de um venusiano chamado Aetherius, que teria lhe pedido para se tornar a voz de um suposto parlamento interplanetário. Emicamente, seus adeptos dizem que a religião prevenirá a destruição mundial, melhorando a cooperação entre a humanidade e os alienígenas, utilizando "energia espiritual" para elevar o nível planetário.

A sociedade amalgama ensinamentos de várias religiões, classificando figuras como Jesus, Kṛṣṇa e Buda como extraterrestres de diferentes planetas. Tais personalidades deixam de ser vistas como deuses ou profetas para serem consideradas mestres cósmicos ou avatares que vieram à Terra ensinar a humanidade. Esses seres existiriam em um plano espiritual mais elevado, contribuindo para a unificação de princípios religiosos sob uma origem comum, promovendo a ideia de que a evolução espiritual e a cooperação interplanetária são essenciais para evitar a destruição mundial. Após sua morte, King também passou a ser classificado pelos adeptos como um mestre cósmico, atribuindo-lhe certa divindade.

Federação galática da luz

Também conhecida como *love has won* (lit. "o amor venceu"), foi um grupo fundado por Amy Carlson, quem emicamente era referenciada como a Mãe Deus por seus seguidores e se autodeclarava a criadora do universo, uma entidade de 19 bilhões de anos que teria reencarnado 534 vezes, assumindo papéis tão variados quanto Jesus e Marilyn Monroe. O grupo começou a ganhar atenção por meio de vídeos de YouTube em 2009, divulgando uma mistura de elementos espirituais e teorias da conspiração, mas seu maior crescimento se deu a partir de 2014, com o aumento da polarização política causada pelo advento das redes sociais.

A teologia do grupo incorporava teorias da conspiração, cristianismo e nova era, com Carlson em seu centro sendo adorada como uma divindade encarnada destinada a liderar um grupo escolhido de 144.000 pessoas a uma outra dimensão. Dentre suas práticas, destacavam-se as "cirurgias etéricas", uma forma de cura espiritual para retirar "energias negativas" que causariam doenças. Entre as crenças do grupo estavam afirmações típicas do fascismo estadunidense, como a defesa do antissemitismo, a condenação veemente ao *black lives matter*, a crença de que o holocausto é uma farsa, que Adolf Hitler era um servo da luz e que Donald Trump teria sido o pai de uma das encarnações de Deus em uma vida passada. Durante a epidemia de covid-19, o grupo também promoveu a ingestão de prata coloidal como método alternativo de cura, uma substância cuja intoxicação é cumulativa e leva à falência de órgãos.

O grupo enfrentou alegações de abuso físico, abuso infantil, privação de sono e golpes financeiros por ex-membros. Em um breve período que ficou domiciliado no Havaí, eles também enfrentaram muitos protestos após Carlson se autodeclarar a deusa Pele, uma das principais divindades do panteão havaiano. Em 2021, Carlson foi encontrada morta, mumificada em um saco de dormir adornado com pisca-piscas e purpurina. As investigações demonstraram que ela morreu por trocar a alimentação normal por prata coloidal e álcool, matando-se em nome de sua suposta cura para a covid-19. O grupo foi acusado de vilipêndio de cadáver e acabou fragmentando-se, com o site oficial sendo retirado do ar. Alguns de seus seguidores fundaram grupos derivados e passaram a dizer que Carlson ascendeu.

Nuwaubianismo

Doutrina religiosa e social fundada por Dwight York em 1967, inicialmente como uma religião de pessoas pretas derivada do islã, mas que com o tempo passou a introduzir uma vasta gama de crenças que incluíam aspectos do judaísmo, cristianismo, ufologia e teorias da conspiração relacionadas aos Illuminati e aos Bilderbergers. O grupo abandonou formalmente a teologia mulçumana na virada da década de 1980 para 1990, favorecendo o kemetismo e se transformando formalmente em uma religião de óvnis.

Central ao nuwaubianismo é a crença em extraterrestres ancestrais, os anunnaki, deuses da antiga mesopotâmia que desempenham papel significativo na cosmologia nuwaubiana. Esses seres influenciariam diretamente o desenvolvimento humano, e o conhecimento esotérico das civilizações antigas, como a egípcia, seria herança dessas interações. O movimento também enfatizava a importância da consciência negra e promovia uma narrativa segundo a qual povos africanos e afro-americanos possuíam uma herança espiritual e histórica distinta, ligada a essas origens cósmicas. Em contrapartida, os caucasianos são descritos como descendentes de Caim e dotados de uma natureza agressiva, e não teriam sido criados para serem os líderes do mundo. York, inclusive, inventou uma pseudoetmologia para a palavra inglesa "*caucasian*", derivada de "carcass-Asian", "asiático carcaça", logo, "asiático degenerado".

O nuwaubianismo atraiu seguidores com suas promessas de iluminação espiritual e uma compreensão profunda das verdadeiras origens da humanidade, culminando na criação de uma comunidade alternativa chamada Tama-Re na Geórgia, nos anos de 1990. Essa comunidade serviu como um centro espiritual e cultural para os adeptos, destacando-se por seus monumentos e edifícios estilizados com temáticas egípcias e afrocentradas. Em 2002, porém, York foi preso por pedofilia e fraude financeira, e a propriedade do Tama-Re foi a leilão e todas as estruturas nuwaubianas foram demolidas.

Fălún gōng

Também conhecido como fălún dàfă, foi fundado por Li Hongzhi em Chángchūn na década de 1990, embora mantenha hoje sua sede em Nova York, visto ter se tornado ilegal na China. Derivado do *qìgōng*, sistema tradicional de exercícios chineses, possui uma ideologia incompatível com o maoismo, criticando abertamente a ciência, os valores sociais e o princípio de modernização da China. Como a lei chinesa autoriza o registro apenas de religiões que se comprometam a se adaptar ao socialismo chinês, que não aceitem interferência estrangeira na política interna e que limitem o proselitismo, o fălún gōng falha em atender a esses requisitos. O grupo possui ampla influência dos Estados Unidos, condena o socialismo, promove o QAnon, milita contra a vacinação, financia massivamente propagandas antissionistas por meio de seus jornais e de seu grupo de dança, e participa de *lobbies* internacionais pedindo por sanções contra os chineses, seu próprio povo. Assim, trata-se objetivamente de um grupo de propaganda imperialista disfarçando os interesses geoeconômicos de seu financiador, os Estados Unidos, como defesa da "democracia".

Além de promover teorias da conspiração e o fascismo, o fǎlún gōng adota a suástica como principal símbolo religioso, embora justificando que originalmente se trata de um símbolo budista. Seus ensinamentos são ultraconservadores, incluindo a rejeição da ciência moderna e a medicina, além da demonização de movimentos sociais como o feminismo e os direitos LGBTQIA+. Seu código moral é bastante rigoroso, visando à eliminação de carma através do sofrimento de seus adeptos, em uma perspectiva que os distancia das religiões chinesas históricas e os aproxima do cristianismo evangélico dos Estados Unidos. Além disso, o grupo faz promessas de cura para doenças incuráveis e diz desenvolver habilidades sobrenaturais em seus seguidores.

O fǎlún gōng se diferencia de outras religiões de óvnis por considerar os seres extraterrestres perigosos. Como uma religião fortemente contrailuminista, Li afirma que as inovações científicas modernas como computadores e aviões são invenções alienígenas, pregando pelo seu abandono. Ele, entretanto, é utilizador assíduo de tais tecnologias, investindo pesadamente em canais de mídia – inclusive redes sociais – em suas campanhas contra a China. Além disso, Li diz que as guerras atuais foram causadas por extraterrestres que se disfarçam de humanos para corromper a humanidade. Tais seres estariam tentando substituir a humanidade com clones sem alma, que os alienígenas utilizariam no futuro para agir no planeta.

Mark-age metacenter

Fundada na década de 1960 por Charles Boyd Gentzel e Pauline Sharpe (Nanda-Yolanda), trata-se de uma organização pela promoção do despertar espiritual. Sua crença central gira em torno de um discurso de que a Terra está passando por uma transição para uma idade do ouro na qual a paz e a harmonia prevalecerão. Entretanto, para que esse processo evolutivo ocorra, é necessária a ascensão espiritual dos humanos e o contato consciente com seres de planos superiores, que são entendidos como mestres espirituais tanto como alienígenas. Entretanto, diferente de outras religiões de óvnis, que tendem a considerar os fenômenos extraterrestres por uma abordagem mais física, o mark-age faz uma interpretação sobrenatural dos alienígenas, com ênfase em aspectos espirituais e metaempíricos.

Amplamente influenciado pela teosofia, o grupo acredita que os extraterrestres seguem leis cósmicas divinas e veneram a Deus. Eles também acreditam em reencarnação, utilizam a concepção orientalista de carma e evolução espiritual, além de praticarem meditações e a canalização dos extraterrestres. O grupo acredita que a humanidade estaria na fase final de um ciclo evolutivo e que a cooperação com os alienígenas é essencial para garantir uma transição suave, ou então isso se daria através de cataclismos. A organização também considera que a cura holística, que envolve a dimensão física, emocional e mental, é um aspecto crucial da transição planetária, incentivando práticas de autocura e medicinas alternativas.

Igreja Industrial do Consolador do Novo Mundo

Fundada formalmente em San Francisco, nos Estados Unidos, em 1973 por Allen Michael (Allen Noonan), quem alegava desde 1967 ter sido contatado por um alienígena que o escolheu para pregar a "verdade sobrenatural" aos terráqueos. O título "consolador", que aparece no nome da igreja, é o epíteto do próprio Michael, que lhe teria sido atribuído pelo alienígena que o contatou em 1947. Antes de fundar a igreja, Michael iniciou seu proselitismo em uma comunidade alternativa de pessoas que acreditavam em extraterrestres, expandido seus ensinamentos através de espaços comunitários e restaurantes veganos de San Francisco, até finalmente fundar a igreja em 1973, mudando a sede de seus trabalhos para Stockton, também na Califórnia, em 1975.

Uma das principais características da Igreja Industrial do Consolador do Novo Mundo é uma visão bastante positiva da tecnologia, da indústria e dos avanços científicos. Para o grupo, o progresso tecnológico é caminho para a salvação espiritual, fazendo parte do plano divino. Para tanto, a humanidade precisaria alcançar um novo estágio de existência espiritual através da integração harmônica entre desenvolvimento científico e fé religiosa. Caso consigamos, os seres humanos então seriam elevados ao *status* dos alienígenas, que para o grupo seriam seres avançados espiritualmente.

Para difundir sua igreja, Michael concorreu à presidência dos Estados Unidos nas eleições de 1980 e 1984 por um partido nanico, não tendo votações significativas. Entretanto, ele tentou utilizar a exposição garantida pela corrida presidencial para fazer propaganda religiosa a um público mais amplo durante as campanhas eleitorais, falando sobre alimentação natural, revolução espiritual e a Igreja Industrial do Consolador do Novo Mundo.

Povo espacial das forças da luz

Também chamada de povo cósmico ou povo universal, é uma religião tchecoslovaca fundada em 1990 por Ivo A. Benda, quem dizia contatar civilizações extraterrestres. Com o fim da Tchecoslováquia, o grupo se tornou bastante ativo na Eslováquia, chegando a provocar a evacuação de um prédio do Ministério da Defesa ao alegarem que o país estava sob ataque dos "reptilianos", suposta raça extraterrestre maligna. Após o suicídio em massa do heaven's gate, em 1997, a mídia europeia passou a focar neles, temendo que eles pudessem seguir o mesmo caminho. Entretanto, como nada similar ocorreu, tal interesse enfraqueceu nos últimos anos.

Grande parte da sua ideologia é milenarista, com teorias da conspiração, ameaças de cataclismos e o combate aos "reptilianos", que seriam alienígenas transmorfos que dominariam o mundo disfarçando-se de seres humanos. O grupo bebe bastante do movimento Ashtar, com mitos sobre um comando galáctico cuja frota de naves espaciais orbitariam a Terra, ajudando os bons e esperando para transportá-los para outra dimensão. A ideia de seres extraterrestres que mudam de forma foi importada diretamente da cultura *pop* e da ficção científica, em especial do filme *Invasores de corpos* (1956), dos skrulls dos quadrinhos da Marvel (1962) e da série *Doctor Who* (1975).

Amicizia

Caso de grande repercussão na ufologia italiana durante as décadas de 1950 e 1960, o amicizia (lit. "amizade") destaca-se de outras religiões de óvnis por ter uma abordagem mais espiritual e menos "tecnológica" dos extraterrestres. Os membros acreditam que os alienígenas são seres benevolentes e que estão interessados em uma espécie de evolução espiritual da humanidade. As histórias em torno do grupo incluem relatos de encontros físicos com esses seres, bem como visitas às naves espaciais. Os supostos extraterrestres são descritos como muito semelhantes aos humanos, o que facilitaria a interação e a comunicação.

O amicizia incluiu historicamente pessoas de diversas profissões e classes sociais. Os membros realizam reuniões, muitas vezes secretas, onde compartilham suas experiências e mensagens supostamente recebidas. Embora não se apresente objetivamente como religião, suas práticas envolvem seções de "transmissões telepáticas" e promoção de mensagens de paz e fraternidade, dialogando de perto com o esoterismo italiano. Suas mensagens são eivadas de natureza ética e moral, conferindo ao grupo um caráter espiritual. Dois dos principais nomes do amicizia são Bruno Sammaciccia e Stefano Breccia.

Heaven's gate

Uma das primeiras religiões a utilizar a internet, ganhou atenção após o suicídio em massa de todos os seus membros em 1997. A religião foi fundada nos Estados Unidos por Marshall Applewhite e sua amiga Bonnie Nettles, que acreditavam ser as "duas testemunhas" do apocalipse descritas na Bíblia. Sua ideologia era orientada pelo fundamentalismo cristão, mas adotando a crença em extraterrestres e elementos do movimento da nova era. O casal pregava que as pessoas precisavam se preparar para uma "transição física", uma espécie de apocalipse que seria facilitado por extraterrestres. Para tanto, todos deveriam negar a matéria, inclusive a sexualidade, isolando-se do mundo mais amplo, que seria controlado por forças diabólicas chamadas "lucíferos".

Inicialmente a ideia era deixar a Terra ascendendo fisicamente aos discos voadores. Entretanto, após a morte de Nettles, em 1985, o grupo passou a acreditar que a passagem do cometa Hale-Bopp em 1997 era o sinal de que os extraterrestres viriam buscá-los. O suicídio coletivo, assim, os levaria a um estado de graça e uma nave escondida no rastro do cometa faria o *download* de suas almas. Os membros tomaram doses letais de fenobarbital misturado com vodka e alguns ainda cobriram suas cabeças com sacos plásticos para garantir a asfixia. O suicídio foi interpretado como uma maneira de escapar de pressões sociais, legais e a percepção de um "colapso iminente" do grupo por parte de Applewhite, o líder do grupo. Há especulações de que Applewhite fosse esquizofrênico, devido à natureza de suas crenças e seu comportamento paranoico. Embora o heaven's gate não estivesse diretamente sob investigação no momento do suicídio, Applewhite se via como um perseguido por autoridades e pela sociedade que, acreditava ele, estavam tentando impedir a "ascensão" de seu grupo.

Ordem do templo solar

Fundada em 1984 pela fusão da Fundação Golden Way e da Ordre International Chevaleresque de Tradition Solaire, fundadas pelo ourives francês Joseph Di Mambro e o médico homeopata belga Luc Jouret, possuía uma teologia baseada no esoterismo e no ocultismo – em especial o rosacruzianismo –, evocando a simbologia dos cavaleiros templários e visando a preparação para uma suposta mudança para outro planeta. A criação do templo solar visava unir grupos dos países francófonos em uma única bandeira. Já em 1985, Di Mambro estabeleceu uma sociedade alternativa em Quebec, no Canadá. Várias subsidiárias foram estabelecidas para financiar as compras imobiliárias, e Di Mambro lucrou muito com as vendas e taxas mensais para os membros do grupo.

Os membros do templo solar vestiam túnicas no estilo das cruzadas venerando uma espada que Di Mambro afirmava ser uma relíquia templária autêntica. Os participantes costumavam dizer que os rituais eram cenários de aparições sobrenaturais, encenadas pela esposa de Di Mambro. Seus dogmas defendiam o restabelecimento do conhecimento da autoridade e poder, a afirmação da primazia do espiritual sobre o temporal, e a preparação para o retorno de Cristo em glória solar, além da crença na reencarnação dos cavaleiros templários originais.

No final da década de 1980, muitos membros começaram a acusar Di Mambro de fraude, desvio de fundos e megalomania, o que levou a muitos pedidos de reembolso por parte dos doadores. Além disso, Jouret, após abandonar a carreira como homeopata para se dedicar exclusivamente ao templo solar, viu suas próprias palestras serem sabotadas por Di Mambro, resultando em sua total dependência do líder. Conforme as investigações da polícia chegavam cada vez mais próximas de Di Mambro, ele transformou a nova religião em um culto de óvnis, profetizando uma transição para outro planeta, próximo da estrela Sírius. Isso levou a um suicídio em massa na Austrália, além de assassinatos para executar traidores e para forçar a "transição" daqueles que não aceitavam se suicidar no Quebec e na Suíça.

Pentecostalismos

No Brasil, é bastante incomum vermos os pentecostalismos classificados como parte dos novos movimentos religiosos. Entretanto, autores internacionais como Chryssides e Zeller (2014b), Bromley (2007), Hackett (2004) e Hunt (2003) – todos especialistas em novos movimentos religiosos – classificam essa forma religiosa e suas variantes (neopentecostalismos, cristianismos carismáticos etc.) como parte das novas religiosidades. Folk (2014, p. 311) explica que os pentecostalismos, diferente de outros protestantismos, podem ser classificados como novos movimentos religiosos por sua tensão maior com a sociedade mais ampla e a adoração pautada no êxtase e na dissociação religiosa.

Segundo Omenyo (2005b), o Avivamento da Rua Azusa, ocorrido entre 1906 e 1909 nos Estados Unidos, é considerado o seu marco inicial. William Joseph Seymour, filho de escravos libertos e pastor metodista de uma igreja negra, foi a figura central. Embora derivado do metodismo, o pentecostalismo de Seymour era algo novo, enfatizando a glossolalia como evidência do batismo no Espírito Santo e pregando sobre a manifestação de dons espirituais. Além disso, após Seymour a doutrina da santificação deixou de dizer respeito a algo progressivo, como ocorre no metodismo, para se tornar algo mais espontâneo, muitas vezes até mesmo imediato. Os pentecostais também se destacam pela ênfase em uma experiência direta com Deus, mística, diferenciando-se claramente em termos teológicos e ritualísticos.

Segundo Gabatz (2012, p. 130), os pentecostais acreditam que Deus, através do Espírito Santo, continua a agir hoje da mesma forma que no cristianismo primitivo, realizando milagres, curando enfermos, expulsando demônios e distribuindo bênçãos. Conforme dito, a forma mais comum disso se manifestar seria a glossolalia, o suposto dom de falar em línguas estranhas. O fundamento para isso se encontra no relato do Pentecostes no capítulo 2 do livro Atos dos Apóstolos da Bíblia, que diz que após a ascensão de Jesus, um som do céu veio, como um vento impetuoso, e encheu a casa onde os apóstolos estavam. E então, todos cheios do Espírito Santo, passaram a falar em línguas estranhas.

Apesar de surgirem como uma manifestação do fundamentalismo cristão, autores como Guerriero (2018) e Amaral (2019) apontam a uma "novaerização" dos pentecostalismos, em especial dos neopentecostalismos. A teologia da prosperidade, com sua ênfase em práticas de prosperidade, reflete princípios da "lei da atração", amplamente promovida pelo movimento da nova era. Além disso, há uma aproximação entre as práticas de cura espiritual pentecostais com as curas energéticas da nova era. Em ambos os contextos, ritos e orações são utilizados para buscar uma cura holística, que é tanto física quanto emocional e espiritual. Nos pentecostalismos isso é feito pelo Espírito Santo, enquanto, no movimento da nova era, a cura pode ser atribuída ao poder interior ou a energias universais (Saliba, 1999).

Como existem muitas igrejas pentecostais e ainda mais denominações derivadas do pentecostalismo, apresentaremos algumas das que possuem impacto no Brasil. Vale ressaltar que a lista abaixo não segue uma ordem de importância e não pretende ser exaustiva, já que este livro não é dedicado especificamente ao estudo dos pentecostalismos, mas sim às novas religiosidades.

Assembleia de Deus

Fundada em Belém em 1911 pelos missionários suecos Daniel Berg e Gunnar Vingren, é conhecida por enfatizar a experiência direta com o Espírito Santo através do "batismo no Espírito Santo", que se acredita ser imediatamente confirmado por dons espirituais como falar em línguas (glossolalia), profecias, curas e milagres. Sua teologia combina uma interpretação literal da Bíblia com um forte compromisso com o missionarismo, o que é percebido por sua presença significativa em programas de rádio e televisão.

Parte considerável de seus pastores é adepta da teologia da prosperidade, doutrina que sugere que a fé, a dedicação a práticas religiosas e doações de dízimo podem levar à prosperidade material e ao sucesso pessoal. Entretanto, como possui estrutura descentralizada, outros pastores assembleianos criticam essa forma de teologia por promover uma visão materialista e individualista da fé. Essa descentralização é um motivo importante para o sucesso da igreja, visto que diferentes congregações podem se adaptar para diferentes contextos culturais e sociais.

Nas últimas décadas, em especial depois da Lava-Jato, observa-se uma aproximação entre setores da Assembleia de Deus com a extrema-direita brasileira, o que fica particularmente claro no caso do pastor Silas Malafaia, que é um dos assembleianos mais famosos do país e apoiador irrestrito de Bolsonaro. Isso também tem se refletido no âmbito político com membros da denominação se candidatando para cargos públicos por partidos da extrema-direita, defendendo pautas usualmente reacionárias, especialmente em questões de direitos de minorias e reprodutivos. Por vezes, também pautas fascistas são defendidas, como a defesa pela ordem, pela família tradicional e por um nacionalismo cristão teocrático.

Congregação cristã

Trazida ao Brasil em 1910 pelo imigrante italiano Luidi Francescon em Santo Antônio da Platina, no Paraná, a congregação cristã é conhecida por sua simplicidade e sobriedade de culto e organização eclesiástica, bem como por sua ênfase na interpretação literal da Bíblia e na crença na agência do Espírito Santo em todos os aspectos da vida. A igreja promove o batismo no Espírito Santo, que segundo eles é evidenciado pelo dom de falar em línguas, e na valorização da santa ceia como uma ordenança de Jesus a ser observada. Seus principais rituais incluem a unção com óleo, cultos de louvor e adoração, que são marcados por hinos cantados na maioria das vezes sem acompanhamento musical.

Diferente de outras igrejas pentecostais, a congregação cristã não permite que qualquer membro do corpo ministerial concorra a cargos políticos. Além disso, ela prega a total separação entre religião e Estado e proíbe o uso de pregações para favorecer candidatos ou partidos específicos. Sua única recomendação aos fiéis é que seus membros não votem em candidatos ateus ou que neguem a existência de Deus. Além disso, a igreja não utiliza meios de comunicação em massa, como rádio e televisão, para fazer seu proselitismo.

Igreja Deus é Amor

Também conhecida pela sigla IPDA (Igreja Pentecostal Deus é Amor), foi fundada em São Paulo em 1962 por David Miranda, que foi a liderança principal da igreja até a sua morte, em 2015. Hoje, sua viúva, Ereni Miranda, é quem assume a presidência do grupo. Sua doutrina segue um regulamento interno, baseado em versículos bíblico selecionados, que serve como manual de conduta, o qual é entregue junto da carteirinha de membro aos recém-batizados. No geral, o grupo recomenda que seus membros não assistam televisão por causa das novelas, embora não se oponha ao uso da internet, utilizando corriqueiramente as principais mídias digitais para captar novos membros. Além disso, o grupo proíbe tatuagens e o consumo de álcool, além de orientar seus fiéis a adotar determinadas vestimentas e cortes de cabelo, baseando-se em princípios bíblicos.

Apesar da postura oficial conservadora e discreta no que diz respeito à sexualidade, a família Miranda envolveu-se em polêmicas de má conduta sexual, escândalos que vieram especialmente após a morte de David Miranda. Em 2022, Léia Miranda, filha do fundador, acabou sendo afastada de suas funções devido a alegações de um relacionamento impróprio, o que gerou uma disputa pelos espólios de David Miranda entre Léia e sua irmã, Debóra Miranda. O conflito se desenrolou de maneira sensacionalista e midiática, com acusações de armação e até a intervenção policial para evitar uma votação interna promovida por Léia contra a diretoria da igreja.

Igreja o Brasil para Cristo

Também conhecida pela sigla OBPC (O Brasil para Cristo), trata-se de uma igreja fundada na periferia de São Paulo por Manoel de Mello e Silva, um migrante pernambucano que se converteu à Assembleia de Deus, ordenado pelo mesmo movimento pentecostal que levou à fundação da Igreja do Evangelho Quadrangular. A fundação da OBPC se deu em 1995, após uma suposta visão que Mello e Silva teria tido de Jesus Cristo, ordenando-o a fundar um movimento de reavivamento espiritual.

A OBPC acredita nos pilares centrais do pentecostalismo, como a evangelização de massa, o reavivamento espiritual, o batismo no Espírito Santo e a cura divina. A igreja adota o literalismo bíblico como doutrina, além de se distanciar de outros movimentos pentecostais que enfatizam a teologia da prosperidade, mantendo um foco mais tradicional no reavivamento e na cura. Embora tenha presença em outros países, a OBPC se destaca por sua identidade fortemente enraizada no Brasil.

Igreja do Evangelho Quadrangular

Fundada por Aimee Semple McPherson em 1923 em Los Angeles, distingue-se no cenário do pentecostalismo principalmente por sua teologia baseada em quatro aspectos da fé cristã, representados por imagens: (1) Jesus como salvador, simbolizado por uma cruz; (2) o batismo no Espírito Santo, representado por uma pomba; (3) Jesus como médico dos enfermos, expresso por um cálice; e (4) Jesus como o rei que está por vir, simbolizado por uma coroa. Ao contrário de outras denominações pentecostais, que tendem a se concentrar predominantemente em um ou dois desses aspectos, a Igreja do Evangelho Quadrangular tenta dar atenção igual aos quatro pilares.

Desde sua fundação, a igreja tem sido pioneira na inclusão de mulheres em posições de liderança, refletindo o legado de sua fundadora. Sua leitura bíblica segue a teologia da inspiração verbal, ou seja, a crença de que o Espírito Santo guiou os autores bíblicos na escolha de cada palavra, garantindo que o texto fosse infalível. A igreja também acredita que após a humanidade cair no pecado, somente a expiação de Cristo pode levá-la à salvação, que seria obtida pela graça através da fé, e não por obras. A igreja adota uma visão de santificação como um processo contínuo, mais similar ao metodismo, enfatizando o crescimento espiritual pelo estudo bíblico e pela oração.

Igreja Universal do Reino de Deus

Criada no Rio de Janeiro em 1977 por Edir Macedo, mescla elementos pentecostais com a teologia da prosperidade, além de possuir uma abordagem espiritual bélica, constantemente enfatizando uma batalha contra forças demoníacas. Sua principal expressão de fé é a doação financeira, que é defendida como o meio pelo qual os fiéis podem alcançar bênçãos tanto espirituais quanto materiais, incluindo saúde, sucesso econômico e solução de problemas familiares. Além disso, a ideia de batalha espiritual gera ritos próprios de libertação, dos quais a prática de exorcismos são os mais comuns, visando à libertação dos fiéis de maldições e influências diabólicas.

A Igreja Universal utiliza uma abordagem altamente midiática e um discurso adaptado às necessidades particulares de seus seguidores, fazendo uso intenso de redes de televisão, rádio, cinema e internet para difundir sua mensagem. Seus cultos são caracterizados por rituais de cura, sessões de libertação e pregações focadas na aplicação pragmática e clientelista da fé para superar adversidades da vida cotidiana. A igreja também se destaca por suas novelas bíblicas e pela organização de grandes eventos em estádios e outros espaços públicos, projetados para demonstrar sua força política, econômica e social. Além disso, enfatiza a necessidade de comprometimento não apenas espiritual, mas também financeiro, o que a tornou a igreja evangélica mais rica do Brasil.

A Igreja Universal do Reino de Deus tem demonstrado uma aproximação ideológica com a extrema-direita do Brasil, o que tem se tornado especialmente evidente nas últimas décadas. Essa guinada se manifesta por meio do apoio a políticas e candidatos que defendem valores fascistas, demonização de movimentos sociais, nacionalismo, uma forte ênfase na moralidade e na ordem, além de promover propaganda política de que é impossível ser evangélico e de esquerda ao mesmo tempo. Ademais, ela está intimamente associada ao Republicanos, partido da extrema-direita fundado em 2005 justamente para defender os interesses econômicos da Igreja Universal do Reino de Deus no Congresso Nacional.

Igreja Mundial do Poder de Deus

Fundada em Sorocaba, São Paulo, por Valdemiro Santiago em 1998, um ex-bispo da Igreja Universal do Reino de Deus, após questionamentos de Santiago com Edir Macedo a respeito da liderança e divisão dos dízimos coletados pela igreja. Não há muita diferença prática e doutrinária entre a Igreja Mundial e a Igreja Universal. Ambas são focadas na teologia da prosperidade, dão grande ênfase a doações e ao dízimo como condicionantes para que os fiéis atinjam bênçãos de Deus, e apresentam uma abordagem clientelista de espiritualidade, utilizando ostensivamente a mídia para fazer proselitismo. Além disso, a busca por fazer eventos em grandes espaços públicos e estádios também é observada na Igreja Mundial.

Embora não possua um partido próprio como a Igreja Universal do Reino de Deus, a Igreja Mundial do Poder de Deus também possui inserção na política, tendo elegido deputados por partidos de extrema-direita. Em sua busca por poder, já enfrentou problemas com o Tribunal Regional Eleitoral do Rio de Janeiro, por utilizar seus templos para distribuição de panfletos de candidatos, o que é crime no Brasil. Além disso, a igreja esteve no foco de várias polêmicas envolvendo esquemas financeiros, como lavagem de dinheiro, fraude e estelionato. Ao longo dos anos vários líderes notáveis romperam com a denominação, acusando-a de vender benefícios espirituais. Um caso especialmente notável foi o do Pastor Givanildo de Souza, que era discípulo de Valdemiro desde 1998, mas que deixou a igreja em 2010 por ter sido humilhado após se recusar a vender água-benta aos fiéis por 100 reais.

Igreja Internacional da Graça de Deus

Fundada no Rio de Janeiro em 1980 por R. R. Soares, cunhado de Edir Macedo, com quem trabalhou nos primórdios da Igreja Universal como liderança sacerdotal da universal, mas que optou por abrir a própria igreja anos depois, após perder uma eleição interna da Igreja Universal, que elegeu Macedo como a liderança espiritual. Assim como na Igreja Universal, a teologia da prosperidade é central para a doutrina da Igreja da Graça, com poucas diferenças entre as doutrinas e práticas das duas denominações. Entretanto, a Igreja da Graça não aceita a lógica comum da teologia da libertação, que diz nas outras denominações que todo rico é fiel a Deus, pois a prosperidade é uma dádiva divina. A Igreja da Graça considera que o objetivo final de Deus não é tornar as pessoas ricas, mas sim libertá-las da miséria. Além disso, a Igreja da Graça não possui a noção de batalhas espirituais como ocorre usualmente na Igreja Universal, possuindo uma postura de confissão positiva para obtenção das bênçãos.

A Igreja da Graça também enfrenta polêmicas relacionadas à solicitação de doações financeiras, a promessas de curas e milagres e à influência política e econômica que exerce. O grupo possui estreita relação com o fascismo brasileiro, sendo, ao lado da Rede Record, a principal beneficiária de verbas publicitárias do governo Bolsonaro, somando 30 milhões de reais. Em troca, o grupo legitimaria teologicamente as políticas da extrema-direita. Outro caso de grande visibilidade foi a tentativa de interferência de Bolsonaro para anular dívidas de 144 milhões, além de processos trabalhistas de 44 milhões que a Igreja da Graça deveria pagar. Como Bolsonaro não conseguiu tal perdão, o filho de R. R. Soares, o Deputado David Soares, aprovou, no meio da pandemia de covid-19, uma emenda que reduziu consideravelmente as multas e juros das dívidas das igrejas com a União.

Ainda que seu império midiático seja mais discreto do que o da Igreja Universal, R. R. Soares é quem possui o maior tempo de exposição na TV aberta brasileira, possuindo também duas emissoras de televisão fechadas, produtoras de filmes, gravadoras de música e programação até nos Estados Unidos.

Igreja Renascer em Cristo

Fundada pelo casal Estevam e Sônia Hernandes em 1986, é uma forma de pentecostalismo que mistura *marketing*, vendas e nutrição, tendo como público-alvo profissionais liberais, empresários e artistas. Durante a década de 2000, teve no jogador de futebol Kaká um grande garoto-propaganda. A Renascer é a responsável pela organização da marcha para Jesus no Brasil, evento anual que ocorre em várias cidades, reunindo milhares de evangélicos de diferentes denominações. Além disso, destaca-se como uma das primeiras igrejas a produzir música não apenas no ritmo *gospel*, mas também em estilos populares como *rock*, pagode, *rap* e *funk* carioca.

Suas doutrinas e práticas são parecidas com as da Igreja Universal, com a crença na existência de uma guerra espiritual contínua contra forças demoníacas e a teologia da prosperidade, defendendo que doar dinheiro para a igreja torna os fiéis financeiramente prósperos. Além disso, como outros pentecostalismos, nota-se a noção de que o batismo no Espírito Santo promoveria dons espirituais especiais, como falar em línguas, o dom da profecia e cura. A igreja também possui uma variedade de empreitadas nichadas a grupos específicos, como ministérios para empresários, para artistas, para mulheres, para jovens, para homens etc.

Assim como outras igrejas pentecostais que defendem a teologia da prosperidade, a Igreja Renascer também enfrentou problemas com a justiça e foi foco de investigações por lavagem de dinheiro, desvio de fundos e evasão de divisas. Isso veio à tona especialmente após o desabamento do teto do templo principal da igreja em São Paulo em 2009, o que causou a morte de alguns fiéis e levantou questionamentos sobre por que todo o dinheiro arrecadado não estava sendo utilizado para a manutenção das instalações. O casal Hernandes também foi preso nos Estados Unidos em 2007 por esconder 56 mil dólares em espécie sem declaração fiscal, sendo que parte desse dinheiro estava dentro de uma bíblia. A igreja também já foi condenada pelo Tribunal de Contas da União a devolver quase um milhão de reais por irregularidades no uso de verbas públicas destinadas à alfabetização, com Sônia Hernandes sendo multada pessoalmente em R$ 100 mil.

Igreja Bola de Neve

Denominação evangélica brasileira que se destaca por uma abordagem informal na adoração e nos cultos, visando alcançar principalmente o público jovem urbano. Fundada em 1993 por Rinaldo Luiz de Seixas Pereira em São Paulo, a igreja rapidamente ganhou popularidade e se expandiu para outras cidades. A denominação é conhecida por incorporar elementos da cultura jovem em suas práticas, incluindo a música contemporânea, o *skate* e o *surf*, o que ajudou a criar um ambiente para pessoas que, muitas vezes, não se viam nas igrejas tradicionais. Além disso, a conversão do ex-vocalista da banda Raimundos, Rodolfo Arantes, em 2001, foi utilizada como propaganda para atrair jovens de um círculo usualmente demonizado pelas outras igrejas cristãs, os roqueiros.

A teologia é baseada nos princípios evangélicos, com ênfase na necessidade de um relacionamento pessoal com Jesus e na autoridade das escrituras. Além disso, a igreja adota uma postura carismática, acreditando nos dons do Espírito Santo como elementos vivos e atuantes na vida cristã. Apesar de seu foco em atrair jovens e promover uma atmosfera despojada e informal, a Igreja Bola de Neve enfrenta críticas por posições conservadoras e às vezes até reacionárias em temas sociais, especialmente em relação a questões de gênero e sexualidade, que têm provocado debates e até o afastamento de alguns membros. Além disso, na ciência da religião brasileira o grupo é relativamente famoso por ter processado a pesquisadora trans Flôr Maranhão por ter feito uma tese de doutorado sobre o grupo cujo resultado não agradou as lideranças da igreja.

Igreja Apostólica Plenitude do Trono de Deus

Fundada em São Paulo em 2006 pelo casal Agenor e Ingrid Duque de uma dissidência da Igreja Universal do Reino de Deus e da Igreja Mundial do Poder de Deus. Assim como várias igrejas da terceira onda do pentecostalismo brasileiro, trata-se de um grupo com forte presença midiática, com muitos programas de rádio e televisão essenciais para a captação de novos fiéis. Seu principal evento é o Congresso Fogo de Avivamento para o Brasil, que ocorre durante o carnaval, posicionando-se abertamente como uma alternativa espiritual para a festividade demonizada pelos evangélicos.

Assim como outras igrejas pentecostais brasileiras, a Igreja Apostólica Plenitude do Trono de Deus já enfrentou críticas por sua forma de arrecadação e a imensa concentração de renda de seus líderes em oposição à baixa classe social de seus fiéis. Uma reportagem da revista *Época* de 2015 contrastou a vida de ostentação da família Duque, com carros caros e jatinhos particulares, destacando que eles se mantinham pedindo dízimos muito grandes aos pobres, inclusive pedindo que doassem todo o seu décimo terceiro. Além disso, alguma relação com políticos de extrema-direita já foi registrada entre os Duque, destacando o Deputado Marco Feliciano, que apesar de não ser da igreja, já participou de seu Congresso.

Cristianismo carismático

Movimento que no Brasil tende a ser mais identificado com o catolicismo, mas cujas origens estão no pentecostalismo. Trata-se de uma vertente dentro do cristianismo que utiliza expressões culturais jovens, como a música *pop*, para se apresentar como algo moderno e mais atraente. Seus adeptos enfatizam experiências espirituais intensas, como a relação direta com o Espírito Santo e a crença nos dons espirituais, típicas do pentecostalismo, contrastando com a liturgia tradicional católica. Em grande medida, ficou mais popular após o lançamento do filme *Mudança de hábito*, que embora não seja objetivamente um filme sobre o movimento carismático, apresenta uma visão de igreja mais acessível, moderna e jovem, que reflete a estética jovem que ele utiliza para atrair novos membros.

Por trás dessa imagem jovem e renovada, entretanto, o cristianismo carismático tem fortes raízes ultraconservadoras. Usualmente lideranças carismáticas defendem valores morais rígidos, como a oposição ao aborto, aos direitos LGBTQIA+ e ao feminismo, apoiando uma estrutura familiar patriarcal tradicional. Os grupos carismáticos frequentemente se alinham a líderes políticos de extrema-direita, utilizando a linguagem religiosa e os ideais de "renovação espiritual" para justificar agendas conservadoras. Assim, embora à primeira vista possa parecer um movimento progressista por seu apelo jovem, o cristianismo carismático sustenta agendas reacionárias, especialmente em relação a questões sociais e políticas, mantendo a essência pentecostal em seu núcleo doutrinário, mesmo quando operando dentro da estrutura do catolicismo.

Igrejas inclusivas

As igrejas inclusivas surgiram como resposta à exclusão histórica enfrentada pela comunidade LGBTQIA+ no seio do cristianismo. Essas igrejas reinterpretam a teologia para criar um espaço mais acolhedor, onde todos, independentemente de sua orientação sexual, raça ou condição social, são vistos como dignos de receber a graça divina. Tais igrejas se posicionam contra a discriminação e opressão que frequentemente são encontradas nos contextos religiosos mais conservadores, oferecendo um espaço seguro para adorar, sem a exigência de "cura" ou negação da identidade LGBTQIA+, usualmente promovendo também a igualdade racial e a justiça social, reconhecendo o impacto histórico do racismo na pobreza e nos problemas sociais.

No entanto, embora defendam certa inclusão, há limites claros à aceitação da comunidade LGBTQIA+ nessas igrejas. Usualmente as relações homossexuais são entendidas com base em uma visão heteronormativa das relações, ou seja, replicando padrões tradicionais de relacionamento, como a monogamia e a ideia de que em um casal homossexual uma das partes será o "homem" e outra a "mulher" da relação. Isso limita a expressão de diversas identidades de gênero e orientações sexuais dentro do espectro LGBTQIA+, já que a aceitação está condicionada a se conformar a normas preestabelecidas baseadas em uma mentalidade sexual cristã. Assim, embora mais acolhedoras que as outras igrejas pentecostais, as igrejas inclusivas seguem uma lógica em que a homossexualidade só é plenamente aceita por uma leitura daquilo que está no limite do confortável ao olhar heterossexual cristão.

QAnon

Não é um movimento religioso em si. Trata-se de uma teoria da conspiração fascista com origem secular, envolvendo principalmente questões políticas, como alegações infundadas sobre um "Estado profundo" formado por figuras satanistas e pedófilos, e somente a extrema-direita internacional, capitaneada por Donald

Trump, poderia salvar o mundo. No entanto, ao longo do tempo, o movimento ganhou seguidores em várias esferas, encontrando ressonância entre setores do cristianismo evangélico nos Estados Unidos, em especial em certos segmentos do pentecostalismo. Esse alinhamento ocorreu porque as ideias do QAnon ressoam com temas de batalha espiritual, apocalipse e salvacionismo que são centrais ao pentecostalismo.

Embora o QAnon não seja especificamente um movimento religioso, seu apoio entre várias igrejas pentecostais estadunidenses, particularmente aquelas que já possuem uma visão de mundo que se alinha com temas de conspirações globais, salvação e o retorno de uma figura messiânica, faz com que alguns cientistas da religião não apenas classifiquem o QAnon como um novo movimento religioso, mas também tracem uma relação mais direta entre pentecostalismo estadunidense e o grupo. Todavia, seria mais adequado entender o QAnon como algo que estaria na fronteira do pentecostalismo, não sendo totalmente pentecostal, mas compartilhando de muitas de suas características.

Capítulo 5
Perspectivas

Como estamos lidando com um objeto recente quando em comparação com as religiões históricas, que possuem milhares de anos de idade, analisar perspectivas sobre as novas religiosidades é sempre algo muito delicado. Como fazer perspectivas de algo tão jovem, que basicamente molda e é moldado pela vida contemporânea, sem cair nos perigos de uma futurologia? Nesse sentido, este último capítulo abordará algumas considerações sobre como analisar diferentes movimentos religiosos, pensando sobre sua relação com a sociedade mais ampla e sua viabilidade a médio e longo prazos.

Embora formas religiosas específicas possam sumir, pode-se concluir que novas religiões continuarão surgindo. Contudo, se na mesma intensidade que elas surgem após o advento do capitalismo-colonialismo, com as características de comodificação, psicologização, ultraindividualismo e customização, tal como abordado neste livro, dependerá do quão resiliente o sistema econômico-ideológico ainda se manterá de pé.

Religiosidade "não religiosa"

Uma pesquisa de Stark e Bainbridge (1985) demonstra que há uma relação entre a taxa de filiação às igrejas tradicionais e o interesse em práticas e crenças do *cultic milieu* nos Estados Unidos e no Canadá. Os pesquisadores observaram que em locais da América do Norte onde a taxa de filiação às igrejas é baixa, há uma maior prevalência de lojas esotéricas, restaurantes com dietas asiáticas que se apropriam de uma aura orientalista, profissionais sensitivos, astrólogos e pessoas que consomem revistas de ocultismo. Isso sugere uma correlação negativa entre a religiosidade convencional (medida pela filiação às igrejas) e o interesse por práticas do *cultic mileu*.

Em outro estudo com 1.439 estudantes universitários, os dados de Bainbridge e Stark (1980) indicaram que aqueles sem afiliação religiosa tendem a mostrar maior interesse por literatura oculta ou horóscopos e a concordar mais com a afirmação de que as práticas ocultas têm grande valor. Esses achados sugerem uma busca por alternativas espirituais por meio de práticas consideradas ocultas ou marginais pelas religiões tradicionais, particularmente em áreas com menor filiação religiosa organizada.

Em contextos onde a filiação às religiões tradicionais é baixa, há uma tendência de se buscar formas alternativas de espiritualidade, frequentemente associadas ao *cultic milieu*. Esse fenômeno pode ser interpretado por intermédio da noção êmica de "religiosidade 'não religiosa'", onde indivíduos, embora não se identifiquem com uma religião institucionalizada, ainda demonstram interesse por práticas espirituais que lhes proporcionam um sentido de transcendência ou conexão espiritual fora das estruturas religiosas convencionais (Heelas; Woodhead, 2005). Tal religiosidade "não religiosa" pode se manifestar na adoção de práticas esotéricas, na crença em astrologia, ou em outras formas de bens religiosos que desafiam as categorias tradicionais de religião. Esses novos movimentos religiosos, ao oferecerem uma espiritualidade mais personalizada e desvinculada de dogmas fixos, atraem indivíduos que buscam autonomia em sua jornada espiritual, permitindo que os indivíduos mantenham uma conexão com algo metaempírico (Partridge, 2004). A flexibilidade e a adaptabilidade desses movimentos refletem uma dinâmica do *cultic milieu* que se molda de acordo com as necessidades espirituais de uma sociedade cada vez mais plural e menos ligada à religiosidade institucionalizada.

Todavia, a questão da sobrevivência econômica das novas religiões, especialmente quando seus próprios adeptos não se consideram religiosos, acaba se tornando um desafio. Um paradoxo é notado no campo: Como atrair adeptos que, ao mesmo tempo em que buscam experiências espirituais, rejeitam a institucionalização? Essa rejeição do rótulo "religião" pode dificultar a sustentabilidade financeira do movimento, uma vez que os adeptos podem não se sentir obrigados a contribuir economicamente ou se envolver em atividades organizacionais que sustentam o grupo (Heelas; Woodhead, 2005). Além disso, como as próprias novas religiosidades muitas vezes negam para si o título de serem uma tradição religiosa, isso abre caminho para uma reabsorção de suas práticas pelas religiões tradicionais. À medida que as igrejas cristãs, por exemplo, reconhecem a demanda por práticas espirituais alternativas, e tais práticas não são reivindicadas e apropriadas claramente pelo novo movimento religioso enquanto algo constitutivo de sua identidade espiritual, as igrejas cristãs podem começar a incorporar elementos do *cultic milieu* sem maiores conflitos. Isso já pode ser observado em casos onde igrejas cristãs oferecem serviços como consultorias espirituais e terapias holísticas, adaptando-se às tendências contemporâneas e atraindo pessoas que, de outra forma, estariam buscando movimentos esotéricos independentes. Ao fazer isso, essas igrejas cristãs não apenas garantem sua própria sobrevivência, mas também recuperam adeptos que migraram para esses novos movimentos (Lyon, 2000).

Além disso, a dificuldade em manter o engajamento dos adeptos é outro problema crítico. A negação do rótulo "religião" pode levar a um envolvimento mais superficial e intermitente, onde os participantes se engajam em práticas espirituais de maneira esporádica e sem um compromisso duradouro. Isso contrasta com a estrutura de apoio contínuo que caracteriza muitas religiões tradicionais, onde o engajamento é frequentemente reforçado por rituais regulares, comunidades coesas e uma identidade religiosa compartilhada (Partridge, 2004). Logo, para garantir a sobrevivência, é necessário que a nova religião desenvolva estratégias que incentivem o engajamento contínuo, mesmo na ausência de uma identidade religiosa formal. Isso pode incluir a criação de comunidades espirituais flexíveis, onde os participantes possam se reunir em torno de interesses compartilhados sem a necessidade de se identificarem como parte de uma religião. Além disso, a diversificação das fontes de renda, como a oferta de serviços pagos, publicações ou eventos, pode ajudar a sustentar economicamente o movimento, sem depender exclusivamente de doações voluntárias (Possamai, 2005).

Contudo, conseguir estabelecer algo tão coeso assim é bastante difícil. Quantas religiões pequenas conseguem ter capital inicial suficiente para diversificar seus serviços e fontes de renda? Quantas possuem gráficas próprias para conseguir fazer dinheiro por meio de publicações? Quantas têm espaços grandes o suficiente para fazerem eventos? Quantas possuem penetração na política o suficiente para conseguir agregar pessoas de fora da própria tradição em prol de interesses sociais maiores? Ademais, há uma linha tênue entre a manutenção da autenticidade do movimento e a sua comercialização excessiva, o que pode alienar os adeptos. A sobrevivência dos novos movimentos religiosos, portanto, depende dessa capacidade de equilibrar a flexibilidade e a inovação com a necessidade de sustentabilidade econômica e engajamento contínuo dos seus seguidores, uma equação que não é simples e nem fácil de ser resolvida.

Viabilidade

As teorias da tensão e da viabilidade, juntamente com a teoria da escolha racional, oferecem perspectivas complementares para entender a sobrevivência e viabilidade de novos movimentos religiosos. Ambas as abordagens exploram as dinâmicas sociais, culturais e psicológicas que influenciam o crescimento e a sustentabilidade de movimentos emergentes, focando em como esses grupos negociam sua posição dentro da sociedade e atraem novos membros. Quando aplicadas conjuntamente, essas teorias ajudam a esclarecer por que algumas novas religiões conseguem se estabelecer de maneira duradoura, enquanto outras desaparecem.

A teoria da tensão e da viabilidade, desenvolvida por Stark e Bainbridge (1985), propõe que a sobrevivência de um movimento religioso está diretamente relacionada à sua capacidade de manter um nível adequado de tensão com a sociedade em geral. A tensão aqui referida diz respeito ao grau em que um movimento se diferencia cultural e comportamentalmente da sociedade dominante. Movimentos que mantêm muita tensão com a sociedade tendem a ser percebidos como radicais, o que limita seu apelo e atrai perseguição da sociedade maior. Por outro lado, movimentos com pouca tensão podem ser vistos como irrelevantes, tornando-os pouco atrativos, o que pode levar ao seu eventual desaparecimento. Já a viabilidade está relacionada à capacidade do movimento de sustentar sua estrutura organizacional e atender às necessidades de seus membros a longo prazo. Uma tensão moderada é ideal para a viabilidade do movimento. Em outras palavras, uma tensão suficiente para atrair aqueles que buscam uma alternativa à cultura dominante, mas não tão elevada a ponto de desencadear uma repressão social significativa ou afugentar potenciais adeptos. Um exemplo dessa dinâmica pode ser visto na Igreja de Jesus Cristo dos Santos dos Últimos Dias (mórmons), que mantém práticas e crenças distintas o suficiente para se diferenciar do cristianismo tradicional, mas que também conseguiu se adaptar e integrar em grande medida na sociedade estadunidense (Stark, 1996).

Já a teoria da escolha racional, também associada a Stark e Bainbridge (2008), vê os movimentos religiosos como sistemas que oferecem "compensações" ou "recompensas" para atrair e reter adeptos. As pessoas tomariam decisões sobre se envolver ou não com um movimento religioso com base em uma avaliação racional das recompensas e custos associados a essa afiliação. Essas recompensas podem ser de natureza material, espiritual ou social, como a promessa de salvação, o apoio comunitário ou o acesso a redes sociais e econômicas. A sobrevivência de um novo movimento religioso, então, dependeria de sua capacidade de oferecer compensações que seus seguidores consideram valiosas e que não estão facilmente disponíveis em outros contextos, sejam eles religiosos ou seculares. Por exemplo, religiões que oferecem uma sensação única de pertencimento ou um sentido de propósito que não pode ser encontrado em religiões estabelecidas ou na sociedade secular podem atrair indivíduos que estão insatisfeitos com as opções religiosas tradicionais. Além disso, segundo Iannaccone (1992), teoria da escolha racional sugere que, para sobreviver a longo prazo, um movimento religioso precisa adaptar suas ofertas de compensação para se alinhar às mudanças nas preferências e necessidades de seus seguidores.

A teoria da escolha racional, embora influente na sociologia da religião, apresenta limitações significativas ao tentar explicar a adesão religiosa como um processo predominantemente racional. Pautados em um paradigma ideológico liberal, Stark e Bainbridge (2008) sustentam que os indivíduos escolhem sua afiliação religiosa com base em uma análise racional de custos e benefícios, buscando maximizar recompensas espirituais e sociais enquanto minimizam os custos associados. Contudo, essa visão ignora a complexidade das forças estruturais e neuropsicológicas que moldam as decisões religiosas.

Do ponto de vista estrutural, a teoria desconsidera a influência da superestrutura. Conforme argumentado por Althusser (2001), a ideologia desempenha um papel crucial na forma como os indivíduos internalizam e reproduzem as normas e valores da sociedade, muitas vezes sem plena consciência ou escolha. Além disso, conforme explicam Berger e Luckmann (2003), a socialização religiosa, que ocorre frequentemente desde a infância, condiciona as pessoas a aceitarem certas crenças e práticas como naturais, reduzindo significativamente a agência individual na escolha religiosa. As opções religiosas disponíveis e acessíveis a um indivíduo também são limitadas pelas estruturas econômicas, políticas e sociais em que cada pessoa está inserida, o que contrasta com a premissa de livre-escolha racional.

Adicionalmente, do ponto de vista neuropsicológico, a suposição de que as escolhas religiosas são feitas de maneira racional é contestada por estudos que mostram que decisões relacionadas à fé são frequentemente influenciadas por processos emocionais e automáticos, que operam fora do controle consciente (Kahneman, 2011). A neurociência revela que o cérebro humano tende a fazer julgamentos rápidos e emocionais, especialmente em questões ligadas a crenças fundamentais, como as religiosas (McCully, 2008). Esses processos são mais reativos do que deliberativos, sugerindo que a adesão religiosa pode ser melhor compreendida como uma resposta a influências emocionais e sociais do que como uma escolha racional deliberada. Ademais, as experiências religiosas frequentemente envolvem estados alterados de consciência e outras formas de envolvimento cognitivo que desafiam a noção de escolha racional (Newberg; D'Aquili, 2001).

Apesar das críticas, quando combinadas, as teorias da tensão e da viabilidade com a teoria da escolha racional fornecem uma possibilidade de interpretação das chances de sucesso de um novo movimento religioso. É mais provável de sobreviver e prosperar em uma sociedade capitalista uma nova religião que consegue manter um nível moderado de tensão com a sociedade ao mesmo tempo em que oferece compensações atraentes para seus seguidores. Consideremos o caso das igrejas neopentecostais brasileiras. Elas frequentemente mantêm um nível significativo de tensão com a sociedade dominante, especialmente por promoverem uma ruptura radical com a vida anterior de seus adeptos. Muitas vezes, novos convertidos abandonam gostos musicais e passam a só ouvir *gospel*, deixam de frequentar ambientes considerados "do mundo" e adotam comportamentos e valores que se diferenciam fortemente da cultura secular. No entanto, essa tensão também fortalece a identidade do grupo e atrai indivíduos em busca de transformação e pertencimento. Ao mesmo tempo, as igrejas neopentecostais oferecem compensações específicas e tangíveis que atendem às necessidades dos seus membros, não apenas proporcionando um senso de comunidade e apoio espiritual, mas também oferecendo redes de apoio social e econômico. Por exemplo, essas igrejas frequentemente ajudam seus membros a encontrar empregos, fornecem creches para mães que trabalham e estabelecem outras formas de assistência que são cruciais para a sobrevivência em contextos de vulnerabilidade. Essa combinação de uma identidade distinta e um suporte concreto, em especial em faixas sociais onde o Estado se faz ausente, contribui para a viabilidade e o crescimento das novas igrejas, permitindo-lhes prosperar mesmo em meio a um ambiente social e cultural que lhes é frequentemente hostil. Contudo, a manutenção de um alto nível de tensão também traz desafios, como o risco de isolamento e o escrutínio público, o que exige que as novas igrejas adaptem suas estratégias continuamente para permanecerem viáveis e atraentes para seus seguidores. A teoria da escolha racional ajuda também a explicar por que alguns indivíduos estão dispostos a pagar os altos custos de se afiliar a um novo movimento religioso, como o caso de fiéis que doam todas as suas economias para as igrejas. As recompensas percebidas (seja em termos de salvação espiritual, crescimento pessoal ou pertencimento comunitário) superam os custos para esses indivíduos.

A intersecção entre a teoria da escolha racional, os compensadores oferecidos pelas igrejas e a ausência do Estado em classes mais vulneráveis revela uma dinâmica onde as novas religiões podem se tornar economicamente viáveis precisamente por suprirem as lacunas deixadas pelo poder público. Esses compensadores se tornam essenciais para a sobrevivência dos indivíduos, aumentando o custo de saída da igreja e dificultando a perda de adesão, mesmo quando os fiéis começam a discordar de certos ensinamentos ou práticas. Como argumenta Chesnut (2003), a dependência dos fiéis em relação à igreja para a satisfação de suas necessidades básicas e para a manutenção de sua rede de apoio cria um vínculo que é mais difícil de romper, elevando o custo de uma possível "desconversão". Essa dinâmica sugere que a viabilidade econômica de muitos desses movimentos religiosos está intrinsecamente ligada à ausência do poder público, o que, paradoxalmente, perpetua uma defesa política dessa ausência ao tornar a igreja uma substituta do

Estado. Assim, a permanência dos fiéis no movimento é assegurada não apenas pela adesão às crenças, mas também pela necessidade de continuar acessando os recursos vitais oferecidos pela igreja, e não pelo Estado, tornando o rompimento com a religião um custo alto demais a ser pago.

Além disso, essas teorias também podem iluminar motivos de alguns movimentos que inicialmente atraíram grande atenção e crescimento poderem eventualmente desaparecer. Movimentos que falham em ajustar suas tensões sociais ou não conseguem oferecer compensações percebidas como valiosas para seus seguidores tendem a perder relevância e adesão. A queda de movimentos como o templo do povo demonstra como um movimento que inicialmente oferecia uma forte identidade comunitária e propósito pode, ao aumentar demais a tensão com a sociedade e falhar em se adaptar, levar ao colapso (Hall, 1987). Além disso, mudanças geracionais podem também levar ao fim de uma nova religião. No Brasil, o racionalismo cristão, de Luiz de Mattos, não se adaptou às mudanças socioculturais da primeira metade do século XX, o que fez com que o grupo deixasse de atrair um número significativo de novos adeptos jovens, o que levou ao envelhecimento de sua base de seguidores. Sem uma renovação constante de membros, o movimento começou a perder força e presença nas principais cidades brasileiras.

Antipolítica e fascismo

Desde a Segunda Guerra Mundial, tem sido registrada certa predileção dos novos movimentos religiosos por regimes totalitários de extrema-direita. Essa inclinação, porém, aparece usualmente disfarçada nos novos movimentos religiosos por posicionamentos "oficiais" de que eles seriam apolíticos, antipolíticos ou antissistema, algo profundamente relacionado à sua conexão com o *cultic milieu*.

Como vimos no capítulo 3, "*cultic milieu*" é um termo cunhado por Campbell (1972) para descrever um ambiente social e cultural onde ideias e práticas marginais, desviantes ou não convencionais proliferam, incluindo não apenas ideias religiosas, mas também crenças esotéricas, teorias da conspiração, medicina alternativa e visões políticas divergentes. O *cultic milieu* é como um "berço" para essas formas de pensamento marginal. Logo, as ideias religiosas que emergem desse contexto tendem a compartilhar a desconfiança generalizada em relação ao *status quo*, rejeitando o envolvimento direto na política convencional. Isso faz com que muitos novos movimentos religiosos vejam a política institucional como opressora e corrupta, promovendo alternativas radicais ou utópicas que visam transcender ou transformar o sistema atual (Wallis, 1984).

Para indivíduos alienados ou desiludidos com a sociedade e os problemas concretos do sistema econômico vigente, a defesa pelo antissistema oferece um espaço onde tais frustrações podem ser validadas e canalizadas em uma busca espiritual. Isso reflete a dinâmica do *cultic milieu*, onde ideias que desafiam as normas sociais não são apenas toleradas, mas também ativamente exploradas e promovidas (Partridge, 2004). O problema é que isso tende a jogar os adeptos das novas religiosidades ao fascismo e à extrema-direita, que são formas políticas que utilizam-se do sentimento antissistema para distrair a população com espantalhos (o imigrante, o comunismo, os LGBTQIA+, o feminismo etc.) e, dessa forma, manter o sistema capitalista durante suas crises cíclicas.

Exemplificando como a defesa pelo apolítico aparece concretamente no meio, Benthall (2008, p. 7) menciona o exemplo de uma loja religiosa em Istambul totalmente dedicada a pôsteres em vários idiomas que denunciam o darwinismo como o responsável pelo nazismo e pelo stalinismo. A teoria de ferradura, de que tanto a esquerda radical (União Soviética) quanto o fascismo (Alemanha nazista) são a mesma coisa, é corriqueiramente evocada por novos movimentos religiosos para justificar uma ideologia que, na prática, leva os adeptos a serem cooptados por fascistas. Ao não querer ser nem de direita, nem de esquerda, os novos movimentos religiosos acabam por apostar em salvadores da pátria que se apresentam como alternativas. Entretanto, essa é a principal estratégia de políticos fascistas, que criam *personas* apolíticas como estratégia para capitalizar o descontentamento popular com o sistema vigente, utilizando uma retórica populista antissistema para se posicionar como alternativas à política tradicional. Mas uma vez eleitos, apesar de prometerem representar o "povo comum" contra as elites, eles instauram todo tipo de desmande autoritário que contradiz os interesses daqueles que diziam que defenderiam, aumentando ainda mais a riqueza de quem já era muito rico antes de eles chegarem ao poder[24].

Assim, a rejeição do sistema pode levar, de maneira tácita ou explícita, ao alinhamento com ideologias fascistas. Como explica Barkun (2014), em sua busca por alternativas radicais, as novas religiosidades podem ressoar com as narrativas autoritárias que prometem uma ruptura total com o sistema político vigente e uma restauração de uma ordem ideológica utópica, defendida pelos integrantes, mas impraticável na vida real. Além disso, a natureza maniqueísta de muitas religiões, que veem o mundo em termos de uma luta entre o bem e o mal, nós *versus* eles, pode predispor seus membros a aceitar soluções extremas. Esse dualismo pode ser explorado por líderes fascistas que oferecem um inimigo comum a ser combatido, seja ele o governo, minorias ou outras forças percebidas como corruptoras (Eatwell, 2003). Assim, mesmo que oficialmente "apolíticas", as novas religiosidades podem se tornar veículos para a disseminação do fascismo, às vezes sem que seus seguidores reconheçam plenamente a natureza política de suas crenças.

As perspectivas para os próximos anos são preocupantes, especialmente considerando o crescimento de redes fascistas pela

24. P. ex., houve um aumento de 46% na fortuna dos bilionários durante o Governo Bolsonaro, enquanto cresceu 73% a população em situação de fome no mesmo período. Bilionários representavam apenas 0,000029% dos brasileiros, enquanto os famélicos eram 15,5%, demonstrando que o governo investiu na minoria da minoria do país, e não na população maior (Sakamoto, 2022). Apesar disso, Bolsonaro foi amplamente apoiado por esotéricos no Brasil, por ter consigo vender uma imagem de "antissistema" a esses grupos.

internet, a expansão de uma internacional da extrema-direita e a desregulamentação das mídias digitais. Esses fatores criam um ambiente propício para a disseminação de ideologias extremistas que se aproveitam da retórica apolítica e antissistema. Com a proliferação de discursos populistas maniqueístas nas plataformas digitais, e visto que a internet sempre foi um espaço importante de encontro do *cultic milieu*, as novas religiosidades estão bastante suscetíveis a serem cooptadas.

Além disso, a total desregulamentação das mídias digitais permite que discursos extremistas circulem livremente. A combinação de uma narrativa apolítica com o uso estratégico das redes sociais por grupos de extrema-direita pode criar uma aliança perigosa, onde as novas religiosidades, mesmo sem intenção explícita, acabam por fortalecê-los. Eatwell (2003) aponta que à medida que essas ideologias se infiltram nas esferas espirituais, as novas religiosidades correm o risco de se tornarem instrumentos de legitimação de projetos autoritários, contribuindo para a erosão da democracia e a perpetuação das crises que afirmam combater. E não há perspectivas de mudança a curto e médio prazos no cenário.

Movimento "antisseita"

O movimento antisseita internacional emergiu como uma força significativa e coordenada, especialmente a partir do século XX, em resposta ao crescimento dos novos movimentos religiosos. A ascensão das novas religiosidades gerou preocupações variadas, que vão desde a contestação teológica do cristianismo tradicional até questões relacionadas à saúde mental e social dos indivíduos envolvidos. Aproveitando de um preconceito linguístico contra tais grupos, os cristãos tradicionais passaram a se referir aos novos movimentos religiosos como "seitas", classificando-os como inferiores às "religiões verdadeiras" (ou seja, às igrejas tradicionais), e o termo "antisseita" passou a se referir a um conjunto de ações e discursos destinados a restringir, desacreditar ou eliminar esses grupos religiosos emergentes da esfera pública.

Historicamente, as sociedades sempre reagiram com desconfiança a novas expressões religiosas. Porém, o que diferencia o movimento antisseita é sua capacidade de mobilização em escala global, utilizando meios de comunicação modernos, influência política do cristianismo e o aparato jurídico e financeiro de diferentes países para atingir seus objetivos. Grupos antisseitas tendem a cooptar ex-membros das novas religiosidades, familiares cristãos de adeptos que largaram a religião familiar para seguir uma nova religião, líderes religiosos cristãos conservadores e até profissionais da saúde mental que possuem filiação com o cristianismo ou que se apresentam como ateus militantes, articulam-se para propagar a ideia de que as novas religiões são perigosas, abusivas e prejudiciais à sociedade. Chama à atenção que muitas das declarações de que os novos movimentos religiosos promovem "lavagem cerebral" em seus adeptos, ou que elas promovem "teorias de conspiração" não são aplicadas por esse mesmo grupo de pessoas contra práticas análogas propagadas pelo cristianismo e pelas igrejas tradicionais. Conforme explica Roberton (2015), muitas vezes apenas os novos movimentos religiosos são rotulados como "conspiracionistas" pela opinião pública, enquanto as religiões tradicionais são poupadas, sugerindo que essa distinção pode refletir uma legitimação das estruturas de poder existentes em vez de uma análise imparcial.

Um dos exemplos mais claros dessa articulação global pode ser observado na criação de organizações internacionais dedicadas exclusivamente ao combate das novas religiões que usualmente poupam os problemas sociais causados pelo cristianismo tradicional. Tais organizações operam em múltiplos níveis, influenciando a opinião pública por meio de campanhas midiáticas difamatórias, acionando suporte legal e provocando assédio jurídico contra as novas religiões e pressionando governos para que adotem leis mais restritivas contra esses grupos. O Conselho Europeu de Movimentos de Defesa e Salvaguarda dos Direitos da Família e do Indivíduo (Fecris, na sigla em inglês) é uma dessas entidades que, sob a premissa de proteger a família e os direitos individuais, busca a deslegitimação de novas religiões perante a opinião pública e os sistemas jurídicos europeus. Embora seja uma organização guarda-chuva que reúne grupos e associações em diversos países, todos com a missão de monitorar, informar e combater o que consideram como "seitas", na prática o Fecris se alia com o fundamentalismo cristão, com atividades que se intersectam com os interesses do cristianismo conservador. Tudo o que o Fecris classifica como "sectário" ou "perigoso" é, na verdade, novos movimentos religiosos que desafiam a hegemonia do cristianismo estabelecido na Europa. Como resultado, os principais colaboradores e apoiadores do Fecris são cristãos fundamentalistas de extrema-direta que compartilham a visão de que as novas religiosidades são uma ameaça à ordem moral e à integridade social europeia (Fautré, 2021).

Além das ações políticas, a retórica antisseita é frequentemente marcada por uma abordagem sensacionalista e alarmista. Grupos antisseitas utilizam histórias de abuso, "lavagem cerebral" e exploração financeira como formas de gerar pânico moral na sociedade. Essa abordagem busca criar uma imagem negativa e homogênea dos novos movimentos religiosos, já alimentada pelo preconceito da cultura majoritária contra eles, independentemente das diferenças doutrinárias e práticas entre os diferentes grupos. Essa generalização serve ao propósito de simplificar o discurso e facilitar a aceitação de medidas restritivas por parte da sociedade e do Estado.

Segundo Barker (1989), a eficácia dessa retórica está em sua capacidade de tocar em medos e ansiedades sociais preexistentes, que são exacerbadas pelo próprio sistema capitalista e pelas inseguranças sociais provocadas pelo sistema econômico vigente. Ao associar as novas religiões a comportamentos desviantes ou patológicos, os grupos antisseitas conseguem mobilizar apoio popular para suas causas. Como pontua Melton (1992), a disseminação de informações alarmistas sobre as novas religiosidades não apenas influencia a opinião pública, mas também molda a forma como as instituições jurídicas e psiquiátricas lidam com essas religiões, muitas vezes resultando em intervenções que violam a liberdade religiosa.

Especificamente sobre "lavagem cerebral", Introvigne (2022) discute como apesar da maioria dos acadêmicos rejeitarem a ideia de "lavagem cerebral" como pseudociência, ela ainda é frequentemente usada na política e no jornalismo como uma explicação conveniente para a conversão de cidadãos aparentemente "normais" a ideologias diferentes da maioria. A teoria de "lavagem cerebral", que tem suas raízes no anticomunismo, evoluiu ao longo do tempo, passando por hipóteses de "hipnose científica" durante a Guerra Fria e sendo aplicada a movimentos religiosos classificados como "cultos" ou "seitas" pelos cristãos tradicionais. Embora rejeitada pela maioria dos cientistas da religião, a controvérsia em torno da "lavagem cerebral" persiste, com o termo ainda sendo usado em debates culturais e políticos contemporâneos.

Essa dinâmica de medo e controle reflete um embate entre a manutenção de uma ordem social estável, representada pelo cristianismo tradicional e os governos, e a emergência de novas formas de expressão religiosa que desafiam o *status quo*. Conforme afirma Introvigne (2022), o medo das seitas é, em grande parte, o medo do diferente, do que não se conforma às normas sociais e religiosas preexistentes. Essa aversão é explorada politicamente pelos grupos antisseitas para justificar ações que vão desde a vigilância até a repressão explícita.

Assim, a análise histórico-material revela uma dinâmica social paradoxal na adesão política dos novos movimentos religiosos. De um lado, enquanto muitos novos movimentos religiosos acabam sendo cooptados por ideologias fascistas, atraídos pelas promessas de protagonismo como heróis antissistema, quando o fascismo se concretiza enquanto fenômeno sociopolítico, ele engole e destrói as novas religiões, uma vez que elas eventualmente entram em conflito com a lógica de poder centralizador que o fascismo impõe. Assim, o que começa como uma aliança tática contra o *status quo* acaba por transformar-se em um processo de autoaniquilação, onde as novas religiões são eliminadas ou severamente reprimidas pelo mesmo sistema que, em sua ascensão, prometeu lhes dar voz.

Existem vários exemplos históricos do fascismo buscando apoio nas novas religiões, apenas para depois reprimir ou destruir esses movimentos quando não eram mais úteis.

Mussolini, que era ateu, demonstrou algum interesse inicial em movimentos esotéricos e ocultistas que eram populares entre certas elites culturais da época. Movimentos como o gruppo di Ur, o evolualismo, o raelianismo e a religio romana, que combinavam esoterismo com nacionalismo, viram no fascismo uma oportunidade para promover suas visões de um renascimento espiritual da nação. No entanto, conforme o regime de Mussolini se consolidou, Mussolini se tornou mais pragmaticamente alinhado à Igreja Católica para garantir o apoio popular e legitimidade religiosa, declarando o catolicismo como a única religião oficial da Itália. Assim, muitos desses grupos esotéricos que deram apoio à ascensão de Mussolini foram forçados à clandestinidade. Vários exemplos empíricos da relação entre novos movimentos religiosos diversos apoiando a ascensão do fascismo na Itália e depois sendo engolidos podem ser observados na obra de Turris (2006), *Esoterismo e fascismo*.

No caso alemão, a Sociedade Thule, uma organização esotérica e ultranacionalista, e vários grupos neopagãos desempenharam papel na formação do Partido Nazista de Adolf Hitler, algo amplamente documentado por Goodrick-Clark (2004). No início, o regime nazista incentivou certos aspectos do neopaganismo germânico como parte de sua agenda de resgatar uma "pureza ariana" pré-cristã. Heinrich Himmler, líder da tropa de proteção nazista (*Schutzstaffel*), era conhecido por seu interesse em tradições germânicas antigas e rituais neopagãos. No entanto, à medida que Hitler consolidou seu poder e o nazismo se tornou o regime dominante, o interesse em manter relações com esses movimentos diminuiu. Hitler começou a ver o ocultismo como uma ameaça ao controle centralizado do Estado, reprimindo grupos esotéricos e ocultistas, com muitas organizações sendo desmanteladas e seus líderes perseguidos ou eliminados. Ao tentar consolidar seu poder e manter a coesão interna, o regime nazista favoreceu um cristianismo de submissão, reprimindo qualquer forma de nova religião que pudesse desviar a lealdade do povo para longe do Estado.

No fascismo japonês, a religião tenri e a ōmoto foram inicialmente cooptadas pelo governo imperial japonês como ferramenta de controle social e propaganda. No entanto, quando os dois novos movimentos religiosos começaram a crescer e a atrair um número maior de seguidores, o regime imperial viu neles uma ameaça ao xintoísmo estatal, a religião oficial do Japão. Como resultado, Garon (1986, p. 273) menciona que o governo japonês passou a considerar as novas religiões como "religiões malignas" (*jakyō*), alinhando-as ao "comunismo" para que pudesse utilizar leis antiterrorismo contra esses grupos, destruindo o templo principal da ōmoto em 1935 e prendendo centenas de líderes religiosos. Mesmo a religião tenri tentando se alinhar ao máximo com o fascismo japonês para se manter reconhecida pelo imperador, o novo movimento religioso foi submetido a severas restrições, forçado a alinhar suas práticas com o xintoísmo e, eventualmente, reprimido por ser classificado como uma ameaça à ordem social e política do Japão imperial.

Embora usualmente estejam relacionados à extrema-direita e ao conservadorismo cristão, é importante reconhecer que dentro do próprio movimento antisseita há divergências sobre a melhor forma de lidar com as novas religiões. Enquanto alguns grupos defendem uma abordagem mais educativa e preventiva, outros optam por ações mais agressivas. Essas divisões internas refletem diferentes visões sobre o papel do Estado na regulação da liberdade religiosa e a dificuldade de equilibrar a proteção dos indivíduos com a garantia de direitos fundamentais, como a liberdade de crença. No contexto global, as campanhas antisseitas são também influenciadas por fatores culturais e políticos locais. Em países onde há uma forte mistura entre Estado e religião, como o Reino Unido, as campanhas contra os novos movimentos religiosos assumem uma dimensão adicional de proteção da identidade nacional. A Igreja Anglicana desempenha um papel central na definição do que é considerado aceitável em termos de prática religiosa aos ingleses, e movimentos que desafiam essa hegemonia são rapidamente categorizados como "seitas" e se tornam alvo de repressão, seja estatal, por vias judiciais e políticas, seja por campanhas financiadas de difamação na mídia.

Ademais, o impacto dessas campanhas não se restringe apenas às novas religiões, mas tem implicações mais amplas para a liberdade religiosa como um todo. Ao criar um ambiente de suspeita e medo em relação a qualquer expressão religiosa que não se encaixe no modelo dominante, as campanhas antisseitas desencadeiam uma intolerância mais ampla que leva à erosão das liberdades civis. Como observa Richardson (2004), a luta contra as seitas frequentemente se torna uma luta contra a liberdade religiosa em geral, minando os princípios fundamentais de uma sociedade pluralista. Por meio de estratégias políticas, retóricas alarmistas e alianças com governos direitistas e instituições tradicionais, esses grupos buscam restringir a liberdade religiosa e manter a hegemonia das religiões estabelecidas. A eficácia dessas campanhas depende da capacidade de mobilizar medos sociais preexistentes e de influenciar a legislação e a política pública, mas também enfrenta desafios internos e contradições inerentes ao próprio conceito de liberdade em sociedades modernas. Assim, o estudo dos movimentos antisseitas revela não apenas as tensões entre a liberdade e a ordem social, mas também os complexos mecanismos de poder que operam na interseção entre religião, política e sociedade, as quais possuem reflexo direto na possível sobrevivência ou morte dos novos movimentos religiosos nas sociedades em que se inserem.

Referências

ADOGAME, Afe. African new religious movements. In: CHRYSSIDES, George D.; ZELLER, Benjamin E. (eds.). *The Bloomsbury companion to new religious movements*. London; New York: Bloomsburry, 2014, pp. 235-251.

ALBUQUERQUE, Hugo. O banimento do TikTok nos Estados Unidos é pura geopolítica. *OperaMundi*, São Paulo, 28 abr. 2024. Disponível em: <https://operamundi.uol.com.br/opiniao/o-banimento-do-tiktok-nos-estados-unidos-e-pura-geopolitica/>. Acesso em: 30 abr. 2024.

ALP, Hakan. Embedded journalism within the framework of changing ownership structure of the media. *Journalism and Mass Communication*, Wilmington, v. 5, n. 6, pp. 255-262, 2015.

ALTHUSSER, Louis. Ideology and ideological state apparatuses. In: ALTHUSSER, Louis. Lenin and philosophy and other essays. New York: Monthly Review, 2001, pp. 85-126.

ALVES, Sabrina. *Ela muda tudo o que toca e tudo o que ela toca, muda:* a construção de uma nova espiritualidade a partir do corpo e das fases da vida. Dissertação (Mestrado em Ciência da Religião) – Pontifícia Universidade Católica de São Paulo, São Paulo, 2011.

AMARAL, Leia. New age spirituality. In: GOOREN, Henri (ed.). *Encyclopedia of Latin American religions*. Cham: Springer, 2019, pp. 1117-1121.

ARANTES, Flávio Lopes. *A "antiga religião" moderna*: uma análise fatorial da wicca de Gerald Gardner. Dissertação (Mestrado em Ciência da Religião) – Pontifícia Universidade Católica de São Paulo, São Paulo, 2023.

AUPERS, Stef; HOUTMAN, Dick. Beyond the spiritual supermarket: the social and public significance of New Age spirituality. In: SUTCLIFFE, Steven J.; GILHUS, Ingvild Sælid. *New Age spirituality:* rethinking religion. London: Routledge, 2014, pp. 174-196.

AUSET, Brandi. *The Goddess guide:* exploring the attributes and correspondences of the Divine feminine. Woodbury: Llewellyn, 2009.

BAIMA, Cesar. Manifesto mundial ataca uso da pseudociência na saúde. *Revista Questão de Ciência*, São Paulo, 19 out. 2020. Disponível em: <https://revistaquestaodeciencia.com.br/questao-de-fato/2020/10/19/medicos-e-cientistas-lancam-manifesto-mundial-contra-pseudociencia-na-saude>. Acesso em: 22 fev. 2024.

BAINBRIDGE, William Sims; STARK, Rodney. Client and audience cults in America. *Sociological Analysis*, [s.l.], v. 41, pp. 199-214, 1980.

BALLOUSSIER, Anna Virginia. Sem diploma, Damares já se apresentou como mestre em educação e direito: Após ser questionada sobre formação acadêmica, ministra diz que título é bíblico. *Folha de S. Paulo*, São Paulo, 31 jan. 2019, Governo Bolsonaro. Disponível em: <https://www1.folha.uol.com.br/poder/2019/01/sem-diploma-damares-ja-se-apresentou-como-mestre-em-educacao-e-direito.shtml>. Acesso em: 23 fev. 2024.

BARKER, Eileen. *New religious movements:* a pratical introduction. London: H. M. Stationery, 1989.

BARKER, Eileen. New religious movements: their incidence and significance. In: WILSON, Bryan; CRESSWELL, Jamie (eds.). *New religious movements:* challenge and response. London: Routledge, 1999. pp. 15-31.

BARKUN, Michael. *Religion and the racist right*. Chapel Hill: University of North Carolina Press, 2014.

BECKFORD, James A. New religious movements and globalization. In: LUCAS, Philip Charles; ROBBINS, Thomas (eds.). *New religious movements in the 21st century*. New York; London: Routledge, 2004, pp. 206-214.

BELLAH, Robert N. A nova consciência religiosa e a crise da modernidade. *Religião e Sociedade*, São Paulo, v. 13, n. 2, pp. 18-37, 1986.

BENJAMIN, Walter. Tese sobre o conceito de história. In: BENJAMIN, Walter. *Obras escolhidas*. v. 1: Magia e técnica, arte e política. Ensaios sobre literatura e história da cultura. São Paulo: Brasiliense, 1987, pp. 222-232.

BENTHALL, Jonathan. *Returning to religion:* why a secular age is haunted by faith. London: I. B. Tauris, 2008.

BERGER, Peter. *Dossel sagrado:* elementos para uma teoria sociológica da religião. 2. ed. São Paulo: Paulinas, 2004.

BERGER, Peter L; LUCKMANN, Thomas. *A construção social da realidade:* tratado de sociologia do conhecimento. 23. ed. Petrópolis: Vozes, 2003.

BERLET, Chip; LYONS, Matthew N. *Right-wing populism in America:* too close for comfort. New York: Guilford, 2016.

BOGDAN, Henrik. Western esotericism and new religious movements. In: LEWIS, James R.; TØLLEFSEN, Inga B. (eds.). The Oxford handbook of new religious movements. Oxford: Oxford University Press, 2016, pp. 455-468.

BOURDIEU, Pierre. Gênese e estrutura do campo religioso. BOURDIEU, Pierre. *A economia das trocas simbólicas*. 7. ed. São Paulo: Perspectiva, 2019, pp. 27-78.

BRASIL. Nota à imprensa n. 51. *Ministério das Relações Exteriores*, Brasília, 24 mar. 2022. Disponível em: <https://www.gov.br/mre/pt-br/canais_atendimento/imprensa/notas-a-imprensa/lancamento-balistico-pela-coreia-do-norte>. Acesso em: 27 jan. 2024.

BRASIL. *Política Nacional de Práticas Integrativas e Complementares no SUS:* PNPIC-SUS. Brasília: Ministério da Saúde, 2006.

BRASIL. *Censo da educação brasileira:* 1994. Brasília: Inep, 1994.

BRASIL. *Constituição da República dos Estados Unidos do Brasil de 18 de setembro de 1946*. Rio de Janeiro: Congresso Nacional, 1946.

BROMLEY, David G. As it was in the beginning: developmental moments in the emergence of new religions. In: LEWIS, James R.; TØLLEFSEN, Inga B. (eds.). *The Oxford handbook of new religious movements*. Oxford: Oxford University Press, 2016, pp. 98-113.

BROMLEY, David G. Charisma and leadership: charisma and charismatic authority in new religious movements. In: CHRYSSIDES, George D.; ZELLER, Benjamin E. (eds.). *The Bloomsbury companion to new religious movements*. London; New York: Bloomsburry, 2014, pp. 103-117.

BROWLEY, David G. (ed.). *Teaching new religious movements*. Oxford: Oxford University Press, 2007.

BROMLEY, David; SHUPE, Anson. 'Evolving foci in participant observation: research as an emergent process. In: SHAFFIR, William; TUROWITZ, Alan; STEBBINS, Robert (eds.). *Approaches to social research*. New York: St. Martin's, 1980, pp. 191-203.

BUDAPEST, Zsuzsanna E. *Grandmother moon:* lunar magic in our lives, spells, rituals, goddesses, legends, and emotions under the moon. San Francisco: Harper, 1991.

BURKE, Edmund. *Reflexões sobre a revolução na França*. São Paulo: Edipro, 2019.

BURNS, Dylan. The Chaldean oracles of Zoroaster, Hekate's couch, and platonic orientalism in Psellos and Plethon. *Aries*, Leiden, v. 6, n. 2, pp. 158-179, 2006.

CAMPBELL, Colin. The cult, the cultic milieu and secularization. In: HILL, Michael (ed.). *A sociological yearbook of religion in Britain*. London: SCM, 1972, p. 119-186.

CAMPBELL, Colin. *A ética romântica e o espírito do consumismo moderno*. Rio de Janeiro: Rocco, 2001.

CAMPBELL, Joseph; EISLER, Riane; GIMBUTAS, Marija; MUSÉS, Charles. *Todos os nomes da deusa*. Rio de Janeiro: Rosa dos Tempos, 1997.

CAMURÇA, Marcelo. Igreja Universal do Reino de Deus: entre o "plano de poder" e a lógica de minoria perseguida. *Religião e Sociedade*, Rio de Janeiro, v. 40, n. 1, pp. 43-66, 2020.

CANADA. *Education indicators:* 1994. Ottawa: Statistique Canada, 1994.

CAPRA. Fritjof. *O tao da física:* uma exploração dos paralelos entre a física moderna e o misticismo oriental. Lisboa: Presença, 1989.

CARPENTER, Robert T. The mainstreaming of alternative spirituality in Brazil. In: LUCAS, Philip Charles; ROBBINS, Thomas (eds.). *New religious movements in the 21st century*. New York; London: Routledge, 2004, pp. 173-186.

CASCARDO, Rafaela. Ex-deputada Flordelis é transferida para Bangu e ficará em cela comum. *Band Jornalismo*, São Paulo, 14 ago. 2021. Disponível em: <https://www.band.uol.com.br/noticias/ex-deputada-flordelis-e-transferida-para-bangu-e-ficara-em-cela-comum-16366038>. Acesso em: 23 fev. 2024.

CERIDWEN, Mavesper Cy. *Wicca Brasil*: guia de rituais das deusas brasileiras. São Paulo: Alfabeto, 2012.

CERQUEIRA, Claudia. Igreja como partido: a relação entre a Igreja Universal do Reino de Deus e os Republicanos. *Revista Brasileira de Ciências Sociais*, São Paulo, v. 36, n. 107, pp. 1-20, 2021.

CÉSAIRE, Aimé. *Discurso sobre o colonialismo*. São Paulo: Veneta, 2020.

CHAMPION, Françoise. Les sociologues de la post-modernité religieuse et la nébuleuse mystique ésotérique. *Archives des sciences sociales des religions*, Paris, n. 67, v. 2, pp. 155-169, 1989.

CHANTEPIE DE LA SAUSSAYE, Pierre Daniël. *História das religiões*. 2. ed. Lisboa: Inquérito, 1940

CHESNUT, R. Andrew. *Born again in Brazil:* the Pentecostal boom and the pathogens of poverty. New Brunswick: Rutgers University Press, 2003.

CHRIST, Carol P. *Laughter of Aphrodite:* reflections on a journey to the Goddess. New York: Harper & Row, 1987.

CHRYSSIDES, George D. Confraternity of Deists. In: CLARKE, Peter B. (ed.). *Encyclopedia of new religious movements*. London; New York: Routledge, 2005, pp. 141-142.

CHRYSSIDES, George D. Conversion. In: LEWIS, James R.; TØLLEFSEN, Inga B. (eds.). *The Oxford handbook of new religious movements*. Oxford: Oxford University Press, 2016, pp. 25-35.

CHRYSSIDES, George D.; ZELLER, Benjamin E. (eds.). *The Bloomsbury companion to new religious movements*. London; New York: Bloomsburry, 2014a.

CHRYSSIDES, George D.; ZELLER, Benjamin E. Opposition to NRMs. In: CHRYSSIDES, George D.; ZELLER, Benjamin E. (eds.). *The Bloomsbury companion to new religious movements*. London; New York: Bloomsburry, 2014b, pp. 163-178.

CLARKE, Peter B. (ed.). *Encyclopedia of new religious movements*. London; New York: Routledge, 2005a.

CLARKE, Peter B. Healing. In: CLARKE, Peter B. (ed.). *Encyclopedia of new religious movements*. London; New York: Routledge, 2005b, pp. 453-455.

CLARKE, Peter B. New age movement. In: CLARKE, Peter B. (ed.). *Encyclopedia of new religious movements*. London; New York: Routledge, 2005c, pp. 442-446.

CLARKE, Peter B. New religious movement. In: CLARKE, Peter B. (ed.). *Encyclopedia of new religious movements*. London; New York: Routledge, 2005d, pp. 453-455.

CLARKE, Peter B. Rastafari movement. In: CLARKE, Peter B. (ed.). *Encyclopedia of new religious movements*. London; New York: Routledge, 2005e, pp. 518-520.

CLARKE, Peter B. New religions and violence. In: CLARKE, Peter B. (ed.). *Encyclopedia of new religious movements*. London; New York: Routledge, 2005f, pp. 455-458.

COOMARASWAMY, Ananda Kentish. *Hinduism and Buddhism*. New York: Philosophical Library, 1943.

CORRÊA, Sonia; RODRIGUES, Carla. Apresentando TERFs, movimentos críticos de gênero e feminismos pós-fascistas. *Cadernos Pagu*, Campinas, n. 68, pp. 1-25; 2023.

COWAN, Douglas E. Teaching new religious movements on the World Wide Web. In: BROWLEY, David G. (ed.). *Teaching new religious movements*. Oxford: Oxford University Press, 2007, pp. 291-308.

CROWLEY, Karlyn. *Feminism's New Age:* gender, appropriation, and the afterlife of essentialism. New York: SUNY, 2011.

DA COSTA, Matheus Oliva. *Ciência da Religião Aplicada como o terceiro ramo da Religionswissenschaft:* História, análises e propostas de atuação profissional. Tese (Doutorado em Ciência da Religião) – Pontifícia Universidade Católica de São Paulo, São Paulo, 2019.

DA COSTA, Matheus Oliva. Ocidente/Oriente. In: USARSKI, Frank; TEIXEIRA, Alfred; PASSOS, João Décio (orgs.). *Dicionário de ciência da religião*. São Paulo: Paulinas; Loyola: Paulus, 2022, pp. 706-711.

D'ANDREA, Anthony. *O self perfeito e a Nova Era:* individualismo e reflexividade em religiosidades pós-tradicionais. São Paulo: Loyola, 2000.

DALY, Mary. *Gyn/Ecology:* the metaethics of radical feminism. Boston: Beacon, 2016.

DARWIN, Charles. *A origem das espécies*. São Paulo: Edipro, 2018.

DAWSON, Lorne L. Anti-modernism, modernism, and postmodernism: strugglinh with the cultural significance of new religious movements. *Sociology of Religion*, v. 59, pp. 131-156, 1998.

DAWSON, Lorne L. The meaning and significance of new religious movements. In: BROWLEY, David G. (ed.). *Teaching new religious movements*. Oxford: Oxford University Press, 2007, pp. 115-134.

DE AQUINO, Jessica Freire Pereira. Os estudos feministas e a wicca: novas pautas na bruxaria moderna. In: CONGRESSO LATINO-AMERICANO DE GÊNERO E RELIGIÃO, 7, 2021, São Leopoldo. *Anais* [...]. São Leopoldo: Faculdades EST, 2021, pp. 312-329.

DE LA TORRE, Renée. Religiosidades indo y afroamericanas y circuitos de espiritualidad new age. In: DE LA TORRE, Renée; GUTIÉRREZ ZUÑIGA, Cristina; HUET, Nahayeilly Juárez (coord.). *Variaciones y apropiaciones latinoamericanas del New Age*. México: Ciesas; Coljal, 2013, pp. 17-29.

DE ROSE, Isabel S. *Tata endy rekoe:* fogo sagrado: encontros entre os guarani, a ayahuasca e o caminho vermelho. Tese (Doutorado em Antropologia Social) – Universidade Federal de Santa Catarina, Florianópolis, 2010.

DE SANCTIS, Fausto Martins. *Churches temples, and financial crimes:* a judicial perspective of the abuse of faith. Cham: Springer, 2016.

DE TURIS. Gianfranco (org.). *Esoterismo e fascismo:* storia, interpretazioni, documenti. Roma: Mediterranee, 2006.

DI OLIVEIRA, Hélyda. *Espiritualidade holística:* contribuições da Universidade Internacional da Paz. Tese (Doutorado em Ciências da Religião) – Pontifícia Universidade Católica de Goiás, Goiânia, 2020.

DÍEZ DE VELASCO, Francisco. *Las nuevas religiones*. Madrid: Del Orto, 2000.

DIMITROV, Georgi Mikhailovich. *A luta pela unidade da classe operária contra o fascismo*. Moscou, 2 ago. 1935. Disponível em: <https://www.marxists.org/portugues/dimitrov/1935/fascismo/index.htm>. Acesso em: 30 maio 2024.

DURKHEIM, Émile. *As formas elementares da vida religiosa*. São Paulo: Martins Fontes, 2000.

EATWELL, Roger. *Fascism:* a history. London: Vintage, 2003.

ELIADE, Mircea. *Mito e realidade*. São Paulo: Perspectiva, 1994.

ELIADE, Mircea. *O sagrado e o profano*. São Paulo: Martins Fontes, 1992.

ELIADE, Mircea. *Imagens e símbolos*. São Paulo: Arcádia, 1979.

ELIADE, Mircea. *O mito do eterno retorno:* arquétipos e repetição. Lisboa: 70, 1978.

ELIADE, Mircea. *Yoga:* imortalidade e liberdade. São Paulo: Palas Athena, 1996.

EMERSON, Ralph Waldo. *The complete works of Ralph Waldo Emerson*. Berlim: e-artnow, 2018.

FAUTRÉ, Willy. FECRIS and affiliates: defamation is their DNA. *Forum for Religious Freedom Europe*, Viena. Anti-Cult Movement, 12 jul. 2021. Disponível em: <https://foref-europe.org/blog/2021/

07/12/fecris-and-affiliates-defamation-is-in-their-dna/>. Acesso em: 3 set. 2024.

FICINO, Marsilio. *Platonic theology:* volume 1. Cambridge: Harvard University Press, 2001.

FICINO, Marsilio. *Platonic theology:* volume 2. Cambridge: Harvard University Press, 2002.

FICINO, Marsilio. *Platonic theology*: volume 3. Cambridge: Harvard University Press, 2003.

FICINO, Marsilio. *Platonic theology:* volume 4. Cambridge: Harvard University Press, 2004.

FICINO, Marsilio. *Platonic theology:* volume 5. Cambridge: Harvard University Press, 2005.

FICINO, Marsilio. *Platonic theology:* volume 6. Cambridge: Harvard University Press, 2006.

FISHER, Mark. *Realismo capitalista:* é mais fácil imaginar o fim do mundo do que o fim do capitalismo. São Paulo: Autonomia Literária, 2020.

FOLK, Holly. Healing. In: CHRYSSIDES, George D.; ZELLER, Benjamin E. (eds.). *The Bloomsbury companion to new religious movements*. London; New York: Bloomsburry, 2014, pp. 307-312.

FORSEY, Caitlin Andrea. *How to become na advice guru:* the New Age spirit of entrepreneurial selfhood. Tese (Doutorado em Sociologia) – Universidade de British Columbia, Vancouver, 2015.

FREUD, Sigmund. *O futuro de uma ilusão*. São Paulo: L&PM, 2010.

FRISK, Liselotte. New Age participants in Sweden: background, beliefs, engagement and "conversion". In: ROTHSTEIN, Miakel; KRANENBURG, Reender (eds). *New religions in a postmodern world*. Aarhus: Aarhus University Press, 2003, pp. 241-256.

FRISK, Liselotte. Globalization. In: CHRYSSIDES, George D.; ZELLER, Benjamin E. (eds.). *The Bloomsbury companion to new religious movements*. London; New York: Bloomsburry, 2014, pp. 273-278.

FRISK, Liselotte; GILHUS, Ingvild Sælid; KRAFT, Siv Ellen. The New Age. In: LEWIS, James R.; TØLLEFSEN, Inga B. (eds.). *The Oxford handbook of new religious movements*. Oxford: Oxford University Press, 2016, pp. 469-481.

FULLER, Jean Overton. *Blavatsky and her teachers:* an investigative biography. Washington: East-West, 1988.

GABATZ, Celso. A importância do dinheiro no pentecostalismo: o caso da Igreja Internacional da Graça de Deus. *Protestantismo em Revista*, São Leopoldo, v. 28, pp. 120-130, 2012.

GALINIER, Jacques. Endo y exochamanismo en México: Doctrinas en disputa alrededor de la "espiritualidad étnica". In: DE LA TORRE, Renée; GUTIÉRREZ ZUÑIGA, Cristina; HUET, Nahayeilly Juárez (coord.). *Variaciones y apropiaciones latinoamericanas del New Age*. México: Ciesas; Coljal, 2013, pp. 105-116.

GEERTZ, Armin. Archaic ontology and White shamanism. *Religion*, London, v. 23, pp. 369-372, 1993.

GIUJMBELLI, Emerson. Literature in Portuguese on NMRs. In: CLARKE, Peter B. (ed.). *Encyclopedia of new religious movements*. London; New York: Routledge, 2005, pp. 367-370.

GOLDENBERG, Naomi. *Changing of the gods:* feminism and the end of traditional religions. Boston: Beacon, 1979.

GOODRICK-CLARK, Nicholas. *Sol negro:* cultos arianos, nazismo esotérico e políticas de identidade. São Paulo: Madras, 2004.

GOTTSCHALK, Petter. White-collar crime: Detection and neutralization in religious organizations. *International Journal of Police Science & Management*, Thousand Oaks, v. 19, n. 2, pp. 120-126, 2017.

GRANHOLM, Kennet. Researching esoteric groups. In: CHRYSSIDES, George D.; ZELLER, Benjamin E. (eds.). *The Bloomsbury companion to new religious movements*. London; New York: Bloomsburry, 2014, pp. 221-234.

GRAVES, Robert. *A deusa branca:* uma gramática histórica do mito poético. São Paulo: Bertrand Brasil, 2003.

GRIBBEN, Crawford. *Survival and resistance in evangelical America:* Christian reconstruction in the Pacific Northwest. Oxford: Oxford University Press, 2019.

GUÉNON, René. *A crise do mundo moderno*. São Paulo: Martins, 1948.

GUÉNON, René. *O reino da quantidade e os sinais dos tempos*. Lisboa: Dom Quixote, 1989.

GUERRIERO, Silas. *Novos movimentos religiosos*. São Paulo: Paulinas, 2006.

GUERRIERO, Silas. El proceso de resignificación de las religiones tradicionales y las nuevas corrientes espirituales en la sociedad brasileña. In: DE LA TORRE, Renée; GUTIÉRREZ ZUÑIGA, Cristina; HUET, Nahayeilly Juárez (coord.). *Variaciones y apropiaciones latinoamericanas del New Age*. México: Ciesas; Coljal, 2013, pp. 263-284.

GUERRIERO, Silas. The New Age ethos in Brazilian society. *International Journal of Latin American Religions*, v. 2, n. 2, pp. 221-233, 2018.

GUERRIERO, Silas. Magia. In: USARSKI, Frank; TEIXEIRA, Alfredo; PASSOS, João Décio (orgs.). *Dicionário de ciência da religião*. São Paulo: Paulinas; Loyola; Paulus, 2022, pp. 626-635.

GURGEL, Cristina Brandt Friedrich Martin. *Doenças e curas:* o Brasil nos primeiros séculos. São Paulo: Contexto, 2010.

HÄBERLEN, Joachim C. Spiritual politics: New Age and new left in West Germany around 1980. *European History Quartely*, Newbury Park, v. 51, n. 2, pp. 239-261, 2021.

HACKETT, Rosalind I. J. Prophets, "false prophets," and the African state. In: LUCAS, Philip Charles; ROBBINS, Thomas (eds.). *New religious movements in the 21st century*. New York; London: Routledge, 2004, pp. 121-145.

HAFNER, Katie; LYON, Matthew. *Where wizards stay up late:* the origins of the Internet. New York: Simon & Schuster, 1996.

HAKL, Hans Thomas. *Unknown sources:* national socialism and the occult. Edmonds: Holmes, 2000.

HALUPKA, Max. The Church of Scientology: legitimacy through perception management. *Politics and Religion*, Cambridge, v. 7, n. 3, pp. 613-630, 2014.

HAMANN, Johann Georg. *Socratic memorabilia*. Baltimore: Johns Hopkins, 1967.

HAMMAR, Richard R. Liability for ignoring donor's designations: churches must honor restricted contributions or esle risk refunding them. *Church Law & Tax*, 23 jun. 2015. Disponível em: <https://www.churchlawandtax.com/manage-finances/charitable-contributions/liability-for-ignoring-donors-designations/>. Acesso em: 15 jan. 2024.

HAMMER, Olav. Religious experiences in new religious movements. In: LEWIS, James R.; TØLLEFSEN, Inga B. (eds.). *The Oxford handbook of new religious movements*. Oxford: Oxford University Press, 2016, pp. 358-369.

HAMILTON, Malcolm. Easternization. In: CLARKE, Peter B. (ed.). *Encyclopedia of new religious movements*. London; New York: Routledge, 2005, pp. 173-177.

HANEGRAAFF, Wouter J. Definindo religião, apesar da história. *Religare*, João Pessoa, v.14, n.1, pp. 202-247, 2017.

HANEGRAAFF, Wouter J. Entheogenic esotericism. In. ASPREEM, Egil; GRANHOLM, Kennet (eds.). *Contemporary esotericism*. Slough: Acumen, 2012, pp. 292-409.

HANEGRAAFF, Wouter J. Prospects for the globalization of New Age: Spiritual imperialism versus cultural diversity. In: ROTHSTEIN, Mikael (ed.). *New Age religion and globalization*. Aarhus: Aarhus University Press, 2001, pp. 15-30.

HANEGRAAFF, Wouter J. *New Age religion and Western culture:* esotericism in the mirror of secular thought. Leiden: Brill, 1996.

HALL, John R. *Gone from the promised land:* Jonestown in American cultural history. New Brunswick: Transaction, 1987.

HEELAS, Paul. *Spiritualities of life:* Romantic themes and consumptive capitalism. Malden; Oxford: Blackwell, 2008.

HEELAS, Paul; WOODHEAD, Linda. *The spiritual revolution:* why religion is giving way to spirituality. Oxford: Blackwell, 2005.

HEELAS, Paul. The limits of consumption and the postmodern "religion" of the New Age. In: KEAT, Russell; WHITELEY, Nigel; ABERCROMBIE, Nicholas (eds.). *The autority of the consumer*. London: Routledge, 1994, pp. 94-107.

HEGEL, Georg Wilhelm Friedrich. *Fenomenologia do espírito*. 2. ed. Petrópolis: Vozes, 1992.

HEILER, Friedrich. *Prayer:* a study in the history and psychology of religion. Oxford: Oxford University Press, 1938.

HOBSBAWM, Eric John Ernest. Introduction: inventing traditions. In: HOBSBAWM, Eric John Ernest; RANGER, Terence Ousborn (Eds.). *The invention of tradition*. Cambridge, Cambridge University, 1983, p. 1-14.

HORIE, Norichika. Narrow New Age and broad spirituality: a comprehensive schema and a comparative analysis. In: SUTCLIFFE, Steven J.; GILHUS, Ingvild Sælid. *New Age spirituality:* rethinking religion. London: Routledge, 2014, pp. 99-116.

HUNT, Stephen. World of Faith Movement. In: CLARKE, Peter B. (ed.). *Encyclopedia of new religious movements*. London; New York: Routledge, 2005, pp. 690-691.

HUNT, Stephen. *Alternative religions:* a sociological introduction. Burlington: Ashgate, 2003.

HUXLEY, Aldous Leonard. *A filosofia perene:* uma interpretação dos grandes místicos do Oriente e do Ocidente. Rio de Janeiro: Biblioteca Azul, 2020.

IANNACCONE, Laurence R. Religious markets and the economics of religion. *Social Compass*, Louvain-la-Neuve, v. 39, n. 1, pp. 123-131, 1992.

IDEL, Moshe. *Mircea Eliade:* from magic to myth. Lausanne: Peter Lang, 2014

INTROVIGNE, Massimo. *Brainwashing*. Cambridge: Cambridge University Press, 2022.

INTROVIGNE, Massimo. Literature in Italian and Spanish on NRMs. In: CLARKE, Peter B. (ed.). *Encyclopedia of new religious movements*. London; New York: Routledge, 2005, pp. 357-362.

JAMES, William. *As variedades da experiência religiosa:* um estudo sobre a natureza humana. 2. ed. São Paulo: Cultrix, 2017.

JESPERS, Frans. From New Age to new spiritualities: secular sacralizations on the borders of religion. In: SUTCLIFFE, Steven J.; GILHUS, Ingvild Sælid. *New Age spirituality:* rethinking religion. London: Routledge, 2014, pp. 197-211.

JONES, Lindsay (ed.). *Encyclopedia of religion*. 2. ed.. Farmington: Thomson Gale, 2005.

JORGENSEN, Danny L. The esoteric community: an ethnographic investigation on the cultic milieu. *Journal of Contemporary Ethnography*, Thousand Oaks, v. 10, n. 4, pp. 383-407, 1982.

KAHNEMAN, Daniel. *Thinking, fast and slow*. New York: Farrar, Straus & Giroux, 2011.

KAPLAN, Jeffrey. *Radical religion in America:* millenarian movements from the far right to the Children of Noah. Syracuse: Syracuse University Press, 1997.

KAPLAN, Jeffrey; LÖÖW, Heléne (eds.). *The cultic milieu:* oppositional subcultures in an age of globalization. Walnut Creek: Altamira, 2002, pp. 193-210.

KIERKEGAARD, Søren. *A doença para a morte*. Petrópolis: Vozes, 2022.

KLEIMANN, Arthur. Concepts and models for a comparison of medical systems as cultural systems. *Social Science and Medicine*, Amsterdã, v. 12, pp. 85-93, 1993.

KNIGHTON, Ben. Maji maji. In: CLARKE, Peter B. (ed.). *Encyclopedia of new religious movements*. London; New York: Routledge, 2005, pp. 385-387.

KRIS, Karina Babuch. *Espiritualidade feminina e transformações no campo religioso:* um estudo sobre círculos de mulheres no Brasil sob a influência do feminismo e da nova era. Dissertação (Mestrado em Ciência da Religião) – São Paulo, Pontifícia Universidade Católica de São Paulo, 2023.

LAPLANTINE, François. *Antropologia da doença*. 4. ed. São Paulo: WMF Martins Fontes, 2010.

LAPLANTINE, François; RABEYRON, Paul-Louis. *Medicinas paralelas*. São Paulo: Brasiliense, 1989.

LAMBU, Ibrahim Badamasi. Belief without Faith: the effect of the business of religion in Kano state, Nigeria. In: BRUNN, Stanley D. (ed.). *The changing world religion map:* sacred places, identities, practices and politics. Dordrecht: Springer, 2018, pp. 1125-1135.

LAYCOCK, Douglas. Towards a general theory of the religion clauses: the case of church labor relations and the right to church autonomy. *Columbia Law Review*, Columbia, v. 81, n. 7, pp. 1373-1417, 1981.

LEÃO, Ana Letícia. Grupo de cientistas questiona cobertura do SUS para tratamento com homeopatia: Movimento que tirou tratamento com diluição do sistema público de saúde no Reino Unido e na Austrália inspira iniciativa semelhante no Brasil. *O Globo*, Rio de Janeiro, 23 dez. 2019, Saúde. Disponível em: <https://oglobo.globo.com/saude/grupo-de-cientistas-questiona-cobertura-do-sus-para-trata mento-com-homeopatia-1-24154876>. Acesso em: 22 fev. 2024.

LEITE, Ana Luisa Prosperi. Neoxamanismo na América Latina. *Último Andar*, São Paulo, n. 29, pp. 204-217, 2016.

LENIN, V. *Imperialismo:* fase superior do capitalismo. 2. ed. São Paulo: Global, 1982.

LEWIS, James R. Seekers and subcultures. In: LEWIS, James R.; TØLLEFSEN, Inga B. (eds.). *The Oxford handbook of new religious movements*. Oxford: Oxford University Press, 2016, pp. 60-71.

LEWIS, James R. Violence. In: CHRYSSIDES, George D.; ZELLER, Benjamin E. (eds.). *The Bloomsbury companion to new religious movements*. London; New York: Bloomsburry, 2014, pp. 149-162.

LEWIS, James R.; DOBROWOLSKI, Ellen. Native American prophet religions. In: LEWIS, James R.; TØLLEFSEN, Inga B. (eds.). *The Oxford handbook of new religious movements*. Oxford: Oxford University Press, 2016, pp. 495-515.

LEWIS, James R.; TØLLEFSEN, Inga Bårdsen (eds.). *The Oxford handbook of new religious movements*. Oxford: Oxford University Press, 2016.

LEWIS, James R.; TØLLEFSEN, Inga Bårdsen (eds.). Gender and Paganism in census and survey data. *The Pomegranate*, Sheffield, v. 15, n. 1-2, pp. 61-78, 2013.

LI, En. Chromatin modification and epigenetic reprogramming in mammalian development. *Nature Reviews Genetics*, v. 3, n. 9, pp. 662-637, 2002.

LOHMAN, Kirsty; WORLEY, Matthew. Bloody revolutions, fascist dreams, anarchy and peace: Crass, Rondos and the politics of punk, 1977–84. *Britain and the World:* Historical Journal of the British Scholar Society, London, v. 11, n. 1, pp. 51-74, 2018.

LÖÖW, Heléne. The idea of purity: The Swedish racist counterculture, animal rights and environmental protection. In: KAPLAN, Jeffrey; LÖÖW, Heléne (eds.). *The cultic milieu:* oppositional subcultures in an age of globalization. Walnut Creek: Altamira, 2002, pp. 193-210.

LYON, David. *Jesus in Disneyland:* religion in postmodern. Cambridge: Polity, 2000.

MAGNANI, José Guilherme Cantor. El movimiento new age y El chamanismo urbano em Brasil. In: DE LA TORRE, Renée; GUTIÉRREZ ZUÑIGA, Cristina; HUET, Nahayeilly Juárez (coord.). *Variaciones y apropiaciones Latinoamericanas del New Age*. México: Ciesas; Coljal, 2013, pp. 17-29.

MAGNANI, José Guilherme Cantor. *O Brasil da Nova Era*. Rio de Janeiro: Jorge Zahar, 2000.

MAGNANI, José Guilherme Cantor. *Mystica urbe:* um estudo antropológico sobre o circuito neoesotérico na metrópole. São Paulo: Studio Nobel, 1999.

MAIN, Roderick. Jung, Carl (b. 1875; d. 1961). In: CLARKE, Peter B. (ed.). *Encyclopedia of new religious movements*. London; New York: Routledge, 2005, pp. 320-321.

MARTINS, Leonardo Breno. *Na trilha dos alienígenas:* uma proposta psicológica integrative sobre experiências "ufológicas" e "paranormais". Tese (Doutorado em Psicologia) – Universidade de São Paulo, São Paulo, 2015.

MARTINS, Leonardo Breno. Naves espaciais, reencarnação e transmutação: a libertação do sofrimento em movimentos religiosos brasileiros contemporâneos. *Interações*, Belo Horizonte, v. 9, n. 16, pp. 330-349, 2014.

MARTINS, Paulo Henrique. As terapias alternativas e a libertação dos corpos. In: CAROZZI, María Julia (org.). *A Nova Era no Mercosul*. Petrópolis: Vozes, 1999, pp. 80-105.

MARX, Karl. *O capital:* crítica da economia política: livro primeiro: o processo de produção do capital. São Paulo: Nova Cultura, 1996.

MASOGA, Mogomme Alpheus. Chasing the Wind amidst roaring lions! Problematisation of religiosity in the current South African socio-political and economic landscape. *Theologia Viatorum*, Cape Town, v. 40, n. 1, pp. 68-89, 2016.

MASLOW, Abraham Harold. *Motivation and personality*. New York: Harper & Row, 1981.

MAYER, Jean-François. The role of the Internet. In: CHRYSSIDES, George D.; ZELLER, Benjamin E. (eds.). *The Bloomsbury companion to new religious movements*. London; New York: Bloomsburry, 2014, pp. 285-289.

McCANN, Sean; SZALAY, Michael. Do you believe in magic? Literacy thinking after the New Left. *The Yale Journal of Criticism*, New Haven, v. 18, n. 2, pp. 435-468, 2005.

McCULLY, Matthew. Religion, neuroscience, and the rationality of religious belief. *Journal of Cognition and Culture*, Leiden, v. 8, n. 1, pp. 89-116, 2008.

MEADE, Marion. *Madame Blavatsky:* the woman behind the myth. New York: Open Road, 2012.

MELTON, J. Gordon. *Encyclopedic handbook of cults in America*. New York: Taylor & Francis, 1992.

MELTON, J. Gordon. Introducing and defining the concept of a new religion. In: BROWLEY, David G. (ed.). *Teaching new religious movements*. Oxford: Oxford University Press, 2007, pp. 29-40.

MILITÃO, Eduardo. Igreja ligada a deputado pró-anistia de templos tem R$ 162 mil em dívida. *UOL*, Brasília, Política, 22 abr. 2021. Disponível em: <https://noticias.uol.com.br/politica/ultimas-noticias/2021/04/22/igreja-graca-deputado-david-soares-perdao-divida-impostos-igrejas-bolsonaro.htm>. Acesso em: 15 jan. 2024.

MORAES, Maria Regina Cariello. *A reinvenção da acupuntura:* estudo sobre a transplantação da acupuntura para contextos ocidentais e adoção na sociedade brasileira. 2007. 248 f. Dissertação (Programa de Pós-Graduação em Ciências da Religião) – Pontifícia Universidade Católica de São Paulo, São Paulo, 2007.

MOZOTA, Jorge Garris. Stalingrado (1942-1943): La gran batalla ideological de la Segunda Guerra Mundial. In: CORRALES, Magdalena de Pazzis Pi; MAYÁNS, Ana Sanz de Bremond; SÁNCHEZ, Carlos Díaz (Orgs). *La batalla:* Análisis históricos y militares. Madrid: Ministerio de Defensa, 2020, pp. 1089-1136.

MÜLLER, F. Max. *Introduction to the science of religion*: four lectures delivered at the Royal Institute in February and May, 1870. London: Longmans, Green and Co., 1882

MURPHY, Bren Ortega; HARDER, Jeffery Scott. 1960s Counterculture and the legacy of American myth: a study of three films. *Canadian Review of American Studies*, Toronto, v. 23, n. 2, pp. 57-78, 1992.

MURPHY, Timothy M. Ciência da religião como discurso colonialista: o caso de Rudolf Otto. *Rever*, São Paulo, v. 18, n. 1, pp. 329-349, 2018.

NARWANI, Sharmine. "We have a major Tiktok problem". *X*, 16 nov. 2023. Disponível em: <https://x.com/snarwani/status/1725138601996853424>. Acesso em: 28 abr. 2024.

NEMO, Philippe. *O que é Ocidente?* São Paulo: Martins Fontes, 2005.

NEVES, Afonso Carlos. Conceito ampliado de saúde. In: BLOISE, Paulo (org.). *Saúde integral:* a medicina do corpo, da mente e o papel da espiritualidade. São Paulo: Senac, 2011, p. 23-35.

NEWBERG, Andrew; D'AQUILI, Eugene. *Why God won't go away?* Brain science and the biology of belief. New York: Ballantine, 2001.

NORMAN, Alex. Travel and new religious movements. In: CHRYSSIDES, George D.; ZELLER, Benjamin E. (eds.). *The Bloomsbury companion to new religious movements*. London; New York: Bloomsburry, 2014, pp. 313-318.

OLIVEIRA, Nathália; RIBEIRO, Eduardo. O massacre negro brasileiro na guerra às drogas: reflexões sobre raça, necropolítica e o controle de psicoativos a partir da construção de uma experiência negra. *SUR:* Revista Internacional de Direitos Humanos, São Paulo, v. 15, n. 28, pp. 35-43, 2018.

OMENYO, Cephas N. African independent churches. In: CLARKE, Peter B. (ed.). *Encyclopedia of new religious movements*. London; New York: Routledge, 2005a, pp. 7-9.

OMENYO, Cephas N. Azusa Street Revival. In: CLARKE, Peter B. (ed.). *Encyclopedia of new religious movements*. London; New York: Routledge, 2005b, pp. 53-54.

OTTO, Rudolf. *O sagrado:* os aspectos irracionais na noção do divino e sua relação com o racional. São Leopoldo: Sinodal; Petrópolis, Vozes, 2007.

ÖSTLING, Erik A. W. What does God need with a starship? UFOs and extraterrestrials in the contemporary religious landscape. In: LEWIS, James R.; TØLLEFSEN, Inga B. (eds.). *The Oxford handbook of new religious movements*. Oxford: Oxford University Press, 2016, pp. 417-430.

PALMER, Susan J.; BROMLEY, David G. Deliberate heresies: new religious myths and rituals as critiques. In: BROWLEY, David G. (ed.). *Teaching new religious movements*. Oxford: Oxford University Press, 2007, pp. 135-158.

PARTRIDGE, Christopher. *The re-enchantment of the West:* alternative spiritualities, sacralization, popular culture, and occulture. Edinburgh: T&T Clark, 2004.

PARTRIDGE, Christopher. UFO religions. In: CHRYSSIDES, George D.; ZELLER, Benjamin E. (eds.). *The Bloomsbury companion to new religious movements*. London; New York: Bloomsburry, 2014, pp. 207-220.

PASI, Marco. Theosophy and anthroposophy in Italy during the first half of the twentieth century. *Theosophical history*, Fullerton, v. 16, n. 2, pp. 81-119, 2012.

PEARSON, Jo. Neo-paganism. In: CLARKE, Peter B. (ed.). *Encyclopedia of new religious movements*. London; New York: Routledge, 2005, pp. 436-438.

PESSOA JR. Osvaldo. Misticismo quântico. In: FREIRE JR., Olival; PESSOA JR., Osvaldo; BROMBERG, Joan Lisa. *Teoria quântica:* estudos históricos e implicações culturais. Campina Grande: EEDUEPB, 2011, pp. 281-302.

PIKE, Sarah M. Genter in new religions. In: BROWLEY, David G. (ed.). *Teaching new religious movements*. Oxford: Oxford University Press, 2007, pp. 211-230.

PLATÃO. *A república*. 3. ed. Belém: Editora da UFPA, 2000.

PORTER, Jennifer E. Extraterrestrials. In: CLARKE, Peter B. (ed.). *Encyclopedia of new religious movements*. London; New York: Routledge, 2005, pp. 199-200.

POSSAMAI, Adam. *Religion and popular culture*. Brussels: Peter Lang, 2005.

PRIETO, Claudiney. *Todas as deusas do mundo*. São Paulo: Gaia, 2003.

PUTTICK, Elizabeth. Native American religion. In: CLARKE, Peter B. (ed.). *Encyclopedia of new religious movements*. London; New York: Routledge, 2005a, pp. 431-432.

PUTTICK, Elizabeth. Pyschosynthesis. In: CLARKE, Peter B. (ed.). *Encyclopedia of new religious movements*. London; New York: Routledge, 2005b, pp. 502-504.

PUTTICK, Elizabeth. Chopra, Deepak. In: CLARKE, Peter B. (ed.). *Encyclopedia of new religious movements*. London; New York: Routledge, 2005c, pp. 113-114.

PUTTICK, Elizabeth. Holistic health movement. In: CLARKE, Peter B. (ed.). *Encyclopedia of new religious movements*. London; New York: Routledge, 2005d, pp. 271-273.

PUTTICK, Elizabeth. Rajneesh Movement. In: CLARKE, Peter B. (ed.). *Encyclopedia of new religious movements*. London; New York: Routledge, 2005e, pp. 512-514.

REIS, Widson Porto. A pseudociência nas universidades brasileiras. CONFERÊNCIA IBEROAMERICANA SOBRE PENSAMENTO CRÍTICO, 1, 2005, Buenos Aires. *Anais eletrônicos* [...].

RICHARDSON, James T. Coversion and brainwashing: controversies and contrasts. In: CHRYSSIDES, George D.; ZELLER, Benjamin E. (eds.). *The Bloomsbury companion to new religious movements*. London; New York: Bloomsburry, 2014, pp. 89-101.

RICHARDSON, James T. (ed.). *Regulating religion:* cases studies from around the globe. London; New York: Springer, 2004.

ROBERTS, Kim. Bankruptcy case forces churches to repay hundreds of thousands of dollars in donations: the federal bankruptcy laws don't protect churches and nonprofits from trustes seeking to claw back donated money. *Ministry Watch*, 22 dez. 2023. Disponível em: <https://ministrywatch.com/bankruptcy-case-forces-churches-to-repay-hundreds-of-thousands-of-dollars-in-donations/>. Acesso em: 15 jan. 2024.

ROBERTSON, David G. Conspiracy theories and the study of alternative and emergent religions. *Nova Religio:* The Journal of Alternative and Emergent Religions, Berkeley, v. 19, n. 2, pp. 5-16, 2015.

ROBBINS, Thomas; ANTHONY, Dick. Cults, porn, and hate: convergent discourses on First Amendment restriction. In: LUCAS, Phillip Charles; ROBBINS, Thomas (eds.). *New religious movements in the twenty-first century*: legal, political and social challenges in global perspective. New York; London: Routledge, 2004, pp. 271-280.

ROBBINS, Thomas; HALL, John R. New religious movements and violence. In: BROWLEY, David G. (ed.). *Teaching new religious movements*. Oxford: Oxford University Press, 2007, pp. 245-270.

ROCHA, Camila. O *boom* das novas direitas brasileiras: financiamento ou militância? In: TELES, Edson (org.). *O ódio como política:* a reionvenção das direitas no Brasil. Boitempo, 2018, pp. 47-52.

ROCHFORD JR., E. Burke. Social building blocks on new religious movements: organization and leadership. In: BROWLEY, David G. (ed.). *Teaching new religious movements*. Oxford: Oxford University Press, 2007, pp. 159-185.

RODRÍGUEZ, María Teresa. Las trece abuelas Del mundo: um ejemplo de chamanismo cosmopolita. In: DE LA TORRE, Renée; GUTIÉRREZ ZUÑIGA, Cristina; HUET, Nahayeilly Juárez (coord.). *Variaciones y apropiaciones latinoamericanas del New Age*. México: Ciesas; Coljal, 2013, pp. 74-89.

ROGERS, Carl. *On becoming a person:* a therapist's view of psychotherapy. New York: Harper Collins, 2012.

ROOF, Wade Clark; McKINNEY, William. *American mainline religion:* its changing shape and future. New Brunswick: Rutgers University Press, 1992.

ROSE, Stuart. *Transforming the world:* bringing the New Age into focus. Bern: Peter Lang, 2005.

ROTHSTEIN, Mikael. Family, The. In: CLARKE, Peter B. (ed.). *Encyclopedia of new religious movements*. London; New York: Routledge, 2005, pp. 205-206.

ROUSSEAU, Jean-Jacques. *Discurso sobre a origem e os fundamentos da desigualdade entre os homens*. Brasília: Editora UnB, 1989.

RUSSELL, Jeffrey B.; ALEXANDER, Brooks. *História da bruxaria*. 2. ed. São Paulo: Aleph, 2019.

RYAN, Alexandra. Wilber, Ken. In: CLARKE, Peter B. (ed.). *Encyclopedia of new religious movements*. London; New York: Routledge, 2005, pp. 684-685.

SAID, Edward W. *Orientalismo:* o Oriente como invenção do Ocidente. São Paulo: Cia das Letras, 1990.

SAKAMOTO, Leonardo. No Brasil de Bolsonaro, famintos crescem 73% enquanto bilionários, 48%. *UOL*, São Paulo, 9 jun. 2022. Disponível em: <https://noticias.uol.com.br/colunas/leonardo-sakamoto/2022/06/09/brasil-que-passa-fome-cresceu-73-e-o-que-tem-mais-de-us-1-bi-subiu-48.htm>. Acesso em: 12 mar. 2024.

SALER, Benson; ZIEGLER, Charles A.; MOORE, Charles B. *UFO crash at Roswell:* the genesis of a modern myth. Washington: Smithsonian Institution, 2010.

SALIBA, John. A. Disciplinary perspectives on new religious movements: views from the humanities and social sciences. In: BROWLEY, David G. (ed.). *Teaching new religious movements*. Oxford: Oxford University Press, 2007, pp. 41-63.

SALIBA, John A. *Christian responses to the New Age movement:* a critical assessment. London: Geoffrey Chapman, 1999.

SALIBA, John A. *Perspectives on new religious movements*. London: Bloomsbury, 2016.

SCHUON, Frithjof. *A unidade transcendente das religiões*. São Paulo: Irget, 2011.

SCOTT, Eric O. The pagan imperative of transgender rights. *The wild hunt:* pagan news & perspectives, [s.l.], 13 jun. 2020. Disponível em: <https://wildhunt.org/2020/06/editorial-the-pagan-imperative-of-transgender-rights.html>. Acesso em: 21 dez. 2023.

SDS. *The Port Huron statement*. New York: Students for a Democratic Society, 1962.

SERRES, Michel. *Hominescências:* o começo de outra humanidade? Rio de Janeiro: Bertrand Brasil, 2003.

SHARPE, Eric J. *Comparative religion:* a history. 2. ed. London: Duckworth, 1986.

SHERKAT, Darren E. Counterculture or continuity? Competing influences on baby boomers' religious orientations and participation. *Social Forces*, Oxford, v. 76, n. 3, pp. 1087-1114, 1998.

SIGOLO, Renata Palandri. Homeopatia, medicina alternativa: entre contracultura, Nova Era e oficialização (Brasil, décaca de 1970). *História, Ciências, Saúde*, Manguinhos, v. 26, n. 4, pp. 1317-1335, 2019.

SILVEIRA, João Cláudio. Pode ou não pode: demitir um trabalhador por causa de prática religiosa. *Notícias do Tribunal Superior do Trabalho*, Brasília, 21 set. 2017. Disponível em: <https://www.tst.jus.br/-/pode-ou-nao-pode-demitir-um-trabalhador-por-causa-de-pratica-religiosa>. Acesso em: 8 fev. 2024.

SINGER, Margaret Thaler. *Cults in our midst:* the continuing fight against their hidden menace. rev. ed. San Francisco: Jossey-Bass, 2003.

SIQUEIRA, Deis. Psicologização das religiões: religiosidade e estilo de vida. *Sociedade e Estado*, Brasília, v. 14, n. 1, pp. 89-126, 1999.

SIQUEIRA, Gabriel Dread. Mapeamento de ecovilas e comunidades alternativas no Brasil. *Irradiando Luz*, 8 out. 2015. Disponível em: <https://irradiandoluz.com.br/2015/10/ecovilas-e-comunida des-no-brasil.html>. Acesso em: 14 mar. 2024.

SPENCER, Herbert. *Social statics:* the conditions essential to human happiness specified, and the first of them developed. New York: LLC, 2021.

SPRETNAK, Charlene. *The resurgence of the real:* body, nature, and place in a hypermodern world. Boston: Addison-Wesley, 1997.

STAEMMLER, Birgit. Japanese NRMs. In: CHRYSSIDES, George D.; ZELLER, Benjamin E. (eds.). *The Bloomsbury companion to new religious movements*. London; New York: Bloomsburry, 2014, pp. 53-56.

STARHAWK. *A dança cósmica das feiticeiras:* o renascimento da consciência espiritual feminista e da religião da Grande Deusa. São Paulo: Pensamento, 2021.

STARK, Rodney. *The rise of Mormonism.* New York: Columbia University Press, 1996.

STARK, Rodney; BAINBRIDGE, William Sims. *The future of religion*. Berkeley: University of California Press, 1985.

STARK, Rodney; BAINBRIDGE, William Sims. *Uma teoria da religião*. São Paulo: Paulinas, 2008.

STAUDENMAIER, Peter. *Between occultism and nazism*: Anthroposophy and the politics of race in the fascist era. Leiden: Brill, 2014.

STEINER, Rudolf. *Economia e sociedade à luz da ciência espiritual*. São Paulo: Antroposófica, 2007.

STERN, Fábio L. *A naturologia no Brasil:* histórico, contexto, perfil e definições. São Paulo: Entrelugares, 2017.

STERN, Fábio L. Shamanic medicine in Brazilian naturology: influences and origins. *Annali di studi religiosi*, Trento, n. 20, p. 323-352, 2019.

STERN, Fábio L. Sexualidade à luz da religião na modernidade. In: SOUZA, Humberto da Cunha Alves; JUNQUEIRA, Sérgio Rogério Azevedo (orgs.). *Caminhos da pesquisa em diversidade sexual e de gênero:* olhares in(ter)disciplinares. Curitiba: IBDSEX, 2020, pp. 272-282.

STERN, Fábio L. Liberdade para quem? Os 200 anos da "independência" do Brasil e a religião. *Ciberteologia*, São Paulo, v. 18, n. 68, pp. 140-168, 2022a.

STERN, Fábio L. Proselitismo. In: USARSKI, Frank; TEIXEIRA, Alfred; PASSOS, João Décio (orgs.). *Dicionário de ciência da religião*. São Paulo: Paulinas, Loyola, Paulus, 2022b, pp. 754-757.

STERN, Fábio L.; GUERRIERO, Silas. Body in Brazilian New Age ethos. *International Journal of Latin American Religions*, Cham, v. 6, n. 2, pp. 135-147, 2022

STERN, Fábio L.; GUERRIERO, Silas. Evangelical coaching: New Age elements in Brazilian Charismatic Christianity. *International Latin American Studies Review*, Varsóvia, n. 6, pp. 63-82, 2020.

STERN, Fábio L.; HIDA, Ricardo Bueno. Posicionamento político do Movimento da Nova Era no Brasil: o caso de Luiz Antonio Gasparetto. *Caminhos*, Goiânia, v. 20, n. 3, pp. 383-406, 2022.

STERN, Fábio L.; MILANI, Bianca de Fiori. Análise de bibliografias antroposóficas de Rudolf Steiner por meio da metodologia de Benthall para religiões implícitas. *Revista de Estudios Históricos de la Masonería Latinoamericana y Caribeña*, San José, v. 9, n. 1, pp. 181-207, 2017.

STMISKA, Michael E. Modern paganism in world cultures: comparative perspectives. In: STMISKA, Michael E. *Modern paganism in world cultures:* comparative perspectives. Santa Bárbara; Denver; Oxford: ABC-Clio, 2005, pp. 1-54.

STRUGATSKY, Arkady; STRUGATSKY, Boris. *Obitaemyy ostrov*. Moscou: Molodaya Gvardiya, 1969.

SUTCLIFFE, Steven J. New Age, world religions and elementary forms. In: SUTCLIFFE, Steven J.; GILHUS, Ingvild Sælid. *New Age spirituality:* rethinking religion. London: Routledge, 2014, pp. 17-34.

SUTCLIFFE, Steven J. Rosicrusians at large: radical versus qualified invention in the cultic milieu. *Culture and religion*, London, v. 14, n. 4, pp. 424-444, 2013.

SUTCLIFFE, Steven J. Findhorn community. In: CLARKE, Peter B. (ed.). *Encyclopedia of new religious movements*. London; New York: Routledge, 2005, pp. 209-211.

SZTUTMAN, Renato. Reativas a feitiçaria e outras receitas de resistência: pensando com Isabelle Stengers. *Revista do Instituto de Estudos Brasileiros*, São Paulo, n. 69, pp. 338-360, 2018.

TAYLOR, Charles. *The ethics of authenticity*. Cambridge: Harvard University Press, 1991.

TAYLOR, Robert Joseph; CHATTERS, Linda M.; BROWN, R. Khari. African American religious participation. *Review of Religious Research*, Thousand Oaks, v. 56, n. 4, pp. 513-538, 2014.

TEITELBAUM, Benjamin R. *War for eternity:* the return of traditionalism and the rise of the populist right. London: Penguin, 2020.

TEIXEIRA, Diogo Virgilio. Self, energia e corporalidade. In: STERN, Fábio L.; GUERRIERO, Silas (orgs.). *Terapias holísticas:* uma análise do sistema médico da nova era. São Paulo: Educ, 2020, pp. 63-78.

TELESCO, Patricia. *365 Goddess:* a daily guide to the magic and inspiration of the Goddess. San Francisco: HarperOne, 1998.

TIELE, Cornelis Petrus. Concepção, objetivo e método da ciência da religião. *Rever*, São Paulo, v. 18, n. 3, pp. 217-228, 2018.

TROELTSCH, Ernst. *The social teaching of the Christian churches*. London: Allen & Unwin, 1931.

TRZEBIATOWSKA, Marta; BRUCE, Steve. *Why are women more religious than men?* Oxford: Oxford University Press, 2012.

ȚURCANU, Florin. *Mircea Eliade:* le prisonnier de l'histoire. Paris: Découverte, 2003.

USARSKI, Frank. O budismo de imigrantes japoneses no âmbito do budismo brasileiro. *Horizonte*, Belo Horizonte, v. 14, n. 43, pp. 717-739, 2016.

VON HERDER, Johann Gottfried. *Outlines of a philosophy of the history of man*. Scotts Valley: CreateSpace, 2016.

VON SCHELLING, Friedrich Wilhelm Joseph. *Investigações filosóficas sobre a essência da liberdade humana e assuntos relacionados*. Lisboa: 70, 1993.

WALBRIDGE, John. *The wisdom of the mystic East:* Suhrawardī and Platonic Orientalism. Albany: Suny Press, 2001.

WALLIS, Roy. *The elementary forms of the new religious life*. London: Routledge, 1984.

WALSH, Michael. Opus Dei. In: CLARKE, Peter B. (ed.). *Encyclopedia of new religious movements*. London; New York: Routledge, 2005, pp. 470-471.

WEBER, Max. *A ética protestante e o espírito do capitalismo*. São Paulo: Martin Claret, 2013.

WEBER, Max. *Economia e sociedade*: fundamentos da sociologia compreensiva. v. 1, 4. ed. Brasília: Editora da UnB, 2012.

WEBER, Max. *Sociologia das religiões*. Lisboa: Relógio D'Água, 2006.

WEBER, Max. *Die Wirtschaftsethik der Weltreligionen*. Tübingen: Mohr, 1996.

WESSON, Donald R. Psychedelic drugs, hippie counterculture, speed and phenobarbital treatment of sedative-hypnotic dependence: a journey to the Haight Ashbury in the sixties. *Journal of Psychoactive Drugs*, London, v. 43, n. 2, pp. 153-164, 2011.

WHO. *General guidelines for methodologies on research and evaluation of traditional medicine*. Geneva: WHO, 2000.

WHO. *WHO tradicional medicine strategy:* 2014-2023. Geneva: WHO, 2013.

WILBER, Ken. *Éden:* queda ou ascensão? Rio de Janeiro: Verus, 2010.

WITTE JR., John. Tax exemption of church property: historical anomaly of valid constitutional practice? *Southern California Law Review*, Los Angeles, v. 64, n. 2, pp. 363-415, 1991.

WOODHEAD, Linda; HEELAS, Paul. *Religion in Modern Times:* an interpretive anthology. Oxford: Blackwell, 2000.

WRIGHT, Stuart A. The dynamics of movement membership: joining and leaving new religious movements. In: BROWLEY, David G. (ed.). *Teaching new religious movements*. Oxford: Oxford University Press, 2007, pp. 187-209.

YEFREMOV, Ian. *Tumannost' Andromedy*. Moscou: Goslitizdat, 1957.

ZAIDMAN, Nurit. The New Age shop: church or marketplace? *Journal of Contemporary Religion*, Abingon-on-Thames, v. 22, n. 3, pp. 361-374, 2007.

ZELLER, Benjamin E. New religious movements and science. *Nova Religio*, Oakland, v. 14, n. 4, pp. 4-10, 2011.

EDITORA VOZES LTDA.
Rua Frei Luís, 100 – Centro – Cep 25689-900 – Petrópolis, RJ
Tel.: (24) 2233-9000 – E-mail: vendas@vozes.com.br

Comodificação da religião Pragmatismo Magia Dissociação religiosa Canalização Cura Ho
o Evolucionismo Milenarismo Reconstrucionismo *Cultic milieu* Perfil dos buscadores espiri
são Liderança carismática Comunidades alternativas Terapias alternativas Escolas e institut
movimentos religiosos do Japão Religião kurozumi Religião tenri Honmon butsuryū-shū Re
ai Perfect liberty Seichō-no-ie Sōka gakkai Igreja messiânica mundial Shinnyo-en Risshō kō
ngū Igreja bussho gonenkai Igreja myōchikai Mahikari Agon-shū Shūmei Happy science Ale
movimentos religiosos hindus Brahmoísmo Radha soami Ārya samāja Movimento Ramakri
de shri Ram Chandra Movimento Sai Baba Ānanda mārga Igreja śaivá siddhanta Meditaçã
ento hare Krishna Movimento Rajneesh Neopaganismos Wicca Movimento da Deusa Dian
eria Heathenismo Druidismo moderno Reconstrucionismo celta Kemetismo Religião roma
a Tradição feri Radical faeries Irmandade da fênix Igreja de São Príapo Neoxamanismos Xa
ridade Xamanismo plástico Santo daime Barquinha União do vegetal Jurema Catimbó Toré
Xamanismo neomexicano Xamanismo neoandino Caminho vermelho Foco de luz Reiki xar
a africana Candomblé Umbanda Santeria Palo Vodu Rastafári Quimbanda Encantaria Tam
o dos ararás Montamentu Obaí Religiões cientificistas Espiritismo Espiritualismo Teosofia A
alidade quântica Movimento do novo pensamento Igreja da ciência divina Unity Movimen
ento do potencial humano Trans-humanismo Urantianismo Igreja da unificação Fundamen
ientista Synanon Sociedade da autorrealização Jedaísmo Crianças índigos / cristais Era de
ade Universidade internacional da paz Religiões de óvnis Movimento Ashtar Projeto portal
no Sociedade de Aetherius Federação galática da luz Nuwaubianismo Fălún gōng Mark-age
al do consolador do novo mundo Povo espacial das forças da luz Amicizia Heaven's gate O
entecostalismos Assembleia de Deus Congregação cristã Igreja Deus é Amor Igreja o Brasil
ngelho quadrangular Igreja universal do reino de Deus Igreja mundial do poder de Deus Igr
e Deus Igreja renascer em Cristo Igreja bola de neve Igreja apostólica plenitude do trono d
ático Igrejas inclusivas QAnon Religiosidade "não religiosa" Viabilidade Antipolítica e fascis
luminismo Perenialismo Ciência da religião eliadiana Psicologia analítica e psicologia trans
alismo Orientalismo platônico Contracultura de 1960 Segunda onda do feminismo Guerra F
Comodificação da religião Pragmatismo Magia Dissociação religiosa Canalização Cura Ho
o Evolucionismo Milenarismo Reconstrucionismo Cultic milieu Perfil dos buscadores espiri
são Liderança carismática Comunidades alternativas Terapias alternativas Escolas e institut
movimentos religiosos do Japão Religião kurozumi Religião tenri Honmon butsuryū-shū Re
ai Perfect liberty Seichō-no-ie Sōka gakkai Igreja messiânica mundial Shinnyo-en Risshō kō
ngū Igreja bussho gonenkai Igreja myōchikai Mahikari Agon-shū Shūmei Happy science Ale
movimentos religiosos hindus Brahmoísmo Radha soami Ārya samāja Movimento Ramakr
de shri Ram Chandra Movimento Sai Baba Ānanda mārga Igreja śaivá siddhanta Meditaçã
ento hare Krishna Movimento Rajneesh Neopaganismos Wicca Movimento da Deusa Dian
eria Heathenismo Druidismo moderno Reconstrucionismo celta Kemetismo Religião roma
a Tradição feri Radical faeries Irmandade da fênix Igreja de são Príapo Neoxamanismos Xar
ridade Xamanismo plástico Santo daime Barquinha União do vegetal Jurema Catimbó Toré
Xamanismo neomexicano Xamanismo neoandino Caminho vermelho Foco de luz Reiki xar
a africana Candomblé Umbanda Santeria Palo Vodu Rastafári Quimbanda Encantaria Tam
o dos ararás Montamentu Obaí Religiões cientificistas Espiritismo Espiritualismo Teosofia A
ualidade quântica Movimento do novo pensamento Igreja da ciência divina Unity Movimen
ento do potencial humano Trans-humanismo Urantianismo Igreja da unificação Fundamer
cientista Synanon Sociedade da autorrealização Jedaísmo Crianças índigos / cristais Era de
ade Universidade internacional da paz Religiões de óvnis Movimento Ashtar Projeto portal
no Sociedade de Aetherius Federação galática da luz Nuwaubianismo Fălún gōng Mark-age
ial do consolador do novo mundo Povo espacial das forças da luz Amicizia Heaven's gate O
ostalismos Assembleia de Deus Congregação cristã Igreja Deus é Amor Igreja o Brasil para
ngular Igreja universal do reino de Deus Igreja mundial do poder de Deus Igreja internacior
enascer em Cristo Igreja bola de neve Igreja apostólica plenitude do trono de Deus Cristian
as QAnon Religiosidade "não religiosa" Viabilidade Antipolítica e fascismo Movimento "ant
lismo Ciência da religião eliadiana Psicologia analítica e psicologia transpessoal Capitalism

ficação da religião Pragmatismo Magia Dissociação religiosa Canalização Cura Holismo Cie
nismo Milenarismo Reconstrucionismo *Cultic milieu* Perfil dos buscadores espirituais Recru
ça carismática Comunidades alternativas Terapias alternativas Escolas e institutos de educ
tos religiosos do Japão Religião kurozumi Religião tenri Honmon butsuryū-shū Religião kor
erty Seichō-no-ie Sōka gakkai Igreja messiânica mundial Shinnyo-en Risshō kōsei-kai Relig
ssho gonenkai Igreja myōchikai Mahikari Agon-shū Shūmei Happy science Aleph / religião
os religiosos hindus Brahmoísmo Radha soami Ārya samāja Movimento Ramakrishna Brah
i Ram Chandra Movimento Sai Baba Ānanda mārga Igreja śaivá siddhanta Meditação trans
Krishna Movimento Rajneesh Neopaganismos Wicca Movimento da Deusa Dianismo Bruxa
smo Druidismo moderno Reconstrucionismo celta Kemetismo Religião romana-itálica Rod
ão feri Radical faeries Irmandade da fênix Igreja de São Príapo Neoxamanismos Xamanism
anismo plástico Santo daime Barquinha União do vegetal Jurema Catimbó Toré Peiotismo
mo neomexicano Xamanismo neoandino Caminho vermelho Foco de luz Reiki xamânico R
ndomblé Umbanda Santeria Palo Vodu Rastafári Quimbanda Encantaria Tambor de Mina W
Montamentu Obaí Religiões cientificistas Espiritismo Espiritualismo Teosofia Antroposofia C
ântica Movimento do novo pensamento Igreja da ciência divina Unity Movimento da ciênc
ncial humano Trans-humanismo Urantianismo Igreja da unificação Fundamentalismo cristã
nanon Sociedade da autorrealização Jedaísmo Crianças índigos / cristais Era de aquário Ur
sidade internacional da paz Religiões de óvnis Movimento Ashtar Projeto portal Ratanabá
dade de Aetherius Federação galática da luz Nuwaubianismo Fălún gōng Mark-age metace
consolador do novo mundo Povo espacial das forças da luz Amicizia Heaven's gate Ordem
stalismos Assembleia de Deus Congregação cristã Igreja Deus é Amor Igreja o Brasil para C
uadrangular Igreja universal do reino de Deus Igreja mundial do poder de Deus Igreja interr
greja renascer em Cristo Igreja bola de neve Igreja apostólica plenitude do trono de Deus Cr
usivas QAnon Religiosidade "não religiosa" Viabilidade Antipolítica e fascismo Movimento "
o Perenialismo Ciência da religião eliadiana Psicologia analítica e psicologia transpessoal C
ntalismo platônico Contracultura de 1960 Segunda onda do feminismo Guerra Fria Psicolo
ficação da religião Pragmatismo Magia Dissociação religiosa Canalização Cura Holismo Cie
nismo Milenarismo Reconstrucionismo Cultic milieu Perfil dos buscadores espirituais Recru
ça carismática Comunidades alternativas Terapias alternativas Escolas e institutos de educ
tos religiosos do Japão Religião kurozumi Religião tenri Honmon butsuryū-shū Religião kor
erty Seichō-no-ie Sōka gakkai Igreja messiânica mundial Shinnyo-en Risshō kōsei-kai Relig
ssho gonenkai Igreja myōchikai Mahikari Agon-shū Shūmei Happy science Aleph / religião
os religiosos hindus Brahmoísmo Radha soami Ārya samāja Movimento Ramakrishna Brah
i Ram Chandra Movimento Sai Baba Ānanda mārga Igreja śaivá siddhanta Meditação trans
Krishna Movimento Rajneesh Neopaganismos Wicca Movimento da Deusa Dianismo Bruxa
smo Druidismo moderno Reconstrucionismo celta Kemetismo Religião romana-itálica Rod
ão feri Radical faeries Irmandade da fênix Igreja de são Príapo Neoxamanismos Xamanism
anismo plástico Santo daime Barquinha União do vegetal Jurema Catimbó Toré Peiotismo
mo neomexicano Xamanismo neoandino Caminho vermelho Foco de luz Reiki xamânico R
ndomblé Umbanda Santeria Palo Vodu Rastafári Quimbanda Encantaria Tambor de Mina W
Montamentu Obaí Religiões cientificistas Espiritismo Espiritualismo Teosofia Antroposofia C
ântica Movimento do novo pensamento Igreja da ciência divina Unity Movimento da ciênc
ncial humano Trans-humanismo Urantianismo Igreja da unificação Fundamentalismo cristã
nanon Sociedade da autorrealização Jedaísmo Crianças índigos / cristais Era de aquário Un
sidade internacional da paz Religiões de óvnis Movimento Ashtar Projeto portal Ratanabá
dade de Aetherius Federação galática da luz Nuwaubianismo Fălún gōng Mark-age metace
lador do novo mundo Povo espacial das forças da luz Amicizia Heaven's gate Ordem do te
mbleia de Deus Congregação cristã Igreja Deus é Amor Igreja o Brasil para Cristo Igreja do
eja universal do reino de Deus Igreja mundial do poder de Deus Igreja internacional da gra
risto Igreja bola de neve Igreja apostólica plenitude do trono de Deus Cristianismo carismá
osidade "não religiosa" Viabilidade Antipolítica e fascismo Movimento "antisseita" Contra
o Ciência da religião eliadiana Psicologia analítica e psicologia transpessoal Capitalismo C